Études digitales

2019 – 2, n° 8

Études digitales

Sous la direction de Franck Cormerais
et Jacques Athanase Gilbert

PARIS
CLASSIQUES GARNIER
2020

PROCHAIN NUMÉRO

« Cartographie et visualisation »

Les propositions d'articles sont à envoyer par courriel à Jacques Athanase Gilbert et Franck Cormerais à : etudesdigitales@gmail.com

ISBN 978-2-406-10496-4
ISSN 2496-7858

SOMMAIRE

LE GRAND ENTRETIEN /
THE BIG INTERVIEW

VARIA

INDEX

RECENSIONS

INSTITUTIONS

INTRODUCTION

Ce numéro huit d'*Études Digitales* inaugure une série de deux dossiers consacrés aux transformations économiques actuelles. Dans cette perspective, le premier dossier est plus précisément consacré au phénomène des plateformes qui constitue une des manifestations les plus visibles des mutations du capitalisme digital depuis les deux dernières décennies.

Les plateformes sont aujourd'hui pratiquement dans tous les domaines d'activité, que ceux-ci concernent les biens ou les services. Si certains acteurs, comme Uber ou Airbnb, se sont fait reconnaître pour emblématiques de cette dynamique, celle-ci couvre un spectre bien plus large. Dans la ligne des premières utilisations d'Internet, porteuses d'utopies, on a tout d'abord donné ce mouvement de plateformisation pour un des signes de l'émergence de l'économie du « partage » : la mise en commun de ressources entre les prestataires et les utilisateurs permettrait de court-circuiter les intermédiaires selon une logique de *peer to peer*. En réalité, nous avons assisté à toute autre chose : l'avènement d'une nouvelle forme d'entreprise digitale. Numériser les échanges ne consiste donc pas seulement à reproduire, au sein d'un environnement digital, des conditions économiques connues ; la circulation des flux de données a en effet fondamentalement modifié la création et la distribution de valeurs et partant la régulation du marché en son ensemble. Jacques Ellul, dès la fin des années quatre-vingt, mettait en garde dans son ouvrage *Le bluff technologique*, contre l'illusion d'une certaine transparence que permettraient les réseaux démocratiques et décentrés présentés sur le modèle des « rhizomes » chers à Gilles Deleuze. Il rappelait que, dans un réseau d'apparence non hiérarchisé, la position dominante ne s'établit pas par le truchement d'une hiérarchie entendue au sens traditionnel mais par la capacité de certains acteurs à organiser les informations et à réguler les flux qui s'y déplacent. Une plateforme est ainsi d'autant plus puissante qu'elle parvient à capter et à concentrer l'ensemble des flux d'informations et qu'elle devient incontournable pour les différents acteurs qui y échangent. Trois décennies plus tard, le paysage paraît largement transformé au regard des espoirs d'inspiration libertaire que nourrissaient les pionniers de l'Internet.

Les plateformes ne sont donc pas seulement un simple dispositif logistique mais, plus fondamentalement, un lieu de circulation d'informations affranchi des institutions qui organisaient les échanges du « monde d'avant ». En ce sens, les plateformes supposent d'investir massivement dans des infrastructures informationnelles et posent par conséquent la question de leur impact sur l'économie « réelle », y compris sur les moyens de production au sens le plus classique du terme. De même, elles exercent une influence, qui reste à évaluer justement, sur des pans entiers de la vie sociale. C'est donc à cette mutation que nous consacrons ce nouveau numéro d'*Études Digitales* ; réflexion qui sera poursuivie, dès le prochain numéro, avec la présentation d'un dossier consacré au Capitalocène.

Le dossier thématique de ce numéro est dirigé par Franck Cormerais et Philippe Béraud. Il se complète d'un entretien avec Michel Bauwens. Théoricien du pair à pair et acteur majeur de la Fondation P2P, ce dernier est l'auteur de contributions fondamentales sur la question. Au fil de son travail, il développe une analyse des biens communs informationnels. Sous la rubrique « Varia », Anne Alombert propose une critique pharmacologique du capitalisme numérique à l'ère de l'Anthropocène. Elle envisage les transformations économiques et technologiques qui permettraient de passer du modèle disruptif et toxique dominant à des modèles contributifs susceptibles de reconstituer la « puissance » publique. La rubrique « Index », coordonnée par Daphné Vignon et Armen Khatchatourov, en écho aux tonalités critiques qui traversent ce numéro, fait place à des recensions d'ouvrage qui portent un regard particulièrement tranché sur le monde d'aujourd'hui. Enfin, dans la rubrique « Institutions », Olivier Le Deuff présente le projet de recherche financé par l'ANR qu'il conduit actuellement autour du *Mudaneum* de Paul Outlet… Manière de renouer avec le souffle utopique qui a inspiré la création du web ?

Franck CORMERAIS
Jacques Athanase GILBERT
Armen KHATCHATOUROV
Daphné VIGNON

L'ÉCONOMIE DES PLATEFORMES

PRÉSENTATION DU DOSSIER

L'économie des plateformes, entre rente et communs

DES MARCHÉS BIFACES AUX PLATEFORMES MULTIFACES

La dynamique des plateformes suscite une littérature abondante, aussi bien sur le plan factuel qu'analytique, associant les multiples aspects du développement des grandes entreprises du numérique et le décryptage des modèles économiques et managériaux sur lesquels repose leur expansion. De nombreuses contributions cherchent à définir la nature des plateformes, leurs fonctions, les types d'innovations qu'elles mettent en œuvre, leurs relations avec le marché et le hors-marché, ou encore, les effets induits par leur déploiement sur le travail et l'organisation sociale[1]. Mais la caractéristique commune, identifiée de manière plurielle dans les ouvrages et les articles de spécialité qui leur sont consacrés, réside bien dans la capacité des différentes plateformes numériques à s'appuyer sur des « mécanismes multifaces de coordination algorithmique » (Casilli), permettant d'extraire et de traiter des données pour les valoriser dans des écosystèmes très larges et organisés comme des places de marché. Le modèle des plateformes multifaces générant de la valeur à partir de l'exploitation des données relaie ainsi le modèle des industries extractives de l'énergie et des matières premières et celui de la grande industrie érigée sur la mise en valeur du travail, comme moteur du développement du capitalisme du XXIᵉ siècle[2].

Les taxinomies font apparaître différents types de plateformes numériques et de modèles économiques, depuis les moteurs de recherche dont la valorisation s'opère à travers des dispositifs de référencement, comme

---

1   Aurélien Acquier, « Retour vers le futur ? Le capitalisme de plateforme ou le retour du *domestic system* », *Le Libellio d'AEGIS*, Vol. 13, nº 1, Printemps 2017, p. 87-100.
2   Nick Srnicek, *Platform Capitalism*, Polity Press, Cambridge UK, 2017.

Google et Yahoo, les plateformes spécialisées dans l'e-commerce, telles Amazon et Alibaba, ou la distribution de contenus audiovisuels, à l'image de Deezer, YouTube et Netflix[3]. Les réseaux sociaux généralistes ou spécialisés y occupent également une place prépondérante, offrant des supports multidimensionnels d'expression et de communication, comme Facebook, Twitter et LinkedIn, de même que les plateformes dites collaboratives, telles Uber et AirBnB, qui se définissent par leurs fonctions d'intermédiation, de courtage, en mettant en relation, contre commission, des clients et des fournisseurs de biens ou services dans une logique de transactions entre pairs[4]. S'y ajoutent les plateformes de financement participatif (*crowdfunding*) par le don ou par le prêt (*crowdlending*), à l'exemple de Kickstarter ou KissKissBankBank, ou encore, les plateformes d'innovation, comme Innocentive, assurant à partir du *crowdsourcing* l'articulation entre les besoins des entreprises et l'expertise des internautes[5].

DES ORGANISATIONS-ENTREPRISES
AUX ORGANISATIONS-MARCHÉS

L'économie des plateformes fait émerger de nombreux questionne-ments sur les problèmes d'organisation et de régulation des activités, sur la nature des marchés et le pouvoir de contrôle des plateformes, sur la constitution de nouvelles relations sociales dont les diverses formes du *digital labor* s'affirment comme la référence[6], ou encore, sur la propension de ces plateformes collaboratives à vouloir échapper à la contribution fiscale et aux cadres réglementaires en général. Ces évolutions apparaissent d'autant plus prédatrices que les externalités

---

3   Jacob Matthews, *L'industrie musicale en France à l'aube du XXIᵉ siècle*, L'Harmattan, Paris, 2012.

4   Anne-Marie Nicot, « Le modèle économique des plateformes : économie collaborative ou réorganisation des chaînes de valeur ? », *La Revue des conditions de travail*, nº 6, septembre 2017, p. 48-58.

5   Isabelle Liotard et Valérie Revest, « Innocentive. Un modèle hybride d'innovation basé sur l'appel à la foule et l'Innovation Ouverte », dans Benjamin Coriat, *Le retour des communs : la crise de l'idéologie propriétaire*, Les Liens qui Libèrent, chap. 7, Paris, 2015.

6   Antonio A. Casilli, *En attendant les robots*, Seuil, Paris, 2019.

de réseau, la capacité d'investissement et la croissance externe assurent à ces plateformes une position dominante sur des marchés où « le gagnant prend tout », battant en brèche les régulations que les institutions nationales ou supranationales tentent d'imposer. Les plateformes collaboratives apparaissent ainsi comme des organisations-marchés qui, dans le domaine de la coordination des transactions comme dans celui de l'aménagement du travail, tournent le dos aux principes de la coopération et de l'économie contributive[7].

D'un point de vue micro ou méso-économique, la dynamique des plateformes peut se lire comme une disruption des formes d'organisation de l'entreprise, de la branche et des métiers, combinant désintermédiation et réintermédiation à leur profit des processus d'échange et de production. Mais le phénomène de plateformisation ne renvoie pas seulement aux modèles d'affaires des *pure players* de l'économie numérique. Il s'affirme comme une forme d'organisation des chaînes de valeur dont le déploiement s'impose de manière irrésistible dans le reste des entreprises et de l'économie, et qui concerne aussi l'internationalisation des activités. La plateformisation devient ainsi synonyme d'une véritable « économie mondiale de plateforme » (*Global Platform Economy*) qui contribue à modifier les termes de la division internationale du travail[8].

En adoptant cette perspective et en se plaçant cette fois d'un point de vue macroéconomique, le phénomène de plateformisation se présente comme la dernière mutation en date du capitalisme tardif[9], lequel se divise entre une période de croissance importante dans les pays de l'OCDE à partir de 1945, et une période de ralentissement, ponctuée de crises, depuis 1973, et marquée sur le plan systémique par la financiarisation croissante de l'activité économique comme le principal moyen d'offrir de nouvelles opportunités de profit aux investisseurs. À l'instar de la bulle Internet du début des années 2000, l'économie des plateformes prolonge l'esprit du néolibéralisme au domaine du numérique, dans l'intention de voir s'ouvrir un nouveau cycle d'accumulation. Bien plus, elle projette, à travers l'automatisation croissante des activités humaines

---

7   Eloi Laurent, *L'impasse collaborative – Pour une véritable économie de la coopération*, Les Liens qui Libèrent, Paris, 2018.

8   Vili Lehdonvirta and alii, « The Global Platform Economy : A New Offshoring Institution Enabling Emerging-Economy Microproviders », *Journal of Management*, Vol. 45 N° 2, February 2019, 567–599.

9   Srnicek, *ibid.*, chap. 1.

et la valorisation de marchandises essentiellement immatérielles, de s'affranchir des deux principales contradictions qui font de plus en plus obstacle à l'extension du capital : le travail et la nature[10].

PRIMAT DE LA VALEUR ACTIONNARIALE
ET DÉCONSTRUCTION DE L'ENTREPRISE MANAGÉRIALE

Cette évolution se manifeste sur le plan formel, par une déconstruction du modèle de l'entreprise traditionnelle. Les plateformes numériques apparaissent comme des organisations hybrides entre marchés et entreprises, remettant en cause les catégories instituées de la théorie économique. Elles s'affirment à la fois en rupture avec le modèle de l'entreprise du capitalisme managérial, caractérisé par sa fonction d'intégration productive, et avec le modèle du marché comme système de régulation par les prix et d'allocation des ressources. Elles se confrontent également à la théorie néoinstitutionnaliste, où la fonction discriminante de la firme à la Coase-Williamson[11] conditionne la diminution des coûts de transaction. La contractualisation généralisée des échanges propre à l'économie de plateforme remet en cause l'utilité fonctionnelle de l'entreprise en tant qu'organisation, où la création de valeur résulte des combinaisons internes de facteurs de production et des effets conjugués de l'investissement et de l'innovation.

Si l'on place en perspective ces phénomènes avec les évolutions du capitalisme tardif, la remise en cause des fonctions respectives de l'entreprise et du marché par l'économie de plateforme ne fait qu'étendre les processus de fragmentation et d'externalisation des chaînes de valeur qui ont marqué l'activité économique depuis l'essoufflement du régime de croissance des décennies d'après-guerre, la fin du compromis fordiste et la recherche d'avantages compétitifs par l'internationalisation. Mais le facteur principal de déconstruction de l'entreprise comme combinaison

---

10   James O'Connor, « On capitalist accumulation and economic and ecological crisis », *in* James O'Connor, *Natural causes*, Guilford, New York, 1998.

11   Ronald H. Coase, *The nature of the Firm*, Economica, Volume 4, Issue 16, November 1937. Oliver Williamson, *The Economic Institutions of Capitalism*, The Free Press, 1985.

d'actifs productifs demeure la domination de l'économie financière sur l'économie réelle, avec pour incitation permanente la capacité à créer de la valeur actionnariale. Comme le soulignent Segrestin et Hatchuel, la dynamique de l'activité économique passe ainsi d'une « d'une politique de *retain & invest* exigée par les technologies innovantes », symbole de la gestion d'entreprise à l'ère de la production, à « une stratégie de *downsize & distribute* pour assurer des rentabilités suffisantes aux actionnaires[12] ».

La plateformisation généralisée, déployant son modèle d'organisations-places de marché au détriment de l'entreprise intégrée, a donc pour origine et moteur les facteurs d'une financiarisation sans limites, tels la libération du compte de capital, la titrisation des actifs sous de multiples formes, les opérations de croissance externe fondées sur les effets de levier et la profitabilité à court terme, ainsi que le renforcement du pouvoir actionnarial dans la distribution salaires-profits. À cet égard, la théorie de l'agence rend bien compte de la nature et des formes d'organisation des plateformes, en formalisant l'approche financière de l'entreprise. Comme le montrent Jensen et Meckling dans leur article fondateur, l'entreprise n'est plus une organisation hiérarchisée orientée vers l'activité productive, elle apparaît comme un ensemble de relations contractuelles, un « nœud de contrats », la réduisant ainsi à une « fiction légale » dont l'objectif principal consiste à générer de la valeur pour les actionnaires[13]. Dans le prolongement de cette interprétation, le marché remplace l'institution dans l'économie de plateforme, substituant contractualisation, externalisation et contrôle à distance à l'entreprise qui internalise et combine les facteurs de production, avec un conflit de responsabilité vis-à-vis du travail, intégré dans un cas, et placé en dehors des normes de l'organisation et tâcheronnisé dans l'autre[14].

---

12 Blanche Segrestin et Armand Hatchuel, *Refonder l'entreprise*, Seuil/La République des idées, Paris, 2012, p. 63. Cité par Casilli, *ibid.*, p. 72-73.

13 Michael C. Jensen & William H. Meckling, « *Theory of the Firm : Managerial Behavior, Agency Costs and Ownership Structure* », *Journal of Financial Economics*, vol. 3, n o 4, 1976, p. 305-360.

14 Acquier, *ibid.*, p. 93.

DES DISPOSITIFS DE CAPTURE
DE L'INNOVATION OUVERTE

Les plateformes mettent en œuvre des stratégies qui peuvent différer sur des points importants : recherche de compétitivité ou de profitabilité, choix de marchés et cibles visées, nature des activités intermédiées, ampleur des externalités dont elles bénéficient[15]. Mais leur caractéristique commune consiste à s'affirmer comme un appareil de capture de la valeur et de l'innovation. La capacité des plateformes à coordonner leurs activités se traduit par la juxtaposition de différentes catégories d'acteurs, usagers, développeurs et entreprises, qui forment des écosystèmes à l'intérieur desquels les plateformes peuvent déléguer à des réseaux articulés autour d'elles la production de valeur et la création/diffusion de l'innovation.

En s'appuyant sur les effets de réseau pour étendre, à coût marginal faible ou nul, le nombre de leurs contractants de toute nature, les plateformes mettent à profit les nœuds de contrats de leurs écosystèmes pour extraire la valeur des données, prélever des rentes de marché, tout en maintenant un rythme soutenu d'innovation.

Non seulement il n'y a pas ici de contradiction entre la capture de rente et l'innovation, mais celle-ci nourrit celle-là et réciproquement, précisément parce que l'innovation est en grande partie à l'origine des externalités de réseau qui alimentent la croissance des revenus des plateformes, et parce que la contractualisation et les effets de réseau dont elles bénéficient constituent des sources illimitées d'innovation ouverte[16], à l'intérieur d'écosystèmes dont le développement apparaît lui-même sans limites. Si les contraintes technologiques, financières ou commerciales propres aux différentes plateformes constituent bien des barrières à l'entrée pour des concurrents potentiels, elles ne ralentissent pas l'innovation au sein même de leurs écosystèmes qui continuent à s'étendre à la mesure de l'attractivité que chacun d'eux exerce sur les communautés d'internautes, de développeurs et autres catégories d'experts.

---

15 *Cf.* Feng Zhu & Marco Iansiti, « *Why Some Platforms Thrive and Others Don't* », *Havard Business Review*, January-February 2019, p. 118-125.
16 Le concept d'innovation ouverte a été introduit à l'origine par Henry Chesbrough dans sa contribution de 2003 : Henry William Chesbrough, *Open innovation : the new imperative for creating and profiting from technology*, Harvard Business School Press, 2003.

POSITION DOMINANTE ET ÉCONOMIE DE RENTE

Pour autant, la valorisation des données, les diverses formes de *digital labor* et le pouvoir de marché des plateformes en font des organisations au caractère ambivalent. En contrepartie des services toujours plus innovants et plus attractifs et additifs qu'elles fournissent, les plateformes prélèvent un véritable tribut sur le reste de l'économie : les utilisateurs et les consommateurs qui fournissent leurs données, les entreprises qui affichent leur publicité ou celles qui font partie de leurs places de marché, les différentes catégories de travailleurs externalisés, ou encore, les États par l'intermédiaire des stratégies de défection fiscale que les plateformes s'emploient à déployer.

La position dominante des grandes plateformes numériques, à l'origine de cette économie tributaire, est déterminée non seulement par leur capacité à étendre leurs écosystèmes, par l'innovation, les effets de réseau et la contractualisation généralisée, mais également par la concentration des activités qui résulte de la dynamique des externalités. Cette concentration peut prendre plusieurs formes : technologique (Google, Apple, AWS), commerciale (Amazon, Alibaba), territorialisée (Uber) ou déterritorialisée (Facebook), et bien entendu financière. Sur des marchés où « le gagnant prend tout », des plateformes comme Google ou Facebook en viennent à ériger des positions de monopole qui apparaissent discriminantes aussi bien pour les utilisateurs, les entreprises et les pouvoirs publics.

Les institutions chargées d'administrer le droit de la concurrence cherchent à réguler de différentes manières les abus de position dominante des grandes plateformes numériques, mais ces réponses paraissent insuffisantes. D'une part, les moyens financiers de ces plateformes leur garantissent une couverture quasi illimitée contre les décisions de nature pécuniaire prises à leur encontre. D'autre part, et c'est certainement le facteur le plus déterminant, l'attractivité des services fournis par les plateformes et le caractère de plus en plus insubstituable de leurs usages constituent vraisemblablement leur meilleure garantie contre les conséquences des dispositions réglementaires et des poursuites auxquelles elles s'exposent.

Cette position dominante représente, du point de vue même de la théorie économique libérale, une entrave majeure au fonctionnement

des marchés et à l'allocation des ressources, érigeant des barrières insur-
montables pour de nouveaux entrants potentiels. La capacité des grandes
plateformes de bénéficier d'externalités alimentées de manière continue
par les effets de réseau tend à rendre ce processus de domination cumu-
latif et auto-entretenu. La position hégémonique de Google dans les
moteurs de recherche constitue, de ce point de vue, une situation exemplaire d'exclusion de toute véritable alternative. Reste la menace ultime
du démantèlement de l'organisation, à l'image des cas de la Standard
Oil et d'ATT au début et à la fin du XXe siècle. Mais le découpage du
périmètre des plateformes numériques, en raison de la nature intégrée
et mondialisée de leurs activités, s'affirme beaucoup plus complexe que
dans les deux cas précédents, mais aussi plus sensible sur le plan politique
et institutionnel.

Les plateformes numériques devraient donc continuer à prélever leur
tribut sur le reste de l'économie. En ce sens, l'économie des plateformes,
sous les traits des technologies numériques et de l'hypercapitalisme,
nous ramène paradoxalement à des régimes de production bien anté-
rieurs. À l'image des États hydrauliciens de l'Antiquité, les plateformes
fournissent l'infrastructure et les services sur lesquels elles disposent
d'un monopole de fait, en contrepartie des prélèvements effectués sur
le travail et les ressources des communautés, constituées aujourd'hui
par les utilisateurs, les entreprises et les États. Régime de production
tributaire, mais aussi proto-industrialisation et économie informelle du
Digital labor ou du *Domestic system*, tâcheronnisation, pouvoir féodal ou
régalien de battre monnaie (le Libra de Facebook), telles semblent être
les formes précapitalistes de l'hypercapitalisme numérique.

LES ALTERNATIVES AUX MODÈLES ÉCONOMIQUES
DES PLATEFORMES : COMMUNS ET CONTRIBUTION

À l'image d'un certain nombre de contributions regroupées dans ce
numéro de la revue (voir le sommaire *infra*), Il importe de s'interroger
sur les alternatives crédibles opposables à l'économie des plateformes et
au pouvoir de marché discrétionnaire déployé par les plus importantes

d'entre elles. À cet égard, les travaux d'auteurs comme Michel Bauwens[17] et Trebor Scholz[18], recoupant en partie la recension critique effectuée par Antonio Casilli dans son dernier ouvrage[19], complétée par la postface de Dominique Meda, ainsi que certaines des conclusions de Thomas Piketty[20], apportent des éclairages intéressants sur les voies d'émancipation à explorer. Trois orientations principales peuvent être posées, concernant l'application des dispositions sociales jusque-là occultées par les entreprises du numérique, l'approche du *platform cooperativism* qui transgresse les fondements néolibéraux à l'origine de l'économie des plateformes et, proche de cette proposition, l'instauration de principes contributifs et de la propriété commune des plateformes, des innovations et des instruments de l'économie numérique.

Dans la première proposition, l'accent est mis sur l'importance des luttes sociales pour la reconnaissance des droits de toutes les catégories de travailleurs qui se trouvent placés dans une situation de dépendance ou de contrôle vis-à-vis des grandes plateformes numériques, à travers la requalification des relations contractuelles en salariat, la revalorisation des rémunérations et l'amélioration des conditions de travail. La seconde proposition privilégie la constitution d'un « coopérativisme de plateforme », en appliquant les principes du mouvement associatif et coopératif, favorisant ainsi la mutualisation du travail et la socialisation des actifs productifs issus de l'engagement des travailleurs du numérique et des usagers des plateformes. La troisième proposition s'inspire de l'organisation des communs et de l'économie de la contribution, avec pour référence le travail fondateur d'Elinor Ostrom. Cette proposition met en relief la transformation des acteurs de l'économie numérique en *commoners*, protégés par des faisceaux de droits liés au mode de gestion participative des plateformes, avec un partage des ressources informationnelles, une gouvernance collective et une administration concertée du bien commun constitué par les données.

Bien entendu, l'orthogonalité des dimensions globales et locales, bien intégrée par les grandes plateformes, implique que ces propositions

---

17 Concernant les interprétations de Michel Bauwens, on peut se référer à l'entretien qu'il donne dans ce numéro de la revue *Études digitales*.

18 Voir notamment la présentation et l'entretien consacrés à Trebor Scholz, dans le numéro 3 de la revue *Études digitales*.

19 *Cf.* Antonio A. Casilli, *En attendant les robots, ibid.*, notamment le chapitre conclusif.

20 *Cf.* Thomas Piketty, *Capital et idéologie*, Seuil, Paris, 2019, notamment le chapitre 17.

puissent être déployées à l'échelle internationale, pour établir de nouvelles régulations, à l'image des travaux de l'OCDE sur la fiscalité des firmes multinationales. Il importe, à ce niveau, de favoriser la compatibilité entre commerce et travail, de s'opposer à la marchandisation des données et de refonder les relations de travail propres à l'économie numérique.

LE SOMMAIRE DU NUMÉRO 8 D'ÉTUDES DIGITALES

Les articles du dossier sur « l'économie des plateformes numériques » s'articulent autour des différentes approches et questions que nous venons d'évoquer, ainsi que d'expériences concrètes posées comme alternatives à l'orientation néolibérale de la plateformisation. La contribution d'Annie Blandin et d'Elisabeth Lehagre, qui introduit le numéro, s'attache à montrer les avancées et les limites du Règlement Général sur la Protection des Données (RGPD). Les plateformes ont recours à des algorithmes de traitement pour optimiser leur modèle basé sur l'exploitation massive de données et la personnalisation des contenus. L'article montre que, si le RGPD s'attache à protéger les personnes faisant l'objet de décisions individuelles automatisées, l'exercice des droits, compliqué et inégal, doit composer avec la régulation des plateformes sur le fondement des principes de loyauté et de transparence.

L'article de Michel Renault s'intéresse aux dimensions morales du fonctionnement de l'économie dominée par la plateformisation. L'auteur s'applique à étudier ces dimensions à partir des représentations d'un « monde liquide » et d'une argumentation sur les concepts de « foule » et de « public ». De leur côté, Athina Karatzogianni et Jacob Matthews se livrent à l'analyse de la production idéologique liée aux plateformes numériques, dans le champ de l'économie collaborative. L'article distingue trois orientations idéologiques, la vision néolibérale, celle d'un capitalisme réformiste, et l'approche plus radicale du coopérativisme et des communs.

La contribution de Clément Morlat s'inscrit dans la perspective de l'économie contributive. L'auteur analyse l'articulation entre une comptabilité microéconomique (*CARE-TDL*), qui s'appuie sur la construction collective d'une nouvelle relation entre le capital et la préservation des écosystèmes, et une plateforme multi-acteurs (*ePLA-NETe.Blue*) encourageant la participation autour des critères et méthodes d'évaluation. L'auteur plaide pour l'association de ces deux outils, susceptible de fournir une information économique pertinente favorisant la gouvernance des communs.

En partant des stratégies d'innovation ouverte, Isabelle Liotard et Valérie Revest proposent une comparaison des modèles d'affaires de deux plateformes d'innovation, l'une privée et l'autre publique. L'article montre que la plateforme privée s'intéresse à la résolution rapide et à moindre coût des questions d'innovation des entreprises, alors que l'intermédiation assurée par la plateforme publique a pour objectif de susciter des travaux sur de grandes questions technologiques et sociétales. Pour sa part, Antoine Henry analyse le passage vers une organisation plateformisée, mis en œuvre par une communauté virtuelle de pratique, dans le cadre du secteur de l'énergie. L'auteur montre que cette forme d'auto-organisation contribue à répondre à la fois aux changements intervenant dans le secteur et aux enjeux de la transition énergétique.

La contribution d'Olivier Thuillas et Louis Wiart s'intéresse aux réponses des libraires, en France, face à la domination d'Amazon et de la Fnac dans la librairie en ligne. Les auteurs montrent que les propositions alternatives sont encore peu nombreuses et dispersées, combinant les sites de grosses librairies et une vingtaine de plateformes collectives. L'article souligne cependant que ces initiatives ont pour mérite de transposer dans le champ du numérique les valeurs de la librairie indépendante. De leur côté, Kevin Poperl et les coauteurs de l'article présentent un cas concret de coopérative européenne de mutualisation (CoopCycle), dans le domaine de la livraison où opèrent des plateformes numériques fondées sur l'intérêt privé et la tâcheronnisation. La contribution traite, dans un premier temps, du volet analytique de cette alternative, et dans un second temps, de la stratégie déployée par la plateforme coopérative pour exister face à ses concurrents. L'intention des auteurs consiste à souligner le caractère exemplaire de cette expérience, avec la volonté de favoriser des initiatives similaires dans le champ des Communs.

Notre « grand entretien » est consacré à Michel Bauwens, théoricien du pair à pair et fondateur de la Fondation P2P. Il s'est fait connaître par de nombreux travaux, consacrés à l'évaluation critique des technologies numériques, l'analyse des biens communs informationnels, l'intérêt de mesurer et comptabiliser autrement les ressources partagées, ou encore, l'interprétation du rôle du numérique dans les transitions économiques et sociétales.

Franck CORMERAIS
Philippe BÉRAUD

LA PROTECTION DE L'INDIVIDU FACE À L'AUTOMATISATION DE LA PRÉSENTATION DES CONTENUS PAR LES PLATEFORMES

INTRODUCTION

Dans une société de plus en plus numérisée, les algorithmes occupent une place qui ne cesse de croître. Intégrés à des systèmes automatisés exécutés par des ordinateurs puissants, ils traitent de grandes masses de données et produisent des résultats dont les impacts sur les personnes et sur leurs vies ne cessent de s'étendre, à mesure que l'interaction avec ces systèmes s'inscrit comme une évidence du quotidien.

Ces algorithmes interviennent notamment dans un accès « calculé » aux contenus disponibles sur le *web via* des plateformes devenues incontournables (GAFA). Ils permettent de filtrer et sélectionner des contenus, ordonner des réponses à une recherche, faire des recommandations de produits ou de connexions sociales, calculer un *score*, prédire un événement ou un risque[1].

Les plateformes ont largement recours à ce type d'algorithmes pour optimiser leur modèle basé sur l'exploitation massive de données et la personnalisation des contenus grâce, notamment, à des systèmes algorithmiques d'apprentissage machine. Les individus sont au cœur du fonctionnement de ces systèmes, que ce soit pour fournir directement ou indirectement les données qui les alimentent ou pour permettre l'individualisation des services qui leur sont proposés. Le RGPD[2] s'attache à protéger les individus au regard des données personnelles traitées et

---

1   Rapport du Conseil Général de l'Économie sur les modalités de régulation des algorithmes de traitement de contenus, 13 mai 2016.

2   Règlement général européen sur la protection des données – Règlement (UE) 2016/679 du 27 avril 2016.

prévoit également, dans ce cadre, une protection particulière des personnes faisant l'objet de décisions individuelles automatisées. L'article 22 du RGPD interdit en effet de telles décisions, sauf exception où la personne concernée bénéficie alors de droits spécifiques dont celui d'être informé de la logique du traitement automatisé qui lui est appliqué. Il existe un lien entre la notion de décision automatisée et celle de profilage telle qu'elle est définie à l'article 4 du RGPD. Le profilage est souvent un préalable à la décision mais celle-ci peut aussi être prise de manière autonome comme c'est le cas pour les systèmes de détection des infractions au Code de la route.

Face à des algorithmes qui nous « construisent », sélectionnent et hiérarchisent l'information, anticipent nos souhaits et orientent nos préférences[3], ce texte offre-t-il une protection susceptible de répondre aux enjeux tant individuels que sociétaux qui se font jour ? Dans quelle mesure un algorithme de traitement de contenus peut-il fonder une décision individuelle automatisée au sens de l'article 22 du RGPD et permettre aux personnes qui en sont l'objet, d'exercer leurs droits ? Dans une première partie, nous verrons que la qualification de décision automatisée pour les algorithmes de traitement de contenus demeure incertaine. À supposer que telle soit leur qualification, elle est alors génératrice de droits, lesquels peinent cependant à s'exercer et ne gagnent leur effectivité que dans le cadre plus large de la régulation des plateformes (partie II).

LA QUALIFICATION INCERTAINE DE L'ALGORITHME DE TRAITEMENT DE CONTENUS COMME DÉCISION INDIVIDUELLE AUTOMATISÉE AU SENS DE L'ARTICLE 22 DU RGPD

Pour être qualifié de décision individuelle automatisée au sens de l'article 22 du RGPD, un algorithme de traitement de contenus doit pouvoir être considéré comme (1) constituant une décision fondée sur un traitement automatisé de données à caractère personnel et (2) produisant

---

3   Dominique Cardon, *À quoi rêvent les algorithmes*, Édition du Seuil et La République des idées, octobre 2015, p. 354-358.

des effets juridiques ou d'importance similaire sur la personne qui en est l'objet. Ce n'est qu'à ces conditions qu'un individu pourra prétendre exercer les droits attachés à ce type de décisions.

LA RECONNAISSANCE INDUITE DE L'ALGORITHME DE TRAITEMENT DE CONTENUS COMME AGENT ET FONDEMENT EXCLUSIF DE LA DÉCISION INDIVIDUELLE AUTOMATISÉE

Aucune précision n'est donnée sur la notion de décision, que ce soit sur ce qui la caractérise ou sa forme d'expression. La décision relève-t-elle d'un attribut exclusivement humain ou est-il possible d'envisager que des algorithmes prennent également des décisions directement appliquées aux personnes ? Il ne semble pas extravagant de l'affirmer au regard de l'exemple visé au Considérant 71 du RGPD qui présente le rejet automatique d'une demande de crédit en ligne comme pouvant constituer une décision individuelle automatisée. Dans ce cas, le traitement automatisé fonde non seulement la décision mais en est également l'expression directe auprès de la personne qui en est l'objet. Les algorithmes pourraient donc prendre des décisions[4] traduites par les résultats qu'ils produisent à l'issue d'un processus décisionnel automatisé, notamment pour les algorithmes d'apprentissage machine qui apprennent à déterminer leurs paramètres de fonctionnement sur la base des données qu'ils traitent.

Toutefois, les algorithmes de traitement de contenus sont le plus souvent perçus comme des outils d'aide à la décision qui, dans ce contexte, ne pourrait être qu'humaine. Or, en « choisissant » de présenter tel contenu plutôt que tel autre ou dans tel ordre, une décision algorithmique est bien réalisée. Elle se substitue à la décision humaine à ce premier niveau d'accès à l'information, la décision humaine « aidée » intervenant dans un second temps, sur la base des résultats produits.

Selon cette hypothèse, la décision algorithmique de traitement de contenus de *premier niveau* est directement appliquée à la personne, sans intervention humaine[5] pour évaluer et contrôler l'opportunité de la décision de présentation des contenus qui est prise. De plus, pour

---

4   Serge Abiteboul et Gilles Dowek, *Le temps des algorithmes*, Éditions le Pommier 2017 : « Comme d'autres membres de la cité, les algorithmes et les ordinateurs sont amenés à prendre des décisions… »

5   Lignes directrices du G29 sur le profilage et les décisions individuelles automatisées Chapitre IV (A).

présenter des contenus de plus en plus personnalisés, les algorithmes sont amenés à traiter des données à caractère personnel, notamment à des fins de profilage, pour ensuite appliquer leurs résultats de manière ciblée. Ainsi, de la même manière qu'un algorithme va décider l'attribution ou non d'un prêt au regard de caractéristiques et critères appliqués à la personne qui en fait la demande, l'algorithme de traitement de contenus va décider de la présentation ou hiérarchisation de l'information avec cette même approche individualisée.

Cette approche algorithmique de la décision permet de considérer que l'algorithme de traitement de contenus peut prendre une décision fondée exclusivement sur un traitement automatisé au sens de l'article 22, sans toutefois préjuger des effets sur les personnes. Encore faut-il que cette décision produise des « effets juridiques » ou significatifs « de façon similaire » pour être qualifiée de décision individuelle automatisée.

L'APPRÉHENSION ALÉATOIRE DES EFFETS PRODUITS
PAR LES ALGORITHMES DE TRAITEMENT DE CONTENUS SUR
LES PERSONNES AU REGARD DE L'IMPRÉCISION DE L'ARTICLE 22 DU RGPD

En visant le plus souvent la personnalisation des contenus proposés, les algorithmes contribuent à la construction d'un profil probabiliste de l'individu, indépendamment de sa singularité réelle, créant un double automatisé[6]. Les traits de personnalités, les centres d'intérêt et les envies artificiellement déduits par l'algorithme seront ceux considérés pour le traitement des contenus et leur présentation aux personnes ou plutôt à la projection automatisée de ces dernières, sans qu'elles en aient réellement conscience[7]. Cela contribuerait à l'enfermement informationnel et « l'isolement intellectuel » de l'individu dans une « bulle de filtres » ne lui donnant accès qu'à des contenus optimisés pour répondre à ses goûts et attentes supposés[8]. Des études tendent cependant à montrer que cette bulle existerait plus du fait des choix des personnes elles-mêmes face à une variété de contenus disponibles[9]. Il n'en demeure pas moins que

---

6   Bernard Stiegler, *Les données, muses et frontières de la création*, Cahier IP Innovation & Prospective n° 03.

7   Étude annuelle 2014 du Conseil d'État : Le numérique et les droits fondamentaux, p. 233.

8   Concept développé par Eli Pariser « *The Filter Bubble : What The Internet Is Hiding From You* », Penguin Press, 2011.

9   Frederik J. Zuiderveen Borgesius, Damian Trilling, Judith Möller, Balázs Bodó, Claes H. DE Vressen, Natali Helberger, "*Should we worry about filter bubbles ?*", (2016), Internet

cet enfermement relatif participe à un conditionnement plus global où d'autres facteurs contextuels entrent en compte. L'ubiquité des interactions avec des outils de traitement de contenus imperceptibles aboutit à une utilisation généralisée sans réelle conscience des individus. En outre, les algorithmes qui « décident » des contenus présentés ne sont pas neutres[10]. Ils résultent d'une conception, d'une programmation qui va traduire la vision et les objectifs des plateformes commerciales qui les mettent en œuvre pour proposer leurs services. Cette force de frappe globalisée et orientée participe à la construction et à la représentation de soi, jusqu'au risque de nous soumettre à ce que la machine pense de nous et de s'y adapter en anticipant sa logique décisionnelle pour nous profiler[11].

La question est dès lors de savoir dans quelle mesure ces effets produits par la décision algorithmique de traitement de contenus peuvent se traduire en « effets juridiques » mentionnés à l'article 22 ?

Il est, là encore, à déplorer le manque de clarté sur les circonstances qui produisent les effets juridiques visés. Les lignes directrices du G29 précisent que des effets juridiques sont produits dès lors que les droits juridiques d'une personne, son statut juridique ou ses droits en vertu d'un contrat sont affectés.

Du fait des effets particuliers des algorithmes de traitement de contenus sur le rapport à soi, il n'est pas étonnant que les droits pouvant être affectés tendent à être évalués au regard des libertés et droits fondamentaux des personnes. Ainsi, une étude du Conseil de l'Europe sur les algorithmes et les droits humains[12] évoque le risque d'atteinte à la liberté d'expression et au droit à l'information des personnes découlant du filtrage des informations à grande échelle. Cependant, malgré leur nature juridique, la portée de ces principes semble devoir rester limitée à défaut d'une traduction légale spécifique adaptée aux décisions algorithmiques de traitement de contenus. Les questions qui se posent

---

Policy Review, 5(1). DOI : 10.14763/2016.1.401

10 Daniel Le Métayer, Sonia Desmoulin-Canselier, « Gouverner les algorithmes pour éviter qu'ils nous gouvernent », Tribune, journal Libération, 26 novembre 2017.

11 Mireille Hildebrandt, *Introitus : What Descartes did not get. Being profiled : 10 years of profiling the European citizen*, Amsterdam University Press BV, Amsterdam 2018.

12 Étude du Conseil de l'Europe DGI (2017)12 sur les dimensions des droits humains dans les techniques de traitement automatisé des données et éventuelles implications réglementaires.

en matière de discrimination illustrent bien la difficulté à appréhender la nature juridique des effets des algorithmes de contenus, que ce soit au regard du principe général de non-discrimination garanti au niveau constitutionnel et international[13] ou des cas de discrimination plus spécifiquement prévus par la loi[14]. Les algorithmes sont par nature discriminants dès lors qu'ils classent, hiérarchisent, sélectionnent des contenus sur la base de profils personnalisés. Ils sont également susceptibles de reproduire des biais[15]. Des différences de traitement dans la présentation de contenus en raison de critères, réels ou supposés, tels que l'apparence, la croyance, l'âge ou le sexe peuvent donc en découler. Or le caractère souvent imperceptible, indirect et généralement non intentionnel des discriminations générées[16] et des différences de traitement dans l'accès ou la présentation de contenus, non spécifiquement visées par la loi (comme la différenciation tarifaire), rendent difficile la qualification juridique systématique et précise de ces effets. Cette situation invite donc à s'intéresser plus particulièrement au caractère significatif « de manière similaire » des effets des décisions algorithmiques de traitement de contenus.

Pour tenter de comprendre ce que de tels effets recouvrent, les lignes directrices du G29 indiquent qu'ils doivent revêtir un niveau d'importance similaire aux effets juridiques, c'est-à-dire affecter « de manière significative la situation, le comportement ou les choix des personnes » ou, dans les cas les plus extrêmes, conduire à « l'exclusion ou la discrimination ». Le RGPD cite en exemple le rejet automatique d'une demande de crédit mais les lignes directrices font également référence au cas moins évident de la publicité en ligne. Une approche au cas par cas, prenant en compte tant les effets produits par la décision que les méthodes employées pour y aboutir, est retenue. Les effets peuvent ainsi revêtir une importance significative lorsque les procédés utilisés

13 Article 1 de la Constitution du 4 octobre 1958 ; Article 14 de la Convention européenne des droits de l'homme https://www.echr.coe.int/Documents/Convention_FRA.pdf
14 Art. L 225-1 et s. du Code pénal.
15 Patrice Bertail, David Bounie, Stephan Clémençon, et Patrick Waelbroeck, « Algorithmes : biais, discrimination et équité », TelecomParisTech, 14 février 2019.
16 Mathias Lecuyer, Riley Spahn, Yannis Spiliopolous, Augustin Chaintreau, Roxana Geambasu, Daniel Hsu; "Sunlight : fine-grained targeting detection at scale with statistical confidence", 22d ACM SIGSAC Conference on Computer and Communications Security (CCS), ACM, 2015.

pour le profilage sont particulièrement intrusifs, touche aux attentes et souhaits ou vulnérabilités spécifiques des personnes visées.

L'accès personnalisé à des contenus *via* des critères exécutés automatiquement par les algorithmes peut orienter et influencer les comportements et les choix opérés par les personnes et ce notamment du fait de l'exploitation des caractéristiques identifiées et associées à des personnes, les rendant plus réceptives, si ce n'est plus vulnérables, aux informations diffusées (comme le suivi des sites consultés qui peut révéler une sensibilité particulière pour certaines causes). Ces effets n'ont rien de triviaux mais force est de constater que leur importance est aussi dépendante du contexte dans lequel interviennent les décisions qui les produisent. Difficile de dissocier l'impact de ces algorithmes du caractère dominant des plateformes qui présentent la grande majorité des contenus, l'exploitation massive des données, notamment personnelles, par ces mêmes plateformes et l'utilisation répétée des outils de présentation de contenus qui, par accumulation, vont produire un effet significatif dans la durée.

L'imprécision du texte de l'article 22 (1) du RGPD laisse donc la porte ouverte à une interprétation suffisamment large pour considérer comme possible la qualification des algorithmes de traitement de contenus comme décision individuelle automatisée, dès lors que s'inscrit dans l'évaluation des effets produits sur l'individu le contexte plus global dans lequel la décision intervient. A contrario, cette même imprécision permet une interprétation proportionnellement restrictive qui, à défaut de précisions jurisprudentielles ou légales, n'offre pas de sécurité juridique quant à l'exercice des droits attachés aux décisions individuelles automatisées et tout particulièrement sous la forme d'algorithmes de traitement de contenus.

UNE QUALIFICATION DE DÉCISION AUTOMATISÉE, GÉNÉRATRICE DE DROITS

Si au regard de l'article 22 du RGPD la qualification de l'algorithme de traitement de contenus comme décision individuelle automatisée entraîne la reconnaissance de droits pour les personnes qui en sont l'objet, l'exercice réel et isolé de ces droits paraît toutefois limité (1), leur effectivité semblant liée à la régulation plus spécifique des plateformes dans leur fonction d'intermédiation (2).

LE DIFFICILE EXERCICE DES DROITS ATTACHÉS AUX DÉCISIONS INDIVIDUELLES AUTOMATISÉES DE TRAITEMENT DE CONTENUS PAR LEURS DESTINATAIRES

L'article 22 (1) pose un principe général d'interdiction des décisions individuelles automatisées. La portée de cette interdiction est toutefois largement atténuée par les exceptions visées à l'article 22 (2) qui autorisent le recours à de telles décisions lorsque cela est nécessaire à la conclusion et à l'exécution d'un contrat, est autorisé par le droit interne et/ou est fondé sur le consentement explicite de la personne concernée.

Dans ces cas, sont associés à la décision individuelle automatisée les droits, pour la personne qui en fait l'objet, d'obtenir une intervention humaine, d'exprimer son point de vue et de contester la décision. Le responsable de traitement devra de son côté mettre en œuvre « des mesures appropriées pour la sauvegarde des droits et libertés et des intérêts légitimes » des personnes, notamment en garantissant le possible exercice des droits précités auxquels s'ajoutent un droit d'information préalable et un droit d'accès aux « informations utiles concernant la logique sous-jacente, ainsi que l'importance et les conséquences prévues de ce traitement ». Sans entrer dans le détail de la question largement débattue de savoir si l'article 22 offre un droit à l'explication ou simplement d'information[17], c'est la possibilité même d'exercer ces droits qui interroge.

En effet, la difficile appréhension de ce qui constitue une décision individuelle automatisée autorise des interprétations variées, si ce n'est contradictoires, pour les cas les moins évidents comme le recours à des systèmes de décisions automatisées pour le traitement de contenus. Cela est d'autant plus problématique lorsque l'exercice potentiel des droits attachés à une décision individuelle automatisée dépend largement de

---

17 Sandra Wachter, Brent Mittelstadt, Luciano Floridi, *"Why a Right to Explanation of Automated Decision-Making Does Not Exist in the General Data Protection Regulation"* (December 28, 2016). *International Data Privacy Law*, 2017. Consultable sur SSRN : https://ssrn.com/abstract=2903469 ou http://dx.doi.org/10.2139/ssrn.2903469

l'information préalable du recours à une telle décision. Or cette information ne sera donnée par le responsable de traitement que dans la mesure où ce dernier aura considéré que le système qu'il met en place correspond bien à une décision individuelle automatisée. L'information de la personne dépend donc de l'interprétation *ex ante* du responsable de traitement dont on peut penser qu'elle n'ira pas spontanément vers une interprétation extensive couvrant les décisions algorithmiques de contenus.

Les droits attachés à une décision individuelle automatisée existent et peuvent être exercés indépendamment d'une information préalable mais la réalité pratique de la mise en œuvre des décisions algorithmiques de contenus et notamment de profilage, est que ces traitements sont le plus souvent imperceptibles pour les personnes qui en font l'objet. En outre, quand bien même un individu serait conscient du recours à une décision individuelle automatisée, à charge pour lui de le démontrer ce qui, sans accès aux informations relatives aux modalités de fonctionnement des systèmes utilisés souvent protégées par le secret, se révèle une tâche particulièrement coûteuse et difficile à entreprendre. Enfin, on peut également s'interroger sur la concrétisation du droit à une intervention humaine dans le cadre de l'application des décisions algorithmiques de traitement de contenus.

Tout cela amène à s'interroger sur l'utilité juridique même de l'article 22 du RGPD permettant de garantir l'exercice des droits en cas de décisions prises par des algorithmes de traitement de contenus. Il est dès lors à craindre que l'absence d'application par les juridictions et autorités de protection des données personnelles de l'article 22 reste comparable à celle de feu l'article 15 de la Directive 95/46/CE[18], qu'il reproduit de manière quasi-identique. Cela prive d'une garantie juridique qui, bien que liée au traitement de données personnelles, serait susceptible de couvrir de manière étendue la variété des effets produits par les décisions algorithmiques de traitement de contenus. Il semble toutefois qu'est privilégiée une approche réglementaire plus sectorielle centrée sur les obligations de transparence et de loyauté des plateformes.

L'effectivité des droits attachés à cette qualification de décision automatisée dépend dans une certaine mesure de la régulation des plateformes qui est elle-même source de nouveaux droits. La régulation

---

18 Lee A. Bygrave, *"Minding the Machine : Article 15 of the EC Data Protection Directive and Automated Profiling"*, Privacy Law & Policy Reporter, 2000, volume 7, p. 67–76.

des plateformes repose sur des règles de fond en pleine évolution mais nécessite aussi un renouvellement de certains moyens de la régulation.

DES DROITS DONT L'EFFECTIVITÉ DÉPEND
DE LA RÉGULATION DES PLATEFORMES

Il convient en premier lieu de s'interroger sur l'activité de la plateforme quand elle présente le contenu de telle ou telle façon. Derrière la prise de décision automatisée, il y a en effet une activité, soit d'intermédiation technique, soit éditoriale. Il est à noter que bien sûr la préférence des plateformes va à la qualification d'intermédiation technique car c'est elle qui offre le régime de responsabilité le plus favorable, en l'occurrence celui de la responsabilité limitée ou aménagée prévue par la loi pour la confiance dans l'économie numérique. Si l'on se fonde sur le raisonnement de la Cour de Cassation dans l'affaire « Joyeux Noël[19] », force est de constater que même des activités qui semblent à première vue de nature éditoriale sont ramenées à leur dimension technique. Si l'on comprend que le réencodage de nature à assurer la compatibilité de la vidéo à l'interface de visualisation soit une opération technique, il paraît moins évident que ce soit le cas de la mise en place de cadres de présentation et de la mise à disposition d'outils de classification des contenus, quand bien même ils seraient justifiés par la seule nécessité de rationaliser l'organisation du service et d'en faciliter l'accès à l'utilisateur.

Ce même flottement apparaît dans le rapport « Créer un cadre français de responsabilisation des réseaux sociaux : agir en France avec une ambition européenne » qui fait état d'une fonction éditoriale des réseaux sociaux[20]. La notion reste ambiguë car elle n'est pas supposée fonder une responsabilité éditoriale. Les auteurs du rapport écrivent ainsi : « le constat de l'existence de cette fonction d'ordonnancement des contenus, qui constitue une forme d'éditorialisation de fait ne saurait remettre en cause le statut juridique de ces acteurs, ni conduire, à les requalifier en éditeurs dès lors que la majorité des services de réseau social n'opère pas de sélection préalable à la publication des contenus ».

Cette distinction entre intermédiation technique et édition n'a de sens que par rapport à la détermination du régime de responsabilité.

19   https://www.legalis.net/actualite/la-cour-de-cassation-confirme-le-statut-dhebergeur-de-dailymotion/
20   gouv.fr/files/files/2019/Mission_Regulation_des_reseaux_sociaux-Rapport_public.pdf

En revanche, c'est bien l'intermédiation par elle-même qui fonde les obligations de loyauté et de transparence qui incombent aux plateformes définies par référence à leur fonction d'intermédiation.

Ces obligations de loyauté et de transparence constituent un pilier important de la régulation des plateformes. Telle qu'appréhendée dans le cadre des états généraux des nouvelles régulations numériques lancés par le gouvernement français en juillet 2018 (Mounir Mahjoubi), cette régulation comprend quatre volets, concurrentiel, social, un volet « contenus » et un dernier concernant les moyens de la régulation[21].

Un premier ensemble d'obligations résulte de la loi pour une République numérique, novatrice en la matière, qui prévoit des obligations applicables à plusieurs cas de figure. Notre propos concerne plus particulièrement les obligations imposées aux plateformes qui valorisent des contenus, des biens ou des services proposés par des tiers, tels que les moteurs de recherche, réseaux sociaux ou comparateurs, et qui doivent préciser les critères de référencement et de classement qu'elles utilisent.

Ces dispositions concernent les relations des plateformes avec les utilisateurs finaux. En amont, le respect de la loyauté et de la transparence doit amener les plateformes à révéler la manière dont elles ordonnancent les contenus. C'est ce que fait Google lorsqu'il explique dans quel ordre les actualités sont présentées au lecteur sur Google News. Donner à l'utilisateur les moyens de créer son propre ordonnancement constitue également une réponse intéressante. En tout cas, on pourrait revendiquer une transparence encore plus grande sur la manière dont les contenus les plus engageants sont valorisés de telle manière que sont exacerbés les contenus haineux ou les fausses informations. Ou encore demander que toute la lumière soit faite sur la manière dont l'attention est captée, ce qui est l'objectif ultime des plateformes et la face la plus cachée de leur stratégie.

En aval, ces obligations sont à même de permettre la disponibilité de l'information qui est nécessaire à l'utilisateur pour exercer ses droits en tant que citoyen en vertu de l'article 22, même si c'est ici le droit de la consommation qui est convoqué. Comment concilier ces deux approches, dans la mesure où le respect de l'obligation de transparence

---

21 https://cnnumerique.fr/les-premieres-syntheses-des-etats-generaux-sont-en-ligne – Annie Blandin, « La question concurrentielle dans le contexte des états généraux des nouvelles régulations numériques », *Revue Contrats Concurrence Consommation*, n° 7, juillet 2019.

par la communication de certaines informations est cela même qui risque de favoriser le refus d'être le destinataire d'une décision automatisée. Réguler les plateformes ou s'en défendre, voire les défaire sont en effet les termes antagonistes du débat actuel qui s'inscrit dans une prise de conscience sans précédent des risques de la plateformisation[22].

Si la loi française s'intéresse à la relation *BtoC*, il n'en est pas de même de l'approche européenne qui a donné naissance au règlement promouvant l'équité et la transparence pour les entreprises utilisatrices de services d'intermédiation en ligne[23]. Elle concerne quant à elle les relations entre les plateformes et les entreprises, d'où son nom de « *Platform to business* ». Le Conseil national du numérique, qui a organisé la consultation dans le cadre des états généraux, fait valoir qu'une approche horizontale serait préférable à cette réglementation en silos. Ceci est d'autant plus logique que dans le cadre de certaines plateformes, notamment collaboratives, l'offreur est souvent un individu. Les obligations prévues par ce règlement embrassent en tout cas un large champ. En matière de transparence, un article 5 consacré au classement vient fixer des obligations très précises relatives à la communication des paramètres utilisés pour le classement, à faire figurer dans les conditions générales. Ces règles répondent à un besoin de prévisibilité. Il est à noter que « la notion de principaux paramètres devrait s'entendre comme faisant référence à tous les critères et processus généraux ainsi qu'aux signaux spécifiques intégrés dans les algorithmes ou à d'autres mécanismes d'ajustement ou de rétrogradation utilisés en relation avec le classement[24] ».

Le règlement est intéressant aussi dans la mesure où il crée un observatoire européen des plateformes et répond ainsi à un besoin de connaissance de leur fonctionnement. Cet enjeu est à la source d'une proposition de création d'un observatoire français à l'image de l'entité européenne. Pour atteindre cet objectif de connaissance, peut-on uniquement s'en remettre au bon vouloir de coopération des entreprises ou faut-il être plus directifs pour accéder à certaines informations, notamment en temps réel ?

---

22   Martin Untersinger, « 30 ans du *Web* : "Il n'est pas trop tard pour changer le *Web*" » affirme Tim Berners-Lee, *Le Monde*, 12 mars 2019.

23   Règlement 2019/1150 du Parlement Européen et du Conseil du 20 juin 2019 promouvant l'équité et la transparence pour les entreprises utilisatrices des services d'intermédiation en ligne, JOUE n° L 186/57 du 11.07.2019.

24   Considérant 24 du Règlement.

La question est importante au regard du développement d'une forme de régulation utilisée notamment par l'ARCEP : la régulation par la donnée. Celle-ci repose sur des canaux de remontée de données, par exemple sur les pratiques des plateformes, le but étant notamment une meilleure information du citoyen. Cette approche répond à une volonté de créer un parallélisme entre une société et une économie gouvernées par les données et l'usage de ces mêmes données à des fins de régulation. La disponibilité des données est alors de nature à susciter un choix et d'inciter une entreprise à modifier son offre.

CONCLUSION

L'ensemble du RGPD est imprégné par la recherche d'un « *empowerment* » de l'individu au sens de l'autodétermination informationnelle. Lu ou appliqué en combinaison avec la régulation des plateformes, il peut fonder une capacité de résistance face à l'automatisation de la présentation des contenus. Pour l'instant, l'opacité est grande en la matière et l'emprise des plateformes préoccupante. Il apparaît pour le moins paradoxal dans ces circonstances de continuer à faire bénéficier certaines plateformes de la responsabilité aménagée des intermédiaires techniques alors que c'est précisément leurs fonctions éditoriales ou de présentation des contenus d'un type nouveau qui fait problème. Le programme de la nouvelle Commission européenne s'agissant du numérique sera certainement l'occasion de prendre de nouvelles orientations dans ces domaines, à l'occasion de la réforme de la directive e-commerce et du projet d'adoption d'un *Digital Services Act*.

Annie BLANDIN
Élisabeth LEHAGRE

LE LIQUIDE, LA FOULE ET LE PUBLIC

Une économie morale des plateformes ?

En juin 2016 Arthur De Graves publiait sur le site de Ouishare un article intitulé : *L'économie collaborative, c'est fini*[1]. Oraison funèbre d'un concept, l'article part d'un positionnement initial par rapport au concept d'économie du partage qui fut en vogue un temps, l'expression *économie collaborative* étant censée refléter une vision plus « neutre sur le plan axiologique ». La mise en cause du terme *partage* se situait donc sur le plan moral, ce dernier semblant refléter une vision irénique du monde, un « collectivisme au rabais et à la cool », cheval de Troie de plateformes californiennes pour imposer leur suprématie. L'économie du partage manifestait ainsi une forme d'oxymore entre, d'un côté, un appel à la vertu censé déboucher sur un nouveau monde, une colonisation des imaginaires pour partager joyeusement le banquet commun, et d'un autre le rappel à l'ordre selon lequel il n'y a pas de repas gratuit[2]. L'expression *moralisation du capitalisme* constitue alors l'épigone de cet oxymore ou de cette hypocrisie. Partage étant désavoué sur le plan moral, « collaboratif » devait s'y substituer avantageusement du fait de sa « neutralité ». Pour Arthur de Graves avec cette terminologie : « [...] on ne commençait pas à s'imaginer le Christ partageant le pain et le vin avec ses disciples, et avec un peu de chance, on pouvait même s'extraire des débats stériles sur le marchand et le non-marchand, l'avidité dévorante et le désintéressement pur et éthéré. » Cependant, le terme collaboratif, revendiqué comme axiologiquement plus neutre, est presque immédiatement revêtu d'une parure axiologique puisqu'il est avant tout destiné à décrire des systèmes qui ne sont fondés ni sur la hiérarchie, ni sur la compétition, et qui se positionnent de façon orthogonale par

---

1   Ouishare magazine, 23 juin 2016 https://www.ouishare.net/article/leconomie-collaborative-cest-fini

2   Milton Friedman, *There's No Such Thing as a Free Lunch – Essays on public policies*, Chicago, Open Court Publishing Company, 1975.

rapport à l'économie de marché définie comme l'agrégat de structures hiérarchisées entrant en compétition.

L'économie collaborative était ainsi parée de vertus transformatrices, de multiples initiatives apparaissant comme « Les hérauts d'un changement de paradigme à portée de main. Les dernières lueurs du capitalisme. » La colonisation de nouveaux espaces immatériels marquerait ainsi la fin du capitalocène et de son idéologie compagne de route, le libéralisme. Or, le texte le reconnaît honnêtement, il y avait de la naïveté à ne pas voir que derrière le collaboratif il y avait des rapports sociaux – notamment le salariat – des institutions, des règles, des normes... qui organisaient la société et la solidifiaient (la rigidifiaient diraient des libéraux). Loin de l'émancipation promise, le collaboratif, ne mobilisait en fait qu'un individu « entrepreneur de soi » promu par le néolibéralisme, reflétant sa soumission à l'ordre du marché. L'enjeu est alors simple et concerne de façon centrale le travail : l'aliénation ou la liberté ; mais encore faudrait-il définir la nature de cette dernière. Dans les deux cas, la nature même de l'individu *entrepreneur de soi* n'est pas remise en cause. On se situe alors dans la perspective – et dans l'acceptation – d'une société liquide, peuplée d'individus flexibles, adaptables, mobiles... Sur un plan économique l'existence même d'entreprises était rendue caduque par les nouvelles technologies faisant tendre les coûts de transaction – la seule justification analytique de leur existence – vers zéro[3]. Seuls perdureraient des individus et des marchés réduits à n'être que des lieux virtuels de rencontre d'une offre et d'une demande. L'économie des plateformes réaliserait ainsi l'idéal d'un monde liquide, sans frottements.

Le fait d'admettre comme donnée anthropologique un tel individu amène Arthur de Graves à négliger – ou à traiter rapidement – plusieurs éléments, c'est le cas de la morale, mais c'est aussi le cas de la foule. En effet, l'avènement de ces nouvelles formes d'économies s'est accompagné d'un retour de la foule attesté par l'utilisation répandue de termes anglo-saxons comme *crowdfunding, crowdlending, crowdsourcing...* Cette foule manifeste la constitution, certes peu institutionnalisée, temporaire... de collectifs qui souvent sont animés par des orientations morales, des passions et pas seulement des intérêts. Ainsi, ce qu'il y a en filigrane

---

3 Plus généralement les questions liées à la valeur sont essentielles. Voir : Philippe Béraud, « Digitalisation et redistribution des raretés Qui paie pour la gratuité ? », *Études digitales*, n° 1, 2016, p. 231-240.

de l'économie collaborative, et qui n'est pas *fini*, c'est une revendication d'ordre moral. Le *globule homogène* de la modernité liquide est tronqué et trompeur, et la référence qui ressurgit régulièrement à une société plus juste en est la preuve. L'économie des plateformes serait ainsi toujours porteuse d'une logique de disruption en cherchant à passer d'une « production de masse » à une « production par les masses » ou encore d'une « distribution de masse » à une « distribution par les masses[4] ». La volonté est claire : il s'agit de « reprendre la main[5] », et de se réapproprier des espaces, notamment urbains, pour en refaire des *communs*.

Ainsi, malgré l'appareillage technique et le langage peuplé d'anglicismes les problématiques soulevées ne sont pas nouvelles et renvoient à des questions fondamentales et principalement à des enjeux moraux.

UN MONDE LIQUIDE

La question des enjeux moraux liés à l'économie des plateformes, ne peut se comprendre sans référence aux représentations analytiques véhiculées par l'analyse économique dominante qui demeurent largement irriguées par des représentations normatives issues du XIXe siècle. Elles avaient pour vocation d'analyser l'économie *si* un certain nombre de conditions étaient réalisées. Animés par une confiance indéfectible dans le progrès, des auteurs comme Cournot, Walras, Clark et d'autres pensent que la réalité finira par se rapprocher des conditions idéales posées par la théorie[6]. Comme l'évoque Antoine Augustin Cournot, de même qu'un habile mécanicien fait tendre la mécanique appliquée vers les conditions idéales définies par la mécanique pure par le poli des

---

4   Myriam Bouré, « Système alimentaire 3.0 : les voies de la disruption », *Ouishare*, 2016, https://www.slideshare.net/OuiShare/systme-alimentaire-30-les-voies-de-la-disruption.

5   Par exemple sur notre alimentation pour Open Food Network. Voir : Myriam Bouré, « Réappropriation des systèmes alimentaires par les citoyens : une logique de Communs urbains », *Netcom*, 31-1/2, 2017, p. 175-192.

6   Michel Renault, « Analogie formelle et analogie substantielle en économie : l'économique néo-classique, l'énergétique et la physique des champs », *Économie Appliquée*, Tome XLV n° 3, 1992, p. 55-90.

surfaces et la précision des engrenages, le progrès fera que l'économie appliquée (ou réelle) se rapprochera des conditions définies par l'économie pure. Cette dernière se trouve débarrassée de tout frottement, de tout obstacle, à la libre circulation. La métaphore liquide s'incarne dans le modèle hydrostatique proposé par Irving Fisher[7] pour illustrer la formation d'un équilibre général. Ce modèle apparaît comme un bon raccourci pour comprendre l'idéal, et l'idéologie, d'un monde fluide puisque ce qui circule entre des individus (réduits à de simples vases communicants) c'est de l'eau matérialisant des biens ou de la monnaie. Ce liquide infiniment fluide peut ainsi se déplacer librement au gré des modifications exogènes des prix ou des préférences des individus. Notons que *librement* ici est assimilé à *automatiquement* puisqu'il n'y a aucun exercice d'un choix quelconque, c'est la construction du mécanisme qui dicte l'orientation et l'allocation du liquide. La liberté dont il peut être question n'a donc rien d'un considérant d'ordre moral mais est purement mécanique et renvoie à l'absence d'obstacles, à la circulation sans entraves des biens.

La normativité du modèle, incarnée par l'élaboration du *ce qui devrait être*, se matérialise physiquement dans la construction du modèle. L'objet technique, qu'il soit mathématique ou physique, est donc porteur d'une normativité faisant d'un monde liquide un idéal tout comme les plate-formes sont intrinsèquement normatives par leur caractère d'« instrument de gestion actif[8]. » On peut noter que deux éléments (au moins) sont évacués d'un tel modèle : la société d'une part et la morale d'autre part. Les individus considérés ne sont en effet que des entités passives, homogènes, réagissant de façon passive à des stimuli (variation des prix ou des quantités); a fortiori un tel ensemble ne constitue pas une société mais simplement un mécanisme. La description par Thorstein Veblen d'un globule homogène isolé, sans passé ni avenir, mû par des « forces agissantes », passif et n'agissant que lorsque le « parallélogramme de ses forces pèse sur lui » illustre alors parfaitement un tel individu[9].

7   Irving Fisher, *Mathematical Investigations in the Theory of Value and Prices* (1892), reprint, New York : Augustus M. Kelley, 1965.

8   Matthieu DE Nanteuil et Marc Zune, « Économie collaborative et (in)justice sociale », *Revue Française de Socio-Économie*, n° 17, 2016, p. 5-12, p. 5.

9   Thorstein Veblen, « Why is economics not an evolutionary science ? », *Quarterly Journal of economics*, July, p. 373-397, 1898, p. 389-390. Notre traduction. Un article du Monde consacré au mouvement social chez Deliveroo décrivait ainsi la situation : « Les 11 000

Alors que les enjeux moraux étaient une part intégrante de l'économie politique classique – on peut penser par exemple aux réflexions d'Adam Smith ou de John Stuart-Mill – de morale il n'est plus question. Seule l'efficience compte comme pour un technicien travaillant sur un dispositif quelconque, ce dernier n'étant porteur a priori d'aucun enjeu axiologique. L'économie étant élevée au rang de science, la politique doit avoir pour objet de réaliser en pratique ce que la théorie dicte. Cependant, c'est oublier que les frottements sont intrinsèques et constituent la nature même de l'économie : sans frottements pas de profit et pas de marché comme le soulignera Kenneth Arrow. Les *hommes d'affaires* de Veblen, qu'il oppose aux *ingénieurs* motivés par le progrès et l'efficience[10], sont ainsi ceux qui mettent des obstacles au progrès, qui interrompent le flux des affaires, pour en tirer un profit ou une rente. Cela révèle aussi l'ambiguïté des plateformes : techniquement elles ouvrent des possibilités de connexion et de mise en relation, mais économiquement elles offrent également des possibilités aux *hommes d'affaires* pour interrompre le flux et générer des rentes.

L'idéal d'une société fluide s'incarne sur le plan sociétal dans l'idéologie néolibérale constituant d'une certaine façon la contrepartie politique de modèles essentiellement abstraits. Il s'agit alors de réaliser pratiquement une société liquide en ôtant les obstacles au libre flux des affaires et du marché. Pour Friedrich von Hayek[11], il s'agit de constitutionnaliser la liberté en figeant en quelque sorte le mécanisme qui l'institue. Une fois le mécanisme incarné dans un ensemble de règles – équivalent aux éléments physiques du modèle de Fisher – il suffit de le laisser fonctionner. C'est ce qu'évoque Michel Foucault[12] quand il affirme que le projet néolibéral est porteur d'une action sur les règles du jeu et non sur les joueurs.

---

coursiers à la tenue de travail turquoise de Deliveroo sont en concurrence les uns avec les autres. Ils se croisent mais ne se rencontrent pas. Ils n'ont pas de lieu où se retrouver et pas de représentation syndicale en bonne et due forme. Ils n'ont pas de contact humain avec leur donneur d'ordre. » Voir : « Deliveroo, la révolte des tâcherons », Le Monde, 9 Août 2019, https://www.lemonde.fr/idees/article/2019/08/09/deliveroo-la-revolte-des-tacherons_5497985_3232.html

10 Thorstein Veblen, *The Engineers and the Price System*, New York, B. W. Huebsch, 1921, p. 389-390.

11 Friedrich August Hayek, *The Constitution of Liberty*, Chicago, University of Chicago Press 1960.

12 Michel Foucault, *Naissance de la biopolitique, Cours au collège de France* (1978-1979), Paris, Gallimard-Seuil, 2004, p. 265.

Le droit, asservi au marché, n'a pour objet que d'assurer l'efficience du système, d'en protéger les éléments fondamentaux, comme les droits de propriété. Sur le plan social, il s'agit de *laisser faire les hommes et laisser passer les marchandises* pour reprendre la phrase attribuée à Vincent de Gournay. Plus d'obstacles à la libre circulation des hommes et des marchandises, la mobilité parfaite, la fluidité infinie, est l'horizon d'un monde liquide. Internet constituerait ainsi une étape majeure dans la liquéfaction du monde.

L'avènement d'une société liquide ne peut aller sans la constitution d'un « individu liquide[13] » accompagnant le déploiement d'un monde dans lequel tout doit être « "liquide" pour fluidifier le commerce et l'inextinguible soif d'enrichissement des riches [...][14] ». Cette fluidité affecte l'individu et les rapports humains : « Contrairement aux corps solides, les liquides ne peuvent pas conserver leur forme lorsqu'ils sont pressés ou poussés par une force extérieure, aussi mineure soit-elle. Les liens entre leurs particules sont trop faibles pour résister... Et ceci est précisément le trait le plus frappant du type de cohabitation humaine caractéristique de la "modernité liquide"[15] ». Dans un tel monde aucune position n'est jamais établie et il y a toujours des garde-fous (on pourrait dire garde-foules !) pour éviter toute cristallisation. Les dispositifs de notation dont usent les plateformes sont un bon exemple de ces garde-fous. Chacun est soumis, et se soumet, en permanence au jugement d'autrui et ce jugement est réciproque : certes le client note la prestation mais le fournisseur du service note aussi le client, c'est le cas pour Airbnb par exemple. La menace perpétuelle de perdre, avec sa réputation, les moyens de satisfaire ses besoins, est un puissant moyen pour ne pas figer des situations, pour ne pas créer de rentes, pour maintenir la fluidité du système. Cette volonté d'empêcher toute cristallisation est caractéristique du monde liquide. Elle empêche également toute projection dans le temps – pendant empirique de l'atemporalité du modèle de concurrence pure et parfaite – l'individu liquide est cantonné au présent puisque le

13   Zygmunt Bauman, *La Vie en miettes. Expérience postmoderne et moralité*, Chambon, Éditions du Rouergue, 2003 ; *Le Présent liquide. Peurs sociales et obsession sécuritaire*, Paris, Seuil, 2007.
14   Thierry Sallantin, « Ni anthropocène, ni capitalocène le problème c'est le mégalocène », 2018, https://www.partage-le.com/2018/04/9279/
15   Zygmunt Bauman, « Vivre dans la "modernité liquide" », entretien avec Z. Bauman, Propos recueillis par Xavier de la Vega, *Sciences Humaines*, n° 165, novembre 2005.

futur ne cesse de s'éloigner et est toujours plus incertain. Tout projet de vie devient illusoire, la rapidité empêche toute cristallisation dans des routines ou toute solidification dans des institutions[16]. L'individu est seul, devant sans cesse optimiser ses choix dans tous les champs de la vie sociale y compris dans ses relations amoureuses[17]. L'extension du domaine du marché et de l'idéologie politique qui la promeut génère ainsi un « [...] homo œconomicus entrepreneur de lui-même, étant à lui-même son propre capital, étant pour lui-même son propre producteur, étant pour lui-même la source de ses revenus[18] ». Le capitalisme de plateforme, dont les exemples emblématiques sont Uber ou Deliveroo, use ainsi d'individus entrepreneurs, libres, statut entériné par le droit, qui vendent leurs services via la plateforme. Le paradoxe ici repose sur le caractère *libre* de tels individus dans la mesure où ils sont enserrés dans un réseau de dépendances contraignant : dépendance technique vis-à-vis des algorithmes et des procédures liés aux plateformes et dépendance psychologique via les dispositifs d'évaluation qui permettent d'être *valorisé* au miroir des autres[19].

UNE ÉCONOMIE MORALE ?

Ces considérations, aujourd'hui largement dévoilées, n'épuisent pas la question. En effet négliger à la fois la morale – comme c'est le cas de la perspective néolibérale et du texte d'Arthur de Graves – et la foule, c'est oublier que l'économie ne se résume pas à des mécanismes d'offre et de demande sur des marchés. L'économie collaborative est ainsi porteuse d'idéaux parmi lesquels le bien-être des parties prenantes et la production d'une *valeur sociale* et pas simplement *utilitaire*[20]. Le recours instrumental

---

16 Bauman 2005, *op. cit.*
17 Bauman 2003, *op. cit.*
18 Foucault 2004, *op. cit.*, p. 232.
19 Nous ne retenons ici que les dépendances pertinentes pour notre propos.
20 Pascale Charhon, « Plateformes numériques - Mobilisation collective, innovation et responsabilité sociales », *Études et Dossiers*, Juin, Pour La Solidarité/Up, 2018, https://www.sharersandworkers.net/wp-content/uploads/2018/01/ed-2018-plateformes-numeriques-FIN.pdf, p. 11.

à la foule via des plateformes ne doit pas masquer qu'elle est porteuse également de menaces, notamment parce qu'elle marque l'effacement – temporaire – de l'intérêt personnel qui fonde l'ordre économique[21]. Si l'on tape l'expression *économie de la foule* sur un moteur de recherche usuel[22] on est renvoyé à *l'économie morale de la foule*, expression forgée par l'historien britannique Edward Palmer Thompson à propos des révoltes frumentaires[23]. La question centrale qui animait ces foules de la fin du XVIIIe siècle était la justice : face à l'augmentation du prix du pain du fait de sa libéralisation, les foules se révoltaient et fixaient elles-mêmes un prix *juste* tout en permettant aux commerçants d'être rémunérés. Ce n'était donc pas du vol mais une organisation du marché permettant à tous de vivre dignement. Ce caractère de révolte face à des situations considérées comme injustes, immorales, n'est pas absent de l'économie dite collaborative, en témoignent les révoltes périodiques animant les *globules homogènes* employés par ces plateformes comme cela a été le cas chez Uber ou Deliveroo face à des décisions unilatérales des plateformes de modifier les modalités de rémunération. Mais ces mouvements sporadiques ont souvent un caractère limité. L'historien Samuel Hayat soulignait ainsi sur son blog, à propos de la révolte des gilets jaunes, la proximité de celle-ci avec les caractères de l'*économie morale de la foule* évoqués par Thompson. Cependant « [...] l'économie morale n'est pas seulement un ensemble de normes partagées passivement par les classes populaires. Elle est aussi le résultat d'un pacte implicite avec les dominants et s'insère donc toujours dans des rapports de pouvoir[24]. » Pour le dire autrement, c'est l'injustice liée à *un* élément du système (le prix par exemple) qui génère la foule morale mais pas l'injustice du *système* lui-même[25]. Les rapports de pouvoirs fondamentaux ne sont pas remis en cause et le caractère disruptif demeure limité. L'économie

21   Gustave Le Bon, *Psychologie des foules*, édition électronique, première publication, 1895. Nouvelle édition, Paris, PUF 1963 Bibliothèque de philosophie contemporaine), 2e tirage, 1971, http://classiques.uqac.ca/classiques/le_bon_gustave/psychologie_des_foules_PUF/psychologie_des_foules.html, p. 19.
22   « L'économie du crowd, du partage & de la relation » : https://www.cap-lehub.com/leconomie-du-crowd-du-partage-de-la-relation/
23   Edward Palmer Thompson, « Économie morale de la foule », dans : Didier Fassin et al., *La question morale*, Paris, PUF « Hors collection », 2013, p. 311-316.
24   Les Gilets Jaunes, l'économie morale et le pouvoir, 5 décembre 2018, https://samuelhayat.wordpress.com/2018/12/05/les-gilets-jaunes-leconomie-morale-et-le-pouvoir/
25   Ainsi, face à la domination de certaines plateformes des formes de résistances ont pu se mettre en place, c'est le cas par exemple de Türkopticon pour noter les employeurs des

morale de la foule revêt ainsi un caractère conservateur lié notamment à un ancrage communautaire visant au rétablissement d'un ordre antérieur considéré comme plus juste.

Cependant, l'*économie morale de la foule* ne peut seule résumer la question morale liée au fonctionnement de l'économie. Elle n'est qu'un épiphénomène ponctuel dont l'impact est limité dans le temps et dans l'espace et qui peut participer d'un ordre établi. L'économie morale décrit un paysage plus vaste qui manifeste le fait que l'économie ne peut être réduite à la représentation de mécanismes automatiques et asociaux mais qu'elle est traversée de multiples courants, par des rapports de pouvoir, par des considérations de justice, par des pratiques coutumières, et plus généralement par un ensemble de relations et de rapports sociaux. Par exemple, comme l'évoque Gabriel Tarde[26], le prix est « [...] en réalité déterminé, non par une prétendue loi naturelle qui fonctionnerait automatiquement comme les lois de l'équilibre des liquides, mais par la volonté prépotente d'une centaine de grands financiers qui imposent à des millions de producteurs de blé, de coton, de laine, etc., des prix souvent désastreux. » Ce que met en scène l'économie morale sur le plan empirique c'est le fait que le fonctionnement de l'économie est irrigué continuellement par des considérations morales et par des normes qui surdéterminent les comportements des acteurs et le jeu des marchés. Sur le plan analytique, l'économie morale apparaît comme : *l'étude des modalités selon lesquelles les activités économiques de toute sorte sont influencées et structurées par les dispositions morales et les normes, et comment en retour ces normes peuvent être compromises, dépassées ou renforcées par les pressions économiques*, si l'on suit la définition qu'en donne Andrew Sayer[27]. Une des caractéristiques fondamentales de l'économie morale est la réciprocité, une règle qui « [...] veut que chaque faveur exige une forme de remboursement, même s'il n'est pas spécifié quand et sous quelle forme[28] ». Dans la vision d'Andrew Sayer, l'économie morale apparaît comme « alternative à un ordre ou système

travailleurs de l'ombre d'Amazon Mechanical Türk, semblant ainsi admettre le principe même de la notation. Voir : Charhon 2018, *op. cit.*

26 Gabriel Tarde, *Psychologie économique*, T. 2, Paris, Alcan, 1902, http://classiques.uqac.ca/classiques/tarde_gabriel/psycho_economique_t2/psycho_eco_t2.html, p. 39.

27 Andrew Sayer, « Moral Economy », published by the Department of Sociology, Lancaster University, Lancaster, 2004, https://www.lancaster.ac.uk/fass/resources/sociology-online-papers/papers/sayer-moral-economy.pdf, notre adaptation.

28 Goran Hyden, « L'économie de l'affection et l'économie morale dans une perspective comparative : qu'avons-nous appris ? », *Revue du MAUSS*, n° 30, 2007, p. 161-184, p. 168.

hégémonique[29] » et s'intéresse aux conditions de la production. Goran Hyden, suite notamment à ses études sur l'Afrique et des économies qui n'ont pas encore été affectées par l'économie capitaliste, y a ajouté le concept d'*économie de l'affection* pour mettre l'accent sur la *reproduction* sociale au-delà de la seule *production*. Dans ce cadre, l'informel apparaît également essentiel. Si on résume, deux éléments indissociables définissent l'économie morale[30] : un système d'échange et de prestations et un système de normes et d'obligations impliquant des normes de réciprocité, des considérants d'ordre moral. L'économie collaborative ou du partage évoquée par Arthur de Graves répond à de telles considérations. Philippe Béraud et Franck Cormerais[31] ont ainsi souligné les enjeux de réciprocité de l'économie de la contribution. Ce serait donc cela qui serait *fini*, ses normes étant *compromises par les pressions économiques* pour paraphraser Andrew Sayer.

Cependant, ce que montrent ces travaux c'est que l'économie morale n'est pas un élément exogène d'un système économique qui pourrait s'en passer, elle en est un élément intrinsèque, dont la prégnance peut être plus ou moins forte, mais qui est sans cesse présente et se réincarne constamment. Ainsi, pour Gabriel Tarde l'idée d'un juste prix pèse comme une force attractrice sur les marchés, et les normes et les coutumes ne constituent pas des *frottements* mais des éléments constitutifs du système[32]. Le concept de capitalocène, outre le fait qu'il tend à négliger la diversité culturelle sous les oripeaux d'une homogénéité factice[33], tend également à négliger ce fait constitutif.

LA FOULE ET LE PUBLIC

Ce fait est aussi sous-jacent dans la référence à la foule, omniprésente quand on parle de ces nouvelles formes d'économie liées au numérique

---

29 *Ibid.*, p. 167.
30 Didier Fassin, « Les économies morales revisitées », *Annales. Histoire, Sciences Sociales*, nº 6, 2009, p. 1237-1266, p. 1243.
31 Philippe Béraud et Franck Cormerais, « Économie de la contribution et innovation sociétale », *Innovations*, nº 34, 2011, p. 163-183.
32 Tarde, 1902, *op. cit.*, p. 32.
33 Sallantin, 2018, *op. cit.*

et aux plateformes. Le concept de foule mobilisé est en effet souvent problématique et ne capture qu'une partie de sa richesse. Sous un angle critique, la référence à la foule est ainsi mobilisée pour évoquer une forme d'exploitation et de privatisation générée par le rôle d'intermédiation des plateformes, par exemple dans le cas de modèles d'open innovation. Les plateformes privatiseraient et marchandiseraient des *communs* (internet, certaines formes de connaissance...) pour en capter la valeur[34]. Certes, mais cela n'est pas toute l'affaire.

Si l'on suit le « Vocabulaire technique et critique de la philosophie » d'André Lalande[35], le terme foule est renvoyé à trois éléments : 1) à « une opération consistant à fouler le drap ou le feutre ; lieu où l'on foule », cela évoque la « pression qui se produit par la réunion d'un grand nombre d'individus », ; 2) à « une masse d'individus réunis mais non intentionnellement, sur un point où ils se trouvent serrés les uns contre les autres : un groupe réuni sur convocation n'est pas une foule » ; 3) au « commun des hommes, en tant qu'il s'oppose à l'élite intellectuelle, aux esprits délicats, aux personnages connus, etc.[36] » Au-delà du premier aspect étymologique, les deux autres renvoient à des éléments signifiants, notamment le fait de la *non-intentionnalité* d'une part, et le caractère *d'opposition* à un ordre dominant d'autre part. La question de la non intentionnalité marque d'une certaine façon un mésusage du terme « foule » pour décrire ce qui se passe dans l'économie numérique. La foule mobilisée dans le cadre d'opération de crowdfunding ou dans l'open innovation y est bien présente du fait d'une *convocation* : un appel à la participation, un concours[37] ou autre. L'usage même du terme *foule* dans la littérature pose question puisqu'elle semble être en elle-même dotée d'une intentionnalité ; par exemple Kevin Boudreau et Karim Lakhani[38] évoquent la différence entre une organisation traditionnelle

---

34 Isabelle Liotard et Valérie Revest, « Innocentive Un modèle hybride d'innovation basé sur l'appel à la foule et l'Innovation Ouverte », dans : Benjamin Coriat, *Le retour des communs : la crise de l'idéologie propriétaire*, Paris, les liens qui libèrent, chap. 7, 2015.

35 André Lalande, *Vocabulaire technique et critique de la philosophie* (1926), Paris, PUF (coll. Quadrige), 1991.

36 Cet aspect anti-élitiste et anti-système de la foule est assez largement négligé, par exemple dans le cas de l'analyse du mouvement des gilets jaunes par Hayat, 2018, *op. cit.*

37 Voir par exemple Isabelle Liotard et Valérie Revest, 2015, *op. cit.*, sur le cas d'Innocentive une plateforme dédiée à l'open innovation.

38 Kevin J. Boudreau et Karim R. Lakhani, « Using the Crowd as an Innovation Partner », *Harvard business Review*, April, 2013, p. 61-69, p. 62.

structurée et le caractère fluent et souple de la foule qui peut opérer
à une échelle beaucoup plus vaste que des firmes. La foule apparaît
comme personnifiée et capable d'action. Rien n'est véritablement dit
sur la nature et l'origine de cette foule que l'on semble prendre comme
une donnée, sauf à en évoquer des modalités de mobilisation : concours,
places de marché, communautés collaboratives autour de la résolution
de problèmes etc. Les enjeux posés sont d'ordre technique et organisationnel, dans une logique d'amélioration de l'efficience. Les enjeux
moraux sont négligés car l'intérêt, essentiellement instrumental, est
centré sur la *production* et non sur la *reproduction*. Cela tient également à
un biais technologique. Par exemple Kevin Boudrau et Karim Lakhani
évoquent le fait que le *crowdsoursing* ne serait pas un phénomène nouveau mais aurait existé depuis des siècles, le changement central récent
résiderait dans la technologie, transformant la foule en une institution
durable disponible sur demande[39]. Ces éléments nécessitent une mise
en perspective intellectuelle du concept de foule.

Un biologiste cité dans le « Vocabulaire » de Lalande, Étienne
Rabaud[40], évoque une différence majeure entre la foule et la société.
Étudiant les sociétés animales, il évoque des rassemblements, par exemple
d'abeilles Halictes ou de fourmis, au sein desquels chacun ne semble
s'occuper que de lui-même et pour lesquels on ne perçoit pas ce qui
maintient les individus groupés. L'explication de ces « rassemblements »
est à rechercher dans un phénomène spécifique : « Une interattraction
s'exerce donc d'où résulte la constitution d'une Société[41] ». La société
est donc caractérisée par ce phénomène d'interattraction dont Étienne
Rabaud n'a pas d'explication précise mais qu'il associe à la vision.
L'attraction réciproque durable des individus constitue un trait qui
distingue la société de la foule[42]. Mais il existe d'autres rassemblements
qui ne présentent pas ce caractère de durée, une fois l'influence ayant
conduit au rassemblement achevée, le groupe se disperse, c'est cela
que l'on peut appeler foule[43]. La foule est donc caractérisée par une

---

39 *Op. cit.* p. 64.
40 Etienne Rabaud, « Sociétés humaines et sociétés animales », *L'année psychologique*, vol. 50,
    XV, 1949, p. 263-272 ; https://www.persee.fr/doc/psy_0003-5033_1949_hos_50_1_8450,
    p. 266.
41 *Ibid.* p. 266.
42 *Ibid.*, p. 268.
43 En ce sens les plateformes dominantes génèreraient des groupes et non des foules.

influence extérieure aux individus composant le groupement, il faut donc un catalyseur externe ; l'interattraction quant à elle représente une influence intérieure[44]. De façon allusive, Étienne Rabaud évoque alors la « sympathie[45] » et la conscience de l'existence de ses « congénères » et, même si on ne peut attribuer ce dernier trait aux animaux, il existe bien des similitudes entre sociétés humaines et animales. On retrouve de telles considérations chez Gustave Le Bon dans sa *Psychologie des foules*[46]. Pour Étienne Rabaud les foules sont des groupements d'animaux au sein desquels les individus n'exercent aucune influence les uns sur les autres (le phénomène d'interattraction ne joue pas) mais il existe malgré tout des foules « durables » permettant d'observer des phénomènes de masse résultant d'un tropisme (qu'on nomme plutôt aujourd'hui *taxie*) comme la thermotaxie. Chez Gustave Le Bon[47] on retrouve le caractère d'influence extérieure caractéristique de la foule.

Le caractère animal des foules est aussi relevé par Gabriel Tarde[48], la contagion psychique qui s'y manifeste étant la résultante des contacts physiques : « Mais toutes les communications d'esprit à esprit, d'âme à âme, n'ont pas pour condition nécessaire le rapprochement des corps. » Contrairement aux *foules animales* de Rabaud ou aux *foules psychologiques* de Le Bon, les *publics* peuvent se passer de la proximité et du contact physique. Les « fleuves sociaux » sont sujets à une « invisible contagion » par laquelle passions et volontés peuvent être partagées : « [...] au même moment par un grand nombre d'autres hommes[49]. » On peut alors relever une proximité avec le crowdfunding : la foule en question n'est ainsi pas composée d'individus isolés mais d'un ensemble cohérent uni par des convictions communes, des références partagées, des passions[50]... De telles questions renvoient aussi aux références

---

44 *Ibid.* p. 269.
45 *Ibid.*, p. 270.
46 *Op. cit.*
47 *Op. cit.* p. 17.
48 Gabriel Tarde, *L'Opinion et la foule*, Paris, Les Presses universitaires de France, 1989, 1re édition, Collection Recherches politiques, 1901, http://classiques.uqac.ca/classiques/tarde_gabriel/opinion_et_la_foule/opinion_et_foule.html, p. 9.
49 *Ibid.*
50 Voir : Sophie Renault, « Crowdsourcing : la foule en question », *Annales des Mines - Gérer et comprendre*, n° 129, 2017, p. 45-57, p. 47 et : Jérôme Méric et Al., « La Foule - Levier de gestion, projet de société ou idéologie ? », *Revue française de gestion*, n° 258, 2016, p. 61-74, p. 64.

de l'économie collaborative ou de l'économie de la contribution à l'économie coopérative et mutualiste issue du XIXᵉ siècle[51]. Gabriel Tarde considère donc moins des foules que des *publics* manifestant une cohésion « [...] toute mentale[52] ». La formation d'un public suppose une évolution sociale plus avancée que le côté animal attribué à la foule. Chez Tarde le public s'articule avec la question économique, les individus ne sont en effet pas que des rivaux mais aussi des semblables liés les uns aux autres et cherchant à la fois à conforter leur similitude et à se distinguer. Il évoque alors les rapports sympathiques qui les unissent[53]. Or, le fait sympathique est lié au caractère moral de l'économie. Andrew Sayer[54] évoque ainsi Adam Smith et sa *Théorie des sentiments moraux*[55] comme une des références centrales de l'économie morale. Selon lui, Smith montre que les individus ne sont pas simplement économiquement dépendants les uns des autres mais ils sont également psychologiquement dépendants ; ils sont continuellement en recherche de la compagnie et de l'approbation ou de la reconnaissance des autres, c'est aussi ce qui rend la dimension morale inévitable et intrinsèque à toute forme d'économie. Cela ne signifie pas que l'une et l'autre ne peuvent pas être en tension, c'est même le contraire avec le capitalisme, mais simplement que cette mise en tension est la preuve du caractère inévitable de la référence morale. Si la foule peut être limitée à la *production*, le public a trait à la *reproduction* et ouvre sur une économie morale.

La fin annoncée de l'économie collaborative manifeste ainsi un trait commun de toutes les formes d'économie, la tension permanente et intrinsèque entre l'ordre économique et l'ordre moral. Ce que les jésuites de l'École de Salamanque pensaient avoir tranché au XVIᵉ siècle en laissant la détermination du juste prix au marché, le « vrai prix » mathématique n'étant connu que de dieu[56], ne cesse de ressurgir sous d'autres formes. On retrouve ainsi à travers les *communs* la logique

---

51 Philippe Béraud et Franck Cormerais 2011, *op. cit.*, p. 165.

52 Gabriel Tarde 1901, *op. cit.* p. 8/9.

53 *Ibid.*, p. 15.

54 *Op. cit.*

55 Adam Smith, *Théorie des sentiments moraux* (1759), Trad. Française, Paris, PUF (Quadrige), 2014.

56 Emilie Hache, *Ce à quoi nous tenons. Pour une écologie pragmatique*, Paris, La Découverte, 2011, p. 109.

relationnelle fondamentale évoquée par John Dewey[57] quand il soulignait que le lien qui unit les mots *communs, communiquer, communauté*
et *communication* n'est pas seulement verbal. La collaboration présentée
comme alternative au néolibéralisme, au capitalisme, à la marchandisation, à l'idéologie propriétaire... implique la constitution d'un
espace public de délibération qui, au-delà d'un aspect fonctionnel relève
d'un « [...] ensemble d'attentes morales[58] ». D'autre part, le lien avec
la démocratie, ou la gouvernance, apparaît comme un point essentiel.
La ligne de démarcation entre des *communs* réappropriés par la foule ou
le public et d'autres logiques plus entrepreneuriales et individualistes,
comme *La ruche qui dit oui* par exemple, s'articule autour de la fixation
du prix et des règles de partage d'une part, et des processus de décision
d'autre part[59]. Sont ainsi en jeu à la fois des questions de réciprocité et
de communauté articulées autour d'enjeux moraux comme la justice ou
encore l'égalité. Ce qui apparaît essentiel dans ces *communautés* ce sont
au final moins les ressources partagées ou mises en commun (un code
source par exemple) que des représentations collectives qui *animent* la
foule, ou le public. Comme le soulignent Robert Ezra Park et William
Burgess[60] cela implique des *points de contact avec la vie d'un autre*. Or,
l'économie morale telle que l'envisage Gabriel Tarde[61] mobilise aussi
ces *points de contact avec la vie d'un autre* symbolisés notamment par le
spectateur impartial. De plus, le *partage* ou la *collaboration* mobilisent
également un autre élément négligé : la conversation et son rôle central
dans la socialité, l'échange économique n'étant qu'un épiphénomène d'un
phénomène plus large d'échange. La conversation renvoie directement à
la question morale : « Au point de vue moral, elle lutte continuellement,
et avec succès le plus souvent, contre l'égoïsme, contre le penchant de la
conduite à poursuivre des fins tout individuelles [...][62] ». C'est en ce sens
que de telles considérations méritent d'être envisagées pour appréhender
les phénomènes liés à l'économie des plateformes. Cela n'empêche pas
de penser les formes de *liquéfaction* et de *liquidation* dont elles peuvent

57 John Dewey, 1975, *Démocratie et éducation* (1916), Paris, A. Colin (Coll. U), 1975.
58 Matthieu DE Nanteuil et Marc Zune, 2016, *op. cit.*, p. 7.
59 Myriam Bouré, 2017, *op. cit.*
60 Robert E. Park et William Burgess, *Introduction to the science of sociology* (1921), The
    University of Chicago Press, Chicago, (3è ed.), 1922, p. 38.
61 Gabriel Tarde, 1902, *op. cit.*
62 *Ibid.*

être des vecteurs, mais cela empêche de croire que ces phénomènes sont univoques. La revendication morale d'un ordre plus juste ne cesse de s'incarner dans des formes alternatives, dans des résistances, porteuse d'enjeux moraux.

Michel RENAULT
Université de Rennes

DE LA PRODUCTION IDÉOLOGIQUE
SUR LES PLATEFORMES
D'INTERMÉDIATION NUMÉRIQUE

INTRODUCTION

La prolifération de plateformes d'intermédiation numérique se présente dans un ensemble de champs hétérogène : production et financement participatifs, agrégation de contenus, publicité et marketing, e-commerce, tourisme, rencontres, transport, pour n'en nommer que quelques exemples. Ces dispositifs de distribution, d'information et de transaction se positionnent au centre de marchés multifaces et capturent des externalités positives résultant des interactions entre une multitude d'acteurs, y compris de grands groupes médiatiques et technologiques. Bien souvent, ils ne participent pas à la production de biens ou de services à proprement parler (hormis précisément l'outil d'intermédiation). Les conséquences sur le processus de production et le cycle de valorisation ont été largement discutées. Différents modèles théoriques se font jour, au-delà de la persistance du travail culturel[1] classique, « travail du public » (ou *audience labour*)[2], « travail numérique » (ou *digital labour*)[3], « travail algorithmique » ou « travail

---

1   David Hesmondhalgh, « *User-generated content, free labour and the cultural industries* » in *Ephemera*, 10 (3/4), 2010, p 267-284.

2   Dallas Smythe, « *Communications : blindspot of western marxism* », in *CTheory*, 1 (3), 1977, p. 1-27. Brice Nixon, « *Toward a political economy of "audience labour" in the digital era* », in *Triple C*, 12 (2), 2014, p. 713-734.

3   Michael Peters et Ergin Bulut, *Cognitive capitalism, education, and digital labor*, Peter Lang, New York, 2011. Trebor Scholz, dir. *Digital labor : the internet as playground and factory*, Routledge, New York, 2013. Christian Fuchs, *Digital labour and Karl Marx*, Routledge, Londres, 2014. Dominique Cardon et Antonio Casilli, *Qu'est-ce que le digital labor ?* Editions de l'INA, Paris, 2015.

de plateforme[4] ». L'un des traits marquants de l'évolution de l'*audience labour* vers la *digital labour* tiendrait à la transformation des sujets, qui passent de la position d'auditeurs/spectateurs consommant de la publicité, à celle d'usagers impliqués dans un processus de *produsage*[5] à travers le *playbour*, la consommation de publicité ciblée, et devenant eux-mêmes tantôt les produits des *social media*, tantôt des travailleurs précaires de plateformes.

Les différents dispositifs d'intermédiation numérique coordonnent donc diverses formes de travail intellectuel et manuel. L'organisation du travail s'opère à trois niveaux (à titre d'exemple, sur les sites de financement participatif) : premièrement au niveau des « collaborateurs » internes des structures elles-mêmes ; deuxièmement auprès des usagers des plateformes, par le filtrage et l'édition de contenus, en mettant des projets en lien avec des partenaires externes, en coordonnant souvent des formes classiques de travail culturel ; enfin, par la stimulation du « travail du public » sur des réseaux socionumériques externes[6]. La gestion du travail interne et externe ne saurait se résumer à une simple visée de production de valeur ; elle touche aussi aux conditions structurelles à travers différents secteurs économiques, tout en impliquant la production de discours symboliques, mobilisant notamment la thématique des « communs » en tant que registre de justification moral[7]. En effet, les plateformes d'intermédiation numérique sont de véritables producteurs de discours idéologiques, pour la promotion courante de leur activité mais plus fondamentalement au regard de la mise en avant d'une transformation des rapports sociaux, d'une inversion du cycle de production supposément impulsée par la base. Le caractère paradoxal de la notion de

---

4   Mark Andrejevic, « *Exploiting Youtube : contradictions of user-generated labor* », in *The YouTube Reader* dirigé par Pelle Snickars et Patrick Vonderau, National Library of Sweden, Stockholm, 2009, p. 406-424. Edward Comor, « *Digital prosumption and alienation* » in *Ephemera*, 10(3/4), 2010, p. 439-454. Niels Van Doorn, « *Platform labor : on the gendered and racialized exploitation of low-income service work in the 'on-demand' economy* », in *Information, Communication & Society*, 20(6), 2017, p. 898-914.

5   Axel Bruns, « *Produsage : towards a broader framework for user-led content creation* », in *Proceedings Creativity & Cognition*, Washington DC, http://eprints.qut.edu.au/6623/1/6623. pdf, 2007.

6   Jacob Matthews, « Passé, présent et potentiel des plateformes collaboratives. Réflexions sur la production culturelle et les dispositifs d'intermédiation numérique » in *Les Enjeux de l'Information et de la Communication*, 1, 2015, p. 57-71.

7   Luc Boltanski et Laurent Thévenot, *De la justification. Les économies de la grandeur*, Gallimard, Paris, 1991.

sharing economy apparaît clairement dès lors qu'on confronte ses réalités et sa rhétorique[8] : ses avocats la présentent à la fois comme une partie intégrante de l'économie capitaliste et comme une alternative à celle-ci.

Afin de proposer une analyse de la production idéologique des plateformes, nous nous appuyons principalement sur deux approches complémentaires : l'économie politique critique et les études sur l'activisme numérique. Ceci a permis de mettre en place des outils d'enquête permettant d'abord de questionner l'hypothèse d'une langue commune aux différents acteurs des plateformes, au regard des « communs » et de la « collaboration », d'une vision du capitalisme empreinte d'un registre de justification fondé sur les « communs », le « partage », le « coopérativisme ». Ensuite, cette approche duale a permis d'observer quelles formes de rapports sociaux sont légitimées ou au contraire opposées par les acteurs : quelles formes de travail sont promues et pratiquées (dans le cycle de production de tel bien ou service auquel ils contribuent) ? Comment le travail est-il évoqué à la fois en termes de valeurs symboliques, que du point de vue de potentielles modifications structurelles et du point de vue de la valorisation économique ?

Ci-après, suite à une brève présentation de nos orientations méthodologiques, l'article se décline en trois sections recouvrant trois thématiques idéologiques saillantes : la *sharing economy*, les « communs », et le « coopérativisme des plateformes ». Chaque section s'appuie sur les observations et entretiens réalisés dans le cadre de notre enquête, ainsi que sur des données secondaires. Nous concluons l'article en résumant ses principaux enseignements ainsi que des pistes en vue de recherches ultérieures.

Nos recherches empiriques ont principalement visé à recueillir des données en vue de l'analyse des activités et représentations d'acteurs des plateformes, observés à Barcelone, Paris et Berlin entre novembre 2015 et février 2017, au cours d'une vingtaine de missions, dans le cadre de cinq événements professionnels internationaux, lors de plusieurs manifestations sociales, ainsi que par l'organisation de trois tables rondes regroupant chercheurs et acteurs sociaux dans les universités de Barcelone (UAB), Paris 8 et Leicester. Nous avons mené des entretiens semi-directifs avec 28 acteurs – représentants de plateformes, experts

---

8   Cristiano Codagnone, Athina Karatzogianni et Jacob Matthews, *Platform economics : rhetoric and reality in the sharing economy*, Emerald, Bingley, 2018.

de l'économie collaborative, activistes du coopérativisme numérique, responsables d'organismes publics, représentants de collectifs alternatifs et partisans des « communs », ainsi que des artistes et intellectuels engagés par rapport à ces questions. Au cours de la collecte de données nous avons systématiquement explicité aux participants notre démarche et l'objectif des entretiens, en rappelant leur droit de retrait à tout moment. Les participants, âgés de 25 à 60 ans, avaient tous des formations universitaires.

Participant	Type de participation	Date et lieu de l'entretien
Participant 1	Consultant en ville intelligente	Janvier 2016, Barcelone
Participant 2	Acteur de l'écosystème collaboratif	Janvier 2016, Barcelone
Participant 3	Activiste numérique	Février 2016, Berlin
Participant 4	Activiste/artiste numérique	Février 2016, Berlin
Participant 5	Activiste/artiste numérique	Février 2016, Berlin
Participant 6	Architecte/activiste numérique	Février 2016, Berlin
Participant 7	Hacker/activiste	Février 2016, Berlin
Participant 8	Consultant en technologies numériques	Février 2016, Berlin
Participant 9	Expert en sécurité numérique	Février 2016, Berlin
Participant 10	Gestionnaire de plateforme de financement participatif	Mars 2016, Barcelone
Participant 11	Expert en activisme numérique	Avril 2016, Paris
Participant 12	Activiste des communs	Avril 2016, Paris
Participant 13	Gestionnaire de plateforme (alimentation alternative)	Avril 2016, Paris
Participant 14	Acteur ONG	Avril 2016, Paris
Participant 15	Développeur numérique	Avril 2016, Paris
Participant 16	Développeur numérique	Avril 2016, Paris
Participant 17	Développeur numérique, documentariste et activiste	Avril 2016, Paris

Participant 18	Activiste numérique	Juin 2016, Barcelone
Participant 19	Activiste des communs	Juin 2016, Barcelone
Participant 20	Activiste numérique	Juin 2016, Barcelone
Participant 21	Activiste numérique	Juin 2016, Barcelone
Participant 22	Activiste numérique	Juin 2016, Barcelone
Participant 23	Représentant d'autorité publique de la concurrence	Novembre 2016, Barcelone
Participant 24	Représentant d'autorité publique de la concurrence	Novembre 2016, Barcelone
Participant 25	Représentant d'autorité publique de la concurrence	Novembre 2016, Barcelone
Participant 26	Représentant de stratégie publique, Uber	Novembre 2016, visioconférence
Participant 27	Représentant de stratégie publique, Airbnb	Novembre 2016, visioconférence
Participant 28	Activiste numérique	Février 2017, visioconférence

Fig. 1.

« PARFOIS C'EST JUSTE TROP IDÉOLOGIQUE » : LE DÉFI DES ACTEURS COLLABORATIFS POUR ORIENTER LA « CONVERSATION »

Nous commençons notre analyse avec un porte-parole en charge de la stratégie publique de la plateforme Uber en Espagne (participant 26), qui a choisi de rejoindre cette entreprise car il s'agit, d'après ses dires, de « l'entreprise probablement la plus sexy au monde en ce moment, mais aussi l'une dont les défis sont les plus importants ». Il conçoit sa mission de porte-parole de stratégie publique comme étant celle de représenter « ce que nous contribuons à la société et aux consommateurs et comment nous pouvons aider les villes à changer la mobilité au vingt-et-unième siècle ». Uber s'est implanté en Espagne en 2014 avec un modèle *peer-to-peer* qui a été contesté par plusieurs décisions juridiques. Au moment où nous avons effectué l'entretien, la plateforme opérait à Madrid en fournissant son service technologique à des chauffeurs professionnels, mais pas à Barcelone, où la plateforme venait de lancer à la place un projet pilote de livraison destiné à une clientèle d'entreprises. Il expliqua qu'une partie de sa mission consistait à « traduire » pour les médias l'information selon laquelle Uber opère désormais avec des licences et offre « des manières de faire plus flexibles et efficaces ». Notre interviewé fit alors part de la difficulté d'adapter le modèle d'Uber au cadre législatif espagnol : « Pour une raison inconnue, nous avons constaté un nombre plus important de demandes de licences à Madrid qu'à Barcelone. Pour l'instant, le nombre de licences à Barcelone est trop faible pour pouvoir lancer un produit avec le standard et la qualité minimale requis ».

Le problème de la réglementation est effectivement crucial et à d'autres moments au cours de notre entretien, il évoque la frustration que cela engendre pour de nouveaux acteurs de la *sharing economy* qui doivent composer avec des réglementations jugées dépassées. Il juge la période récente particulièrement instable, politiquement, notamment pour ce qui est d'évolutions législatives favorables à Uber. Dans la mesure où la compétence d'attribution des licences est entre les mains d'autorités locales, alors que le cadre législatif est déterminé au niveau national, à Madrid, il voit la présence d'acteurs politiques plus « radicaux » (telle la maire de Barcelone Ada Colau) comme un obstacle à l'ouverture de ce qu'il nomme « une conversation ».

Nous savons qu'il existe à Barcelone une opposition politique forte vis-à-vis d'Uber. Nous le questionnons par rapport aux manifestations qui ont eu lieu, à la résistance de chauffeurs de taxi, et aux polémiques médiatiques qui ont émaillé l'arrivée d'Uber : « Oui, on a là une ville où il y a beaucoup de demande pour ce service, une ville qui essaie de se positionner comme un lieu innovant en Espagne et en Europe, mais en même temps, la réglementation s'efforce de fermer les possibilités pour de nouveaux services comme le nôtre. » Il déclare qu'il y a une forte pression des acteurs historiques et que cette pression a été employée pour annuler des événements où Uber était invité. Lorsque nous l'interrogeons sur les stratégies mises en place afin de faire face, il répond : « Au fond, tout est une question d'explication, d'expliquer ce que nous pouvons apporter à la société et comment nous pouvons le faire, quelle contribution nous pouvons fournir. La seule manière d'être sûr que quelque chose change, c'est de faire en sorte que beaucoup de gens s'y mettent ».

La « conversation » avec les acteurs politiques et les autorités publiques, tout comme le cadre législatif supposément dépassé, constituent de la même façon des questions cruciales pour la plateforme Airbnb, comme le souligne son porte-parole en charge de la stratégie publique pour la péninsule ibérique (participant 27) : « Un des défis les plus importants qu'on a rencontré depuis qu'on a commencé est que les réglementations régionales catalanes ont été conçues d'une manière qui correspond davantage à un développement classique, pas tellement innovant, de vieilles réglementations du tourisme et qui sont appliquées à la nouvelle règle du *prosumer*, ce citoyen qui est à la fois un consommateur et un producteur. » L'ancienne approche du tourisme et le calendrier électoral n'ont pas facilité la situation, affirme-t-il. La « conversation » est devenue plus compliquée dès lors que le tourisme devenait un « sujet chaud » durant les élections. Il déclare : « La conversation avec les autorités locales se déroule sur une perspective plus longue, dans un environnement plus détendu, où les décideurs publics peuvent développer l'agenda et travailler ensemble à identifier les types de modèles d'expériences d'usagers que nous voulons promouvoir ensemble, tandis qu'à Barcelone, dès le début ça a été très difficile d'un point de vue purement politique. C'est indéniable que les équilibres politiques empêchent l'innovation parce qu'ils ne permettent pas un terrain de jeu détendu pour les décideurs politiques, les autorités et nous-mêmes ».

Le représentant d'Airbnb conçoit les acteurs dominants de Barcelone comme trois grands groupes : d'abord, les opérateurs de télécommunications et les grands groupes d'affaires ; deuxièmement, une communauté puissante de *start-up* ; troisièmement des mouvements promus par la mairie : les coopératives, l'économie sociale, les acteurs des communs. Nous l'avons questionné par rapport à l'opposition d'acteurs politiques de gauche, et en particulier de représentants du mouvement des communs, et si à cet égard il se considère comme faisant partie de l'économie collaborative :

On a remarqué que, par moments, les mouvements de gauche à Barcelone ne prennent pas en considération l'impact positif de la *sharing economy* pour les petites gens, pour les familles, pour les gens de classe moyenne qui ont vraiment une opportunité de gagner un supplément pour eux. *Parfois c'est juste trop idéologique.* Ici, à Barcelone, à part si la *sharing economy* est basée sur le mouvement pro-communs ou coopérativiste, elle n'existe pas ; nous fermons la porte, nous ne voulons pas entendre parler de cela et ça devient tellement idéologique et aussi tellement réfractaire à l'innovation dans une perspective plus large.

Ayant identifié la question de la réglementation pour les nouveaux entrants de l'économie collaborative comme l'un des points de discussion centraux à Barcelone, nous avons interviewé trois responsables de l'Autorité de la concurrence catalane (participants 23, 24, 25, novembre 2016) afin de mieux comprendre leurs approches et recommandations en relation avec ces acteurs. Il s'agit d'une agence publique *antitrust* dont les compétences touchent à deux champs : la législation en matière de concurrence et la promotion de la libre concurrence. L'agence examine les entreprises du point de vue de leurs implications et vérifie la concordance avec les réglementations s'appliquant aux niveaux municipal, régional et national, mais elle n'est en définitive responsable que pour la Catalogne. Les critiques des représentants de cette agence font écho aux préoccupations soulignées par Airbnb et Uber : les réglementations existantes ne sont pas adaptées à ces nouveaux acteurs ; l'un des interviewés affirma ainsi que bien des innovations étaient nécessaires pour changer les réglementations en vigueur (participant 23).

À ce stade, nous avons évoqué un épisode spécifique lorsque la maire de Barcelone Ada Colau usa de ses prérogatives afin de restreindre temporairement le marché du tourisme afin de mener un audit de son développement (la municipalité avait alors mis en place un moratoire sur la remise de nouvelles licences pour des hébergements à vocation touristique). À cette époque l'Autorité de la concurrence avait publié un rapport faisant des recommandations basées sur le transfert de licences et critiquant ouvertement la décision politique : « En n'accordant plus de licences pour quatre ans, vous ne laissez personne entrer sur le marché, donc l'autorisation elle-même devient un avantage » (participant 25). Lorsque nous leur avons demandé s'ils étaient mécontents du gouvernement local, le directeur de l'agence répondit de manière fort diplomate : « Il n'y a pas de mécontentement : nous comprenons que la situation évolue lentement. Il y a une commission de travail sur la *sharing economy* ; ils analysent comment la réglementation pourrait être modifiée et nous en sommes satisfaits. Ça pourrait aller plus vite, mais bon » (participant 24). Lorsque nous avons tenté de mieux cerner les principes idéologiques de leur organisation, leur réponse a été : « Plus on a d'entreprises sur le marché, mieux c'est, car les prix baissent, on a davantage de qualité, d'innovation ». Nous leur avons fait observer que si leur position de défaut est la concurrence libre, il s'agit en soi d'un positionnement idéologique, ce à quoi ils nous répondirent simplement : « Oui » (participant 23). Parmi les acteurs dominants de l'économie collaborative et de la réglementation gouvernementale, on trouve un positionnement libéral assumé, celui de « la main libre du marché » selon lequel il importe « d'attirer assez de gens sur son réseau, pour que tout se passe bien ». De même, la notion d'une « conversation compliquée » (ou d'une « impossible conversation », lors de séquences électorales) mérite d'être relevée : ne s'agirait-il pas plus fondamentalement d'un aveu du problème que posent des débats politiques échappant sporadiquement et temporairement aux stratégies de gestion de la communication mises en place par ces acteurs ? Dans la prochaine section nous abordons le spectre idéologique des « communs », en tant qu'ensemble de productions idéologiques apparemment contradictoires ou concurrentes.

CONTRE, AVEC ET PAR-DELÀ L'ÉTAT ET LE MARCHÉ : LES DISCOURS MULTIPLES ET PARADOXAUX DES COMMUNS

La notion des communs était spontanément présente dans plus de deux tiers des entretiens que nous avons réalisés, et nous avons tenté de mieux cerner cet élément spécifique de la production idéologique propre aux discours de nombreux participants. Une première illustration peut en être faite avec l'entretien effectué avec une représentante de Goteo (participant 10), une plateforme de financement participatif basée à Barcelone (qui était alors soutenue par la municipalité), dans le cadre du salon Cultura Viva en mars 2016. Goteo se présente comme étant dédié à des projets orientés communs, socialement inclusifs et tournés vers le développement durable. La gestionnaire de Goteo explicita l'importance de cette condition pour l'octroi d'un financement via leur plateforme : « Pour obtenir un financement il faut s'engager à rendre votre produit commun, pour son usage social ; vous devez ouvrir votre produit et l'offrir à la communauté pour permettre le développement de productions dérivées ultérieures. L'idée c'est que si tu rends tes sources communes, tu vas à l'encontre de la privatisation parce que tu les produis en vue de l'usage par la communauté ». Leur plateforme numérique est alors représentée comme un outil qui promeut les valeurs des communs et les projets de communautés spécifiques.

Nous avons interviewé plusieurs usagers de Goteo, dont un artiste/ activiste (participant 17) ayant levé des fonds pour la production d'un film documentaire illustrant la mise en place de réseau sans fil maillé dans des communautés rurales du nord de la Grèce, et comment cette action a également contribué au développement de processus de production partiellement autonomes (notamment dans les filières de l'agriculture et de l'artisanat). Il considère être l'un des problèmes clés du *crowdfunding* : « Les projets de l'économie collaborative [...] sont de plus en plus réappropriés par des institutions privées, non seulement du point de vue des méthodes, des foules, et de l'argent en définitive, mais également sur le plan des structures linguistiques, sémantiques. Par exemple [...] il y a trois jours j'ai reçu un courriel d'une grande institution culturelle privée d'Athènes [qui est] un lieu public très agressif. Je veux dire : ils font une campagne de financement participatif pour financer un de leurs projets. Et ils utilisent le même langage, le même vocabulaire que nous avons employé pour notre campagne. [...] Ils font un copier-coller, de la même façon que Syriza au gouvernement a copié-collé les slogans [utilisés sur] la place Syntagma il y a cinq ans » (participant 17).

Ce qui semble être impliqué ici tient à une dichotomie eux/nous. Les acteurs capitalistes des industries créatives mimeraient la langue de l'opposition et parviendraient à corrompre les outils collaboratifs supposément neutres ou purs, de la même manière que le gouvernement Tsipras aurait singé les mouvements oppositionnels afin de saisir le pouvoir et servir ses maîtres capitalistes. Ce discours passe vertement à côté de l'éventualité que la sémantique de la collaboration puisse d'emblée participer d'une langue commune – et que l'organisation

« très agressive » qu'il dénonce soit tout aussi légitimement (et efficacement) appliquer de semblables stratégies que son propre collectif afin de collecter des ressources.

Un activiste des communs que nous avons interviewé à Paris en avril 2016 (participant 12), au moment de la mobilisation « Nuit Debout » sur la place de la République, représente les communs non seulement comme une action collective mais comme une ressource : « Quelque chose que personne ne possède [est] universel ; ça devient commun lorsque des gens s'efforcent de se réunir pour le défendre ». Ce même activiste suggérait spontanément que le financement de projets *via* Goteo constituait l'une des nombreuses incarnations des communs (étant donné qu'ils permettent la distribution d'un surplus de richesses vers des communautés étendues). Contrairement à la vision dichotomique du précédent participant, celui-ci met en avant la représentation d'un large spectre idéologique des communs, déclarant par exemple : « Nous devons maintenir cette idée d'un spectre, ne pas être trop rigide ». Il est intéressant de questionner la corrélation entre cette affirmation, d'une part, de la nécessité de l'idée du large spectre et, de l'autre, le refus véhément d'une telle continuité. Pour le participant 17, les acteurs des communs sont représentés comme étant dans une position minoritaire, tandis que le second commentateur perçoit les acteurs des communs comme étant en position de force, à même de subvertir et d'intégrer graduellement les acteurs de l'ancien monde au sein du spectre – comme l'affirme un autre activiste *interviewé* à Barcelone : « le *corporate* nous suit ou reste encore à la traîne [...] mais ils ne seront pas les meneurs dans ce jeu » (participant 19). On peut toutefois se demander si la myriade d'acteurs se réclamant de l'économie collaborative et les activistes pro-communs les plus « purs » ne sont pas objectivement unis par des relations de production matérielle qui accordent *in fine* peu de crédit à ces formes idéologiques apparemment contradictoires. Dans la section suivant nous poursuivons l'analyse de la production idéologique autour d'une troisième thématique, spécifique au « coopérativisme des plateformes ».

ET AU NOM DU COOPÉRATIVISME
DES PLATEFORMES

Nous avons interviewé un acteur de l'écosystème collaboratif bar-celonais, par ailleurs représentant du collectif international Ouishare (participant 2). En évoquant différents membres de la « scène collabo-rative » locale, il fit état d'un groupe spécifique d'hôtes Airbnb qui avaient pour projet de rompre avec cette plateforme d'hébergement : « Ils projettent de créer une coopérative afin de faire la facturation de façon légale et ainsi de suite, donc on voit qu'en définitive les pairs peuvent se coordonner, [...] on voit ce contre-pouvoir parce que des pairs bien organisés peuvent avoir un pouvoir similaire à celui de la plateforme, parce qu'une plateforme n'est rien sans les pairs ».

Presque la moitié de nos participants ont spontanément évoqué les coopératives en ligne et le coopérativisme des plateformes. Un exemple éloquent est le participant 28, qui a créé sa première coopérative en ligne en 2003, avant de lancer l'organisation X, qui se présente comme une « coopérative mondiale ouverte qui s'organise via Internet en dehors des frontières et des contrôles des États nations ». De plus, « Organisation X ambitionne de soutenir un système économique alternatif global basé sur la coopération, l'éthique, la solidarité, et une redistribution Nord/Sud et une justice dans les relations économiques ». Lorsque nous lui avons demandé de définir les « valeurs coopérativistes » il déclara : « La solidarité, le soutien mutuel, l'ouverture, l'inclusion de nouvelles personnes en les amenant à être consensuels, participatifs [...]. De mon point de vue [...] c'est juste une application des coopératives traditionnelles, mais devenant numériques et atteignant les capacités pour que les gens coopèrent sur la plateforme. De mon point de vue, la plateforme, les espaces numériques sont de plus en plus importants mais ce n'est pas assez, car une poignée de coopératives ne peuvent pas se battre dans une société capitaliste, donc je crois que cette plateforme doit faire partie d'un écosystème dans une manière très interconnectée ». Reconnaissant à la fois les faiblesses du mouvement coopérativiste en ligne et l'immensité de la tâche qui l'attend, il affirma néanmoins que le réseau qu'il avait mis en place n'avait pas pour unique vocation de résoudre des questions liées à la participation démocratique et à la propriété, mais devait se consacrer plus fondamentalement à la construction d'une nouvelle économie dans une société post-capitaliste. À ce point, le participant faisait état de son espoir que le fonctionnement présent de l'économie laissera finalement place à ce que Peter Drucker[9] nomme une société post-capitaliste, où les citoyens ne détruisent pas mais dépassent le capitalisme.

Pour mieux comprendre un tel élan d'optimisme, il faut sans doute se rappeler que la Catalogne, où se sont déroulés un nombre significatif de nos entretiens, a été historiquement marquée par le coopérativisme dans ses formes anarchistes et libertaires, depuis la seconde moitié du dix-neuvième siècle et en particulier lors de la révolution espagnole des années 1930. À cet égard ce fut intéressant d'observer l'appréciation quelque peu condescendante de ce que le participant 2 appelle le mouvement coopérativiste traditionnel, dont la présence était forte parmi la coalition municipale de gauche alors en place à Barcelone : « Le coopérativisme a été très fort dans cette région depuis de nombreuses décennies, mais dans une forme très traditionnelle. Ces gens sont encore attachés à cette forme très traditionnelle de grands *meetings* basés sur le papier, avec peu de technologie, avec de grands consensus etc., et ils sont un peu en conflit maintenant avec la technologie ». Toutefois, ce participant affirma qu'une partie de sa « mission » consistait à réconcilier ce qu'il perçoit comme deux courants de coopérativisme : « Chacun des groupes peut apprendre l'un de l'autre. Alors les capitalistes peuvent apprendre des coopératives comment avoir une meilleure gouvernance et une meilleure distribution de la valeur, et les coopératives peuvent apprendre des capitalistes comment monter en échelle et avoir de l'impact ». Ainsi, « quand je vais dans un mouvement coopérativiste je suis le capitaliste. Quand je suis dans le mouvement OuiShare, je suis un petit peu le coopérativiste » (participant 2).

---

9   Peter Drucker, *The Post-capitalist Society*, Buttherworth-Heinemann, Oxford, 1993.

CONCLUSION

L'élan vers la « plateformisation de l'économie[10] » a pris une vitesse significative au cours de la décennie passée. Cela reste cependant un processus contradictoire et incomplet : il est caractérisé par des formes de subversion, des actions concrètes de contestation de la part du travail manuel et intellectuel, bien que cette résistance demeure faiblement organisée. À ce stade nous pouvons formuler trois principaux enseignements.

D'abord, nous observons l'importance de la production idéologique pour les acteurs que nous avons interviewés. On peut affirmer qu'il s'agit bien là d'une de leurs activités essentielles, à côté de la mise en place et de la gestion d'outils de transaction et d'organisation du travail. Un élément clé que l'on retrouve dans tous ces discours est l'imprécision et la confusion des formes idéologiques avancées, en particulier pour la description des relations de production. Simultanément, toutes ces plateformes sont au moins partiellement dépendantes de l'échange de marchandises ; le travail demeure marchandisé et aucun de nos interviewés ne propose de plan cohérent permettant de transformer effectivement les relations de production vers un mode non capitaliste. De fait, l'interchangeabilité idéologique manifestée par ces acteurs a une origine objective dans la production matérielle, et on peut constater que ces différents acteurs se trouvent dans une position de domination relative par rapport à la masse plus large d'usagers de réseaux et de plateformes, et en particulier vis-à-vis de travailleurs manuels dont l'activité est organisée *via* ces « outils ».

Évoquant les mouvements de cyber-activisme contemporains, Ulrich Dolata écrit de façon significative : « Les activistes et participants de ce type de mouvement se recrutent au sein d'un vivier de jeunes urbains de classe moyenne, bien éduqués, insatisfaits et technophiles. Leur compréhension d'eux-mêmes est caractérisée par un scepticisme profond vis-à-vis des formes classiques d'organisation et la propagation de structures informelles, non-hiérarchiques et non-idéologiques[11] »

---

10 Antonio Casilli et Julian Posada « *The platformization of labor and society* », 2018, https://halshs.archives-ouvertes.fr/halshs-01895137/document.

11 Ulrich Dolata, « *Social movements and the Internet : the sociotechnical constitution of collective action* » in *Stuttgarter Beiträge zur Organisations-und Innovationsforschung*, SOI Discussion Paper, n° 2017-02, 2017, p. 19.

S'agissant de nos participants, l'insatisfaction par rapport à « ce qu'ils faisaient avant » est palpable dans bien des entretiens. Cette proposition gagnerait peut-être en pertinence si l'on substitue « scepticisme profond » par « ignorance profonde » (des formes classiques d'organisation), et en remplaçant « la propagation de structures informelles, non-hiérarchiques et non-idéologiques » par « la propagation d'une vision idéologique de structures informelles et non-hiérarchiques ».

Deuxièmement, ces acteurs sont aussi fortement impliqués dans la mise en place de nouveaux dispositifs socio-techniques. C'est de cela qu'ils parlent, ce pour quoi ils mènent de véritables campagnes d'« agitation », et c'est aussi ce qui leur permet de capturer des rentes – bien que souvent modestes – à partir de processus réels d'exploitation du travail. D'un point de vue matériel ils sont dépendants de ces dispositifs/plateformes afin de survivre dans leur condition présente. Mettre en place, gérer des plateformes, et consacrer une partie significative de leur temps de travail à des activités d'agitation est essentiel pour leur subsistance propre, mais cela sert une visée qui dépasse de loin cette seule question. Notre hypothèse est que ces acteurs servent ce que Brice Nixon nomme le « capital communicationnel[12] », en soulignant le rapport de classe intrinsèque entre détenteurs des moyens de production et de communication d'une part, et les différentes catégories de travailleurs mobilisés au moyen des plateformes.

Enfin, notons que l'analyse de Nixon pourrait être affinée en rappelant les recherches d'Alain Bihr concernant les conditions historiques d'émergence d'une classe intermédiaire, entre les capitalistes et le prolétariat, qu'il nomme la « classe de l'encadrement capitaliste[13] ». En s'appuyant partiellement sur le cadre analytique de Pierre Bourdieu, Bihr s'est efforcé de définir la classe sociale à partie de quatre catégories corrélées (composition et quantité de revenus, position au regard des relations de production, pratiques sociales et culturelles, habitus ou conscience de classe au sein de contextes à la fois professionnels/productifs et privés/non-productifs). Il est intéressant de prendre en compte la polysémie de la notion d'encadrement, ayant trait à la gestion et à la surveillance,

---

12   Brice Nixon, « *Critical communication policy research and the attention economy : from digital labor theory to digital class struggle* », in *International Journal of Communication*, 11, Feature 1–12, 2017.

13   Alain Bihr, *Entre bourgeoisie et prolétariat : l'encadrement capitaliste*, L'Harmattan, Paris, 1989.

mais aussi à l'activité de cadrage en tant que coordination et ingénierie idéologique. Assurément, ceci ouvre vers un nouveau domaine de
recherche, qui est précisément la direction dans laquelle cette enquête
nous conduit : les agitateurs de la *sharing economy*, des communs et du
coopérativisme des plateformes, hormis quelques curieuses exceptions,
apparaissent comme le fer de lance de cette classe de l'encadrement,
diffusant la bonne parole autour d'eux, renforçant la détérioration des
conditions de travail du prolétariat, et ce malgré certains inévitables
dommages collatéraux au sein de leur propre groupe.

Athina KARATZOGIANNI
Université de Leicester

Jacob MATTHEWS
Université Paris 8

WEB CONTRIBUTIF ET COMPTABILITÉ
EN COMMUN À L'ÈRE ANTHROPOCÈNE

INTRODUCTION

Ce texte aborde l'influence des plateformes numériques sur la capacité à produire une information comptable utile à la réponse aux enjeux écologiques de l'Anthropocène. La structuration des indicateurs et méta-informations comptables est nourrie de concepts, théories et pratiques économiques. La coexistence entre économie financière globalisée et socioéconomie territoriale soumet cette structuration à des influences contradictoires. Différentes modalités de mise en valeurs des écosystèmes en découlent et doivent être critiquées. Les outils numériques ne sont pas étrangers aux modes d'expressions des jugements de valeurs qui fondent l'information comptable microéconomique, ni à la structuration de cette information. Certains pourraient favoriser un dialogue social autour de l'action comptable, en clarifiant le panorama politique et marchand qui contextualise les représentations économiques des fonctions et utilités attribuées aux écosystèmes.

Un premier volet du texte invite à un regard critique sur la pratique économique néoclassique d'internalisation des externalités. Cette pratique est souvent présentée comme un moyen de rendre cohérentes entre elles les informations construites par les acteurs d'un territoire pour décrire la qualité des écosystèmes de ce territoire, et les informations construites par les acteurs de l'économie de marché pour décrire l'utilité de ces écosystèmes en termes de production de biens et services. Elle entérine bien au contraire une rupture entre ces deux niveaux d'information et ces deux catégories d'acteurs. S'en remettre seulement à l'internalisation d'externalités pour tenter de les faire communiquer conduirait à laisser de côté les méthodes de construction d'information qui abordent les écosystèmes en dehors de toute considération d'utilité marchande. La question de savoir si et dans quelle mesure les plateformes numériques, notamment celles de l'économie dite collaborative, peuvent améliorer la communication entre les acteurs du marché globalisé et les acteurs impliqués dans la vie des territoires, est alors posée.

Un deuxième volet de ce texte introduit la méthode comptable *CARE-TDL* qui propose l'exact inverse d'une internalisation d'externalités : cette méthode comptabilise le coût des actions à mener pour préserver la qualité intrinsèque des écosystèmes et ne rend compte d'un profit qu'une fois que les dépenses nécessaires à ces actions ont été engagées. Cette méthode conduit l'entité qui la mobilise à dialoguer avec différents acteurs du territoire afin de calibrer avec eux ces actions, en déterminant quelles fonctions des écosystèmes sont impactées par son activité. Une plateforme contributive, *ePLANETe.Blue*, pourrait accompagner ce dialogue entre l'entité et les acteurs du territoire. L'utilisation de cette plateforme faciliterait la délibération autour des enjeux et des scénarios de préservation, ainsi que la construction collective d'algorithmes d'évaluation spécifiques au jeu d'acteurs. Sur cette plateforme, chaque indicateur, mobilisé pour la délibération et/ou l'évaluation, est resitué par rapport aux méthodes auxquelles il donne accès, et par rapport aux acteurs susceptibles d'utiliser ces méthodes. Une telle structuration favoriserait la diversité des méthodes d'évaluation, ce qui permettrait d'éviter la prééminence d'analyses utilitaristes à finalité marchande lors des débats portant sur la nature et l'ambition des actions de préservation des écosystèmes.

Une discussion est ensuite entamée. *CARE-TDL* et *ePLANETe. Blue* sont des outils uniques en leur genre. Les associer permettrait d'envisager à la fois une conjonction et une distinction des méthodes d'évaluation territoriale de la qualité des écosystèmes et des méthodes de l'économie de marché globalisée. La conjonction intervient lorsqu'il s'agit de mettre en regard les multiples indicateurs qui, en décrivant la qualité intrinsèque des écosystèmes, décrivent aussi pour certains des potentiels d'usage conduisant à des échanges marchands. La distinction intervient lorsqu'il s'agit de garantir la capacité des acteurs du territoire à intégrer aux processus de décision des méthodes d'analyse des écosystèmes qui n'ont pas de vocation marchande directe ou indirecte. Techniquement, l'articulation de plusieurs niveaux de construction de l'information serait ainsi rendue possible, mais cette faisabilité technique n'est pas suffisante. Le dispositif constitué d'un couplage entre *CARE-TDL* et *ePLANETe.Blue* nécessite un cadrage institutionnel. Une forme particulière d'*économie de la contribution* instaurant un protocole d'utilisation coordonnée de ces outils permettrait d'éviter leur capture par les jeux de pouvoir inhérents à la relation entre marché globalisé et vie territoriale. Et l'expérience découlant de cette coordination pourrait conduire les acteurs à inscrire la comptabilisation par chacun du coût des actions de préservation des écosystèmes dans le cadre plus large de la gouvernance contributive d'un *bien commun* territorial.

ÉCOSYSTÈMES, COMMUNICATION ÉCONOMIQUE ET DISTORSIONS

Le courant néoclassique[1] fonde le rapport de l'économique au vivant sur une distinction entre les activités humaines et leur environnement naturel. La notion de service écosystémique[2] est appropriée par cette école de pensée dans une approche utilitariste des fonctions culturelles[3], d'approvisionnement[4], de régulation[5] et de support[6] attribuées aux écosystèmes. Les économistes néoclassiques associent une valeur monétaire à l'utilité économique de ces différentes fonctions. Agréger ces valeurs d'usage les amène à valoriser l'utilité d'un facteur environnement considéré comme homogène, substituable par le facteur travail et le capital financier, et fongible dans le calcul économique. Cette logique de « productivité globale des facteurs[7] » est la pierre angulaire de la théorie néoclassique.

---

1   Edward Fulton Denison, *European Economic Growth and the US Postwar Record : Highlights of Why Growth Rates Differ : Postwar Experience in Nine Western Countries*, J. P. Poullier (Ed.), Brookings Institution, 1967.
2   Robert Costanza, Ralph d'Arge, Rudolf de Groot et al., *The value of the world's ecosystem services and natural capital*, Nature, 387, 1997, 253-260 ; Gretchen C. Daily, *Nature's Services : Societal Dependence on Natural Ecosystems*, Washington (DC), Island Press, 1997.
3   Esthétiques, spirituelles, d'éducation, de récréation, ...
4   Fourniture de nourriture, d'eau potable, de bois et fibres, de ressources énergétiques, ...
5   Régulation du climat, des crues, des maladies, purification de l'eau, ...
6   Cycles des nutriments, formation des sols, production primaire, ...
7   Joseph Eugene Stiglitz, *Growth with exhaustible natural resources : efficient and optimal growth paths*, Review of Economic Studies, Edinburgh, Longman Group Limited, vol. 41,

Une valeur monétaire de l'utilité de certains services écosystémiques est
ainsi directement intégrée aux équations du marché (consentement à
payer pour l'accès aux services culturels, coût des matières premières pour
les services d'approvisionnement, etc.). D'autres services, dont l'utilité
est plus éloignée de ce que le marché valorise (services de régulation,
services support), sont soit purement et simplement exclus des réflexions
économiques néoclassiques, soit valorisés indirectement par les méthodes
dites d'internalisation des externalités et de compensation.

La première de ces méthodes, suggère que les nuisances et pollutions
– effets externes négatifs de l'économie, ou externalités négatives – soient
associées à un prix permettant de les prendre en compte et ainsi de les
maîtriser. Cette prise en compte s'effectuerait soit par l'intervention
de l'État, par voie fiscale (redevance), afin de combler l'écart entre coût
social (coût des nuisances et pollutions pour la société) et coût privé
(coût pour les entreprises du passage à un mode de production moins
polluant)[8] ; soit, sans intervention directe de l'État, par négociation et
compensation marchande entre émetteur et victime de la pollution[9].
La seconde, la méthode de compensation[10] suppose qu'il soit possible
d'assurer la soutenabilité écologique du développement économique en
maintenant l'épargne supérieure à la dépréciation de ce que les économistes appellent le capital naturel[11] ; l'objectif étant de réinvestir cette
épargne dans la reformation de ce capital naturel pour « réparer » *ex post*
les impacts écosystémiques de l'économie. En somme, le capital naturel
est valorisé par les économistes néoclassiques dans une analyse en coûts-
bénéfices, par agrégation de dépenses (compensation, internalisation) et
de profits (marchandisation de services écosystémiques).

Un autre courant de pensée, l'« économie écologique[12] » propose
une interprétation différente du concept de capital naturel, de la façon

1974, 123-137 ; Partha S. Dasgupta & Geoffrey M. Heal, *Economic theory and exhaustible resources*, Cambridge University Press, 1979.

8   Arthur Cecil Pigou, *The Economics of Welfare*, Macmillan & Co., London, 1920.

9   Ronald H. Coase, The problem of social cost, *The Journal of Law and Economics*, 3º année, 1960.

10   John M. Hartwick, *Intergenerational equity and the investing rents from exhaustible ressources*, *The American economic review*, 67(5), 1977, p. 972-974.

11   Ernst Friedrich Schumacher, *Small is beautiful : a study of ecomonics as if people mattered*, Vintage, 1973.

12   Nicholas Georgescu-Roegen, *The Entropy Law and the Economic Process*. Cambridge, Mass., Harvard University Press, 1971 ; Herman E. Daly, *Steady-state economics*, San Francisco :

dont il se constitue, et par conséquent de la manière de le valoriser. Pour les économistes écologiques, le capital naturel n'est pas doté des mêmes propriétés standards de substituabilité que celles prêtées par les néoclassiques au capital financier et au travail ; et soutenir le contraire reviendrait selon les économistes écologiques à nier les caractéristiques physiques qui déterminent les interrelations entre éléments naturels, et leur inscription dans les cycles biochimiques dont la société retire des services[13]. Les économistes écologiques considèrent ainsi que « la mesure de tout capital est dictée par le coût de son maintien (ou de son remplacement)[14] ». Ils critiquent la théorie néoclassique. La méthode d'internalisation des externalités, notamment, ne tient pas compte, avant la phase de monétarisation et la phase calculatoire, d'une phase de reconnaissance sociale de l'externalité. Cette reconnaissance ne peut commencer qu'à partir du moment où le dépassement du seuil critique[15] des fonctions des écosystèmes engendre une diminution significative de la disponibilité des services écosystémiques[16]. De plus, si certaines externalités sont statiques (spécifiques, localisées et parfois réversibles), d'autres, dynamiques, induisent des effets écologiques prolongés, susceptibles de se diffuser et d'impacter d'autres écosystèmes[17]. En somme, lors de la pratique d'internalisation d'externalités, le traitement de l'information est intrinsèquement biaisé par des distorsions spatiales et temporelles.

Ces distorsions peuvent dans une certaine mesure être considérées comme réductibles – et ce pourrait être l'un des défis du numérique. Dans une telle démarche, les plateformes numériques ne tiendraient cependant jamais que la position de la « communication », au sens de

---

W. H, 1977 ; René Passet, *L'économique et le vivant* (Vol. 23), Payot R., 1979.

13 Sylvie Faucheux & Jean-François Noël, *Économie des ressources naturelles et de l'environnement*, Armand Colin, 1995.

14 Alexandre Rambaud & Jacques Richard, The *"Triple Depreciation Line" instead of the "Triple Bottom Line"* : *Towards a genuine integrated reporting*, Critical Perspectives on Accounting, 33, 2015, p. 92-116.

15 Siegfried V. Ciriacy-Wantrup, *Resource Conservation, Economics and Policies*, Berkeley, California : University of California Press, S. V., 1952 ; Richard R.C. Bishop, *Endangered Species and Uncertainty : the Economics of a Safe Minimum Standard*, American Journal of Agricultural Economics, 60, 1978, p. 10-18.

16 Olivier Godard, La discipline économique face à la crise de l'environnement : partie de la solution ou partie du problème ?, *Changement de climat, changement d'économie*, 2010, p. 19-65.

17 David Pearce, *The limits of cost-benefits analysis as a guide to environmental policy*, Kyklos, vol. 29-Fasc.1, 1976, p. 97-112.

Luhmann pour qui « la Communication doit être traitée comme une unité
à trois positions, la synthèse de trois éléments que sont l'information,
la communication et l'attente d'un succès[18] ». Les positions de l'information
et de l'attente d'un succès demeuraient tenues respectivement par les
acteurs qui constatent une dégradation écosystémique et ceux qui valorisent sa conséquence marchande. Un autre bémol à apporter tient plus
particulièrement aux pratiques de l'économie dite collaborative, fondées
sur la mise en relation *via* une plateforme numérique. Ces pratiques ont
pour seul objet la conception et la délivrance d'un service (mobilité, accès
à des nouveaux usages, etc.) par et pour les collaborateurs. Les positions
de l'information et de l'attente d'un succès sont strictement tournées
vers la réalisation de ce service. Des améliorations écologiques et sociales
peuvent être constatées à l'issue de cette réalisation, mais elles n'en sont
pas la finalité. Elles sont des externalités positives de la collaboration
numérique. En somme, la relation numérique collaborative ne réduit les
distorsions spatiales et temporelles entre les positions de l'information
et de l'attente d'un succès qu'au sein d'un groupe restreint – celui des
collaborateurs – qui n'inclut pas nécessairement d'acteurs susceptibles
d'apprécier les effets du service sur le territoire. Et ce quel que soit le
régime (marché, don, réciprocité) de la collaboration économique.

Pour réduire les distorsions induites par une pratique (internalisation
d'externalités au calcul néoclassique, réalisation de services collaboratifs, etc.) une première étape est de la situer par rapport à une autre
pratique. L'économie de marché peut par exemple être observée dans
sa relation à l'éthique appliquée[19]. La première, institutionnalisée par
une communauté d'acteurs partageant des principes et des méthodes,
fait naître un espace de valorisation financière relativement homogène,
global, déterritorialisé, dans lequel sont émis à chaque instant des prix
à vocation universelle. La seconde, démarche d'adaptation menant à
prioriser les systèmes de valeurs portés par les personnes et à évaluer des
actions envisagées dans une situation concrète contextualisée[20] implique
en revanche une analyse selon trois niveaux : l'universel, le particulier
(ce qui se rapporte à plusieurs) et le singulier (ce qui se rapporte à un

---

18   Niklas Luhmann, *Soziale Systeme*, Francfort, 1984.

19   Clément Morlat, Modélisation dynamique des systèmes de coûts pour une gestion durable
     des territoires, Doctoral dissertation, Paris Saclay, 2016.

20   Alain Létourneau & Francis Moreault, Trois écoles québécoises d'éthique appliquée,
     Sherbrooke, Rimouski et Montréal, 2006.

seul). Pour répondre au défi de l'Anthropocène, les concepteurs et utilisateurs des plateformes de communication économique pourraient
inscrire (et contenir) les pratiques d'inspiration néoclassique telles que
la valorisation des services collaboratifs et l'internalisation des effets
externes des productions industrielles dans un ensemble de pratiques
qui ne seraient ni plus ni moins légitimes, mais pertinentes pour des
objets différents, puis, sans en gommer les spécificités, conjuguer ces
démarches dans une même unité d'analyse. Selon Vivien, la multiplicité
des profils d'acteurs et des relations territoriales implique en effet une
multiplicité de processus d'évaluation et de délibération sur les critères de
formation des valeurs, et cette complexité évidente mais relative permet
une réponse méthodologique spécifique fondée sur des outils susceptibles
d'embrasser l'ensemble des espaces et des temporalités territoriales[21].

PLATEFORMES NUMÉRIQUES
ET COMPTABILITÉ CONTRIBUTIVE

O'Connor propose un modèle participatif et contributif dédié au
choix collectif et fondé sur un « dialogue autour de la connaissance[22] ».
Ce modèle s'appuie désormais sur un portail *web* de type herméneutique,
ePLANETe.Blue, qui invite à une navigation heuristique motivée par liens
croisés à travers une organisation par portes thématiques, espaces, galeries, profils d'objets[23]. Cette navigation engage les utilisateurs dans une
démarche d'amélioration sociale, économique et écologique. Elle s'appuie
notamment sur la galerie *Matrice Kerbabel*[TM] *de Délibération* (MKD) qui
vise à faire évoluer la représentation collective d'un problème complexe
de choix social. Les utilisateurs peuvent y représenter ce problème par
un système structuré selon trois axes : acteurs, enjeux, et scénarios (ou
objets) à comparer. Chaque personne ou chaque groupe représentés au

21   Franck-Dominique Vivien, Pour une économie patrimoniale des ressources naturelles et
     de l'environnement, *Mondes en développement*, 1/2009 (n° 145), 2009, p. 17-28.

22   Martin O'Connor, Dialogue and debate in a post-normal practice of science : a reflexion,
     Futures, 31(7), 1999, p. 671-687.

23   Philippe Lanceleur, L'Expérience Kerbabel : une aventure dans la « nouvelle » économie
     de la connaissance, Doctoral dissertation, Paris Saclay, 2019.

sein de l'axe « acteurs » sont invités à émettre un jugement concernant la façon dont chacun des scénarios influence la réponse à chacun des enjeux. Les acteurs donnent ainsi leur avis sur plusieurs « croisements » entre un scénario et un enjeu. Ils élaborent ce faisant une distinction entre la représentation générique communément admise du problème de choix social (le système structuré en trois axes) et une construction locale et contextualisée de la signification sociale de ce système. Cette construction s'effectue par une délibération lors de laquelle les acteurs produisent des indicateurs visant à préciser les jugements relatifs à leur interprétation singulière du problème représenté collectivement[24].

Cette fonctionnalité de la plateforme *ePLANETe.Blue* pourrait notamment accompagner des innovations comptables inspirées de l'économie écologique, tel que le système *CARE-TDL*[25] qui procède d'une « extension de l'application de principes comptables très classiques aux capitaux humains et naturels[26] ». Du point de vue écologique, le fonctionnement de ce système reflète en quelque sorte le remboursement d'une dette contractée par l'entité institutionnelle lorsqu'elle utilise son capital naturel. La valorisation de ce capital repose sur des jugements exprimés par des « porte-parole » (scientifiques, ONG, syndicats, communautés locales, organismes publics, etc.) amenés à parler *pour* le capital naturel, *avec* l'entité institutionnelle[27]. L'objectif de ce dialogue social autour de l'action comptable est d'amener l'entité à s'investir dans des actions de préservation *ex ante* de son capital naturel, et non pas de compensation *ex post* comme le proposent les néoclassiques. Une délibération accompagnée par la MKD pourrait faciliter un accord sur les modalités d'évaluation de l'état qualitatif du capital naturel de l'entité, puis sur le montant des ressources financières dont celle-ci doit assurer la disponibilité (passif du bilan) afin de pouvoir les employer (actif du bilan) à des actions de préservation. Par exemple, à l'axe « acteurs » les porte-parole de capitaux et les responsables de l'entité ; à l'axe « enjeux » la qualité des écosystèmes,

---

24   Les jugements sont visualisés par une couleur associée par les acteurs à une « méta-catégorie » de leur composition : par exemple vert pour « Adapté » ; rouge pour « Inadapté » ; orange pour « Risqué » ; jaune pour « Mitigé » ; gris pour « Non concerné ».
25   CARE : *Comprehensive Accounting in Respect of Ecology* (Comptabilité Adaptée au Renouvellement de l'Environnement) ; TDL : Triple Depreciation Line.
26   Jacques Richard, *Comptabilité et développement durable*, Economica, 2012.
27   Alexandre Rambaud & Jacques Richard, Synthèse sur le modèle CARE-TDL, Note de synthèse, 2018.

celle des groupes sociaux, celle du tissu économique territorial, ainsi que la solvabilité financière ; et à l'axe « scénarios » les options d'actions de préservation du capital naturel de l'entité. Les indicateurs produits lors de cette délibération participeraient d'une construction collective de la signification sociale locale des options de préservation.

Une galerie complémentaire d'*ePLANETe.Blue*, le *Kiosk aux Indicateurs Kerbabel*™ (KIK), constitue un catalogue au sein duquel les indicateurs sont associés à des méta-informations : nom, acronyme, description courte, profil scientifique, mode d'interprétation, sources de production (notamment connaissances mobilisées), statut, robustesse, etc. Ce premier niveau de structuration des données permet notamment d'éviter des situations de double contingence[28]. Imaginons en effet une délibération impliquant un représentant d'une entreprise et un porte-parole de son capital naturel. Dans certains cas, tous deux peuvent mobiliser un même indicateur, par exemple relatif au « niveau de pollution », mais lui associer une signification différente. L'un tendra par exemple à s'y attacher du fait d'obligations réglementaires, tandis que l'autre prêtera attention à la qualité intrinsèque des écosystèmes. L'un et l'autre peuvent ainsi, chacun, être favorables à un scénario de préservation, et préciser leur jugement par ce même indicateur, en restant chacun ignorant des causes qui déterminent l'autre et conditionnent leur accord concernant le scénario de préservation. Il résulterait de cette situation une dissipation de ce que Colletis et Pecqueur associent à un patrimoine territorial, « constitué par la mémoire de situations de coordination antérieures réussies, par la confiance entre les acteurs qui en est le résultat, ainsi que par des ressources cognitives spécifiques virtuellement complémentaires (susceptibles d'être combinées pour résoudre des problèmes productifs à venir)[29] ». Un deuxième niveau de structuration des données proposé par la galerie KIK (navigation entre indicateurs à partir de filtres thématiques, liens entre indicateurs et des méthodes et outils, des terrains ou démarches qui les mobilisent, accès à des informations pertinentes, documents, sites internet, etc.) permet d'améliorer la visibilité concernant l'utilisation des indicateurs par chacun, donc de renforcer ce patrimoine territorial.

---

28 Talcott Parsons, *The Social System*, New York : The Free Press, 1951 ; Talcott Parsons, Interaction : I. Social Interaction, in. D. L. Sills (Ed.), *The International Encyclopedia of the Social Sciences* (Vol. 7), New York : McGraw Hill, 1968, p. 429-441.

29 Gabriel Colletis & Bernard Pecqueur, Révélation de ressources spécifiques et coordination située. *quatrièmes journées de proximité*, Marseille, 17 et 18 juin 2004, 15 p.

Une troisième galerie d'*ePLANETe.Blue*, la *Grille Kerbabel™ de Représentation* (GKR), vient répondre au défi de la représentativité des points de vue, qui doit être systématiquement repensée, chaque situation de délibération étant unique (problème traité, jeu d'acteurs, méthodes et outils utilisés par chacun). La galerie GKR accompagne un processus de recensement et de collecte des indicateurs qui aboutit à les resituer par rapport aux formes de connaissances auxquelles se réfèrent les acteurs. Conçue selon quatre axes, elle permet de resituer chaque indicateur selon (1) les « acteurs » susceptibles de s'y référer (scientifiques, experts, entreprises, habitants, pouvoirs publics, etc.) ; (2) les « méthodes et outils » (d'analyse, de modélisation, etc.), théories, approches conceptuelles (scientifiques, vernaculaires ou autres) et pratiques diverses auxquels cet indicateur donne accès ; (3) les « scénarios » ou objets pour la comparaison desquels il peut être utilisé ; (4) les « enjeux » qu'il permet d'aborder[30]. Il s'agit, en resituant les indicateurs dans un contexte, selon ces quatre axes, d'évaluer, pour ce contexte, la pertinence de la connaissance qu'ils rendent disponible[31] Pour ce faire, les utilisateurs évaluent la pertinence de chacun des indicateurs produits en délibération, et ce pour chaque « croisement » entre les quatre axes (acteurs, scénarios, enjeux, méthodes et outils). Ils devront choisir entre « 0 » qui signifie « Pas de pertinence », « 1 » – « Pertinence faible » ; « 4 » – « Pertinence forte » (valeur par défaut). L'agrégation de ces notes fournit des coefficients de présence des indicateurs pour chaque croisement considéré. Ce troisième niveau de structuration des données permet de détecter une surreprésentation de certains indicateurs, ce qui, en offrant accès à un trop petit nombre de méthodes d'analyse, favoriserait l'expression du point de vue de certains acteurs, et biaiserait la délibération. De plus, cette mise en contexte de la connaissance disponible pour aborder le problème complexe de choix social considéré permet de distinguer différents niveaux et différentes localités d'adéquation de cette connaissance. La GKR permettrait ainsi par exemple un contrôle et une « cartographie » de l'adéquation et de

---

30 Jean-Marc Douguet, Martin O'Connor & Philippe Lanceleur, Éléments pour la création de la Grille Kerbabel™ de Représentation, Cahier de recherche Reeds, Université de Versailles-Saint-Quentin-en-Yvelines 2015.

31 Jeroen Van Der Sluijs, Jean-Marc Douguet, Martin O'Connor et al. Qualité de la connaissance dans un processus délibératif, *Natures Sciences Sociétés*, 16(3), 2008, p. 265-273 ; Silvio O. Funtowicz, S. O., & Jerome R. Ravetz, *The worth of a songbird : ecological economics as a post-normal science*, *Ecological economics*, 10(3), 1994, p. 197-207.

la connaissance mobilisée lors du calibrage des actions à mener par une entité institutionnelle pour maintenir son capital naturel.

Les galeries MKD, KIK, et GKR sont constitutives d'une suite au sein d'*ePLANETe.Blue*, la suite *Kerbabel*™. Cette suite inclut une quatrième galerie, *Kerbabel*™ *for You* (K4U), qui accompagne la coproduction d'une méthode d'évaluation multicritère normative[32]. K4U permet de coproduire des algorithmes simples visant à représenter et évaluer la performance d'un système – par exemple du système d'acteurs impliqués dans la composition des scénarios de cogestion du capital naturel d'une entité. La navigation s'y déroule selon deux phases. La première, la construction du consensus intersubjectif autour de la performance de ces scénarios, implique d'une part la sélection collective de critères d'évaluation, d'autre part la sélection collective d'indicateurs visant à qualifier le niveau de réponse de chaque scénario à chaque critère. Chaque utilisateur, est invité à préciser les différents critères par des indicateurs qui « lui parlent ». Ainsi, chaque « croisement » visant à décrire l'influence d'un scénario sur un critère d'évaluation est précisé par des indicateurs issus de sources institutionnelles et conceptuelles variées (et préalablement resitués dans la GKR). Cette phase renforce l'équité dans la capacité de chacun à influer sur la production de la norme locale d'évaluation en y intégrant des indicateurs spécifiques à ses préoccupations. La deuxième phase est celle de la construction collective et délibérative des règles d'interprétation et de normalisation des indicateurs[33]. Ces règles permettent aux utilisateurs d'aborder conjointement des indicateurs quantitatifs et qualitatifs, en les ramenant[34] à une valuation sur une échelle numérique commune. Chaque utilisateur a ainsi la possibilité d'apporter son expertise en évaluant les indicateurs qui l'intéressent. Après structuration et pondération – toujours collective et délibérative – des critères et des indicateurs, l'algorithme K4U agrège les valeurs des notes afin de générer pour chaque scénario un profil à n dimensions de performances – autant que de critères. Ce profil peut être considéré comme un indicateur composite composé en commun de la performance représentée en

---

32 Clément Morlat & Jean-Marc Douguet, Couplage structurel entre systèmes produits-services. Cas de l'approvisionnement en granulats de construction de la Région Ile-de-France. *Technologies et innovation*, à paraître.

33 Ces règles font partie des méta-informations documentées dans le KIK.

34 Grâce à l'utilisation de tables de Likert composées sur *ePLANETe.Blue*.

commun d'un scénario construit et évalué en commun. Issu d'une coproduction par des acteurs microéconomiques s'intéressant ensemble à décrire la complexité d'un problème social, cet indicateur est porteur d'une signification mésoéconomique.

DISCUSSION

L'expression « niveau de Réalité », renvoie à un ensemble de systèmes invariant à l'action d'un nombre de lois générales : par exemple, les entités quantiques soumises aux lois quantiques, lesquelles sont en rupture radicale avec les lois du monde macrophysique[35]. L'analyse économique est confrontée à un dualisme entre le niveau de Réalité dans lequel les méthodes néoclassiques utilisées par les entités capitalistes font sens, et celui dans lequel les méthodes mobilisées par les acteurs des territoires qui évaluent la criticité des écosystèmes font sens. Pour Nicolescu « deux niveaux de Réalité sont différents si, en passant de l'un à l'autre, il y a rupture des lois et rupture des concepts fondamentaux (comme, par exemple, la causalité). Personne n'a réussi à trouver un formalisme mathématique qui permet le passage rigoureux d'un monde à l'autre[36] ». Considérée seule, l'internalisation d'externalités n'est pas rigoureuse. En ne tenant pas compte des distorsions spatiales et temporelles associées à la communication entre un acteur effectuant une interprétation de la réalité transsubjective de phénomènes biophysiques et sociopolitiques, et un autre acteur interprétant à l'aune de la réalité intersubjective restreinte au sein de laquelle se légitime la rationalité néoclassique l'information fournie par le premier, cette pratique constitue une malfaçon.

Pour Stengers, des intérêts de prestige et d'autorité de la démarche scientifique, combinés à des éléments de contexte sociotechnique, peuvent exercer certaines influences sur la propagation des concepts,

---

35 Basarab Nicolescu, De l'interdisciplinarité à la transdisciplinarité : fondation méthodologique du dialogue entre les sciences humaines et les sciences exactes, *Nouvelles perspectives en sciences sociales : Revue internationale de systémique complexe et d'études relationnelles*, 7(1), 2011, p. 89-103.

36 *Ibid.*

notamment une influence de capture[37]. Les comptabilités microéconomiques actuelles, en enregistrant à l'actif du bilan une représentation monétaire de la valeur des capitaux naturel et humain (approche
« extérieure-intérieure »), institutionnalisent la malfaçon néoclassique.
Le passage comptable entre le monde de l'économie territoriale et celui
de l'économie de marché est en effet envisagé par des calculs mathématiques très standardisés. En revanche, inscrire au passif la valeur
des ressources financières nécessaires aux actions de préservation de la
qualité intrinsèque des capitaux naturel et humain de l'entité (approche
« intérieure-extérieure »), et fonder cette valorisation sur une valuation
sociale, par la communication entre l'entité et les porte-parole de ses
capitaux, comme le suggère *CARE-TDL*, permet une jonction analytique rigoureuse entre ces mondes.

De plus, dans la logique *CARE-TDL*, le résultat – et le profit lorsque
l'entité est une entreprise privée – n'est exprimé qu'après que les coûts
des actions de préservation des capitaux humains et naturels aient été
pris en compte. Cette mesure de cohérence porte le potentiel d'une
véritable révolution, elle est susceptible de transformer le capitalisme en
son cœur. Cependant, si l'entité qui se l'applique s'inscrit dans un réseau
d'acteurs aux rationalités capturées par les réflexes néoclassiques et les
intérêts du marché, c'est majoritairement par un ajustement à la baisse
des coûts d'approvisionnement et par une hausse des prix des biens et
services vendus qu'elle financera la préservation de ses capitaux humain
et naturel. Si en revanche, les responsables de l'entité ont conscience
de ne pas évoluer dans un univers strictement marchand, ils pourront
prendre en compte le fait que le coût de maintenance de leurs capitaux
naturel et humain peut être modulé à la baisse par la valeur d'usage
de contributions non monétaires (en nature, travail, organisation, etc.)
d'autres acteurs du territoire impliqués avec eux dans la cogestion des
écosystèmes et des groupes sociaux. De telles contributions, ignorées par
la comptabilité traditionnelle ou valorisées comme des actifs immatériels
dans une perspective purement financière, pourraient, en comptabilité
CARE-TDL, occuper une place centrale dans la communication entre
l'entité et les porte-parole de ses capitaux naturels et humains.

---

37   Isabelle Stengers, La propagation des concepts, in *D'une science à l'autre, des concepts nomades*,
     dir. I. Stengers, Paris, Seuil, 1989.

L'acceptabilité financière des actions de préservation des capitaux naturel et humain d'une entité qui s'applique *CARE-TDL* tient alors à la capacité de ses responsables à se reconnaître acteurs d'un processus local de reconnaissance des avantages systémiques conférés à tous par les actions de préservations des capitaux humain et naturel de chacun. Les entités et habitants d'un territoire ne disposent cependant pas nécessairement du temps nécessaire à s'investir dans des délibérations susceptibles de favoriser la reconnaissance de tels avantages et de leurs impacts en termes de réduction de coûts de préservation. Une « économie de la contribution[38] » fondée sur la pratique de savoirs conceptuels, savoir-faire et savoir-vivre dans le cadre d'ateliers thématiques accompagnerait l'expression progressive des valeurs d'usage pouvant être associées par chacun aux contributions non monétaires et actions de préservation effectuées par les autres. De cette expression découlerait de façon très naturelle, avec l'aide d'un système d'information contributif approprié, une capacité de mise en évidence de la diminution des niveaux de « valeur d'échange » nécessaires aux ambitions de préservation. Chacun associerait alors la reconnaissance d'une dynamique collective de pratique des savoirs à une amélioration qualitative et quantitative ayant conjointement pour effet de soulager le rapport qu'il entretient avec le monde marchand. Dans le modèle d'économie de la contribution, c'est ainsi une « cascade » de reconnaissance, de valeurs d'usage, puis d'échange, qui pourrait jaillir de la pratique collective de savoirs. Le type de contribution qui, dans ce modèle, fait l'objet d'une attention toute particulière, est donc le travail collectif de production de ces savoirs. Il est envisagé que cette production soit facilitée par le versement d'un « revenu contributif » financé à l'issue d'une négociation multi-acteurs et transscalaire et dont le bénéfice accordé aux individus lors de périodes de travail hors emploi soit conditionné par un emploi salarié au profit de structures publiques et privées labélisées ; ceci afin de diffuser les savoirs produits aux économies publique et marchande.

L'implémentation d'un tel modèle ferait grandir la capacité de chacun à se reconnaître comme partie d'un collectif structuré (ateliers de pratique de savoirs articulés dans la durée, par le revenu contributif, à

---

38 Bernard Stiegler, *Pour une nouvelle critique de l'économie politique*, Galilée (2009) ; Philippe Béraud & Franck Cormerais, Économie de la contribution et innovation sociétale, *Innovations*, (1), 2011, p. 163-183.

des emplois intermittents publics et privés), ce qui réduirait d'autant l'influence de la capture néoclassique. Sa conjugaison avec le système *CARE-TDL* mènerait à la compréhension par chacun du fait que la gestion de « ses » capitaux naturel et humain, s'inscrit dans un régime local de droits d'usages et de circuits d'échanges non-monétaires et monétaires liés à des engagements de préservation d'une ressource partagée, donc dans la gestion d'un « commun » au sens d'Ostrom[39]. Une plateforme de type *ePLANETe.Blue* pourrait accompagner la gouvernance de ce commun, et, pour en rendre compte, une entité juridiquement incarnée et munie d'un dispositif comptable *CARE-TDL* pourrait travailler à articuler les logiques néoclassiques et d'économie écologique, par exemple en proposant de nouvelles pratiques d'investissement qui fonderaient l'établissement des taux d'actualisation sur la maintenance des communs définis par les acteurs du territoire[40]. Il conviendrait pour cela d'associer des innovations numériques et comptables afin de rendre compte des relations entre dialogues autour d'indicateurs locaux, ambitions individuelles et collectives de préservation des capitaux naturel et humain, contributions non-monétaires entre acteurs, et influence de ces contributions sur le niveau de ressources financières nécessaires à l'atteinte des ambitions de préservation. Le passage du niveau micro à cette comptabilité méso ne s'effectuerait pas de façon agrégative. L'algorithme contributif K4U, qui permet de construire des indicateurs mésoéconomiques en structurant collectivement l'information relative à des jugements portés sur des indicateurs micro, serait l'instrument du changement d'échelle d'analyse. On ouvrirait ainsi un espace dialogique articulant l'expression par les acteurs de « valeurs d'usage spécifiques » à la gestion de leurs capitaux naturel et humain, et de « valeurs d'usage partagé » (ou « d'usage commun ») reflétant l'utilité patrimoniale de l'état local d'organisation qui découle de la noétique territoriale (savoirs, stratégies de gouvernance, etc.)[41]. Ceci inscrirait la préservation des capitaux naturel et humain, et la gouvernance des communs dans un même rapport de transindividuation, au sens de Stiegler, c'est-à-dire

39 Elinor Ostrom, Beyond markets and states : polycentric governance of complex economic systems, *Transnational Corporations Review*, 2(2), 2010, p. 1-12.

40 Clément Morlat, Modélisation dynamique des systèmes de coûts pour une gestion durable des territoires, Doctoral dissertation, Paris Saclay, 2016.

41 Clément Morlat, *Sustainable Productive System, Eco-development versus Sustainable Development*, Wiley-ISTE, 2020.

de ré-articulation entre individuations psychique et collective dans la pratique d'une technique[42] – ici la comptabilité

CONCLUSION

Situer l'économie des plateformes à l'ère Anthropocène implique au moins trois dimensions. Le rapport institutionnel au capital naturel détermine si la comptabilisation du profit procède d'un passage rigoureux entre l'analyse des réalités biophysiques locales et celle des réalités financières globalisées. La légitimité à établir des conventions locales dans un univers soumis à des jeux de pouvoirs et des captures conceptuelles détermine les incidences concrètes des innovations comptables sur les pratiques de l'économie industrielle. L'effet de la pratique numérique sur la noétique du groupe social influence le mode de financement des actions de préservation des écosystèmes. L'espace de représentation ainsi formé amène à suggérer une distinction plus claire entre des outils numériques dits « contributifs » devant être promus car leur pratique renouvelle le regard porté sur les trois dimensions précitées, et des outils dits « collaboratifs » dont la puissance, mise au service du régime politico-économique actuel, peut avoir pour effet d'en amplifier et durcir les défaillances, et qui doivent donc être contrôlés.

Clément MORLAT
Université de Lille
Institut de Recherche et
d'Innovation du Centre Pompidou

---

42 Bernard Stiegler, Chute et élévation, *Revue philosophique de la France et de l'étranger, 131*(3), 2006, p. 325-341.

LES PLATEFORMES D'INNOVATION PRIVÉES ET PUBLIQUES

Caractéristiques et *business model*

L'essor de l'économie numérique a largement contribué au développement des plateformes sur Internet. De nature très diverse, elles touchent aujourd'hui tous les pans de l'activité économique *via* leur fonction d'intermédiation entre deux faces d'un marché (*two-sided market*, Rochet et Tirole, 2005[1]) et leur spécificité associée au *crowdsourcing* (Chesbrough, 2006[2]). Les services de R&D et d'innovation de l'entreprise ne font pas exception : désormais les (grandes) entreprises font appel à des plateformes pour poster des questions d'innovation auxquelles répondront des internautes contre rémunération. Ceci est soutenu par un dispositif bien connu, les concours, récompensant *ex post* la meilleure solution possible. Ce format, adopté par de nombreuses plateformes, devient également un centre d'intérêt pour les instances publiques dans un objectif de complément à leur politique de soutien à l'innovation (Mergel, 2017[3]).

L'objectif de cet article est de montrer, à partir de deux cas (Innocentive.com et Challenge.gov) que le format « plateforme », et l'usage qui en est fait autour des enjeux liés à l'innovation, présente des caractéristiques à la fois communes et différentes, que le *sponsor* soit privé ou public. Mue par la recherche de meilleures solutions grâce à l'expertise de la foule et par le recours au *crowdsourcing*, la plateforme privée répond à un *business model* particulier (intermédiation, deux marchés, règles et rémunération)

---

1   Jean-Claude Rochet et Jean Tirole, « *Two-sided markets : a progress report* », *the RAND Journal of Economics*, 35(3), 2005, p. 645-667.

2   Henry Chesbrough, *Open innovation : a new paradigm for understanding industrial innovation*, in Chesbrough, H., Vanhaverbeke, W., West, J., (Ed) *Open innovation, researching a new paradigm*, Oxford University Press, 2006.

3   Ines Mergel, "*Open innovation in the public sector : drivers and barriers for the adoption of Challenge.gov*", *Public Management Review*, 2017, p 726-745.

qui ne traduit pas la même réalité pour une plateforme publique, plu-tôt en quête d'outil numérique venant soutenir la politique publique d'innovation et développer *in fine* croissance et emploi. Plus précisément, si la plateforme privée correspond à un intermédiaire numérique per-mettant à un *seeker* d'externaliser une question d'innovation et d'obtenir une réponse rapide et à moindre coût, la plateforme publique quant à elle s'attache plutôt à mettre en ligne des concours qui contribueront au développement économique *via* des grandes questions technologiques et/ou sociétales.

LES PLATEFORMES, NOUVEAUX OUTILS DE L'INNOVATION

L'INNOVATION À L'HEURE DU *WEB* 2.0

Les entreprises doivent envisager aujourd'hui des solutions nouvelles pour se maintenir sur leur marché, face à un contexte concurrentiel marqué par plusieurs facteurs bien connus : (i) Des budgets de recherche de plus en plus conséquents (ii) Une R&D plus complexe dans de nombreux secteurs (télécoms, informatiques, logiciels…) nécessitant une complémentarité de savoirs et de compétences qu'une entreprise seule ne peut embrasser (induisant des partenariats avec d'autres) (iii) Un poids de la propriété intellectuelle (PI) devenue un outil stratégique de valorisation.

Depuis quelques années, un mouvement d'*Open Innovation*[4] (Chesbrough, 2006 ; Von Hippel, 2005[5]), se focalise sur des processus conduisant l'entreprise à exploiter des savoirs internes et externes et les combiner au mieux, en vue d'accélérer l'innovation et donc la mise sur le marché de nouveaux produits. *L'Open Innovation* se réalise *via* un double mouvement : *l'inside-out* est le mouvement sortant des connaissances, conduisant l'entreprise à proposer des ressources à l'extérieur, dans le but de les valoriser au mieux en cherchant de nouveaux débouchés ; *l'outside-in* illustre le mouvement inverse, permettant à l'entreprise de

---

4   Innovation ouverte, distribuée ou partagée.
5   Eric Von Hippel, *Democratizing innovation*, Cambridge, Massachusetts, the MIT Press, 2005.

capter des savoirs venant de son environnement externe. En combinant ces deux effets, l'entreprise cherche à innover de manière plus rapide et à des coûts de recherche réduits, dans la mesure où : (i) elle peut ainsi profiter d'un savoir extérieur qu'elle ne détient pas, sans avoir à fournir elle-même un effort de recherche long et coûteux ; (ii) ces connaissances externes ainsi obtenues seront combinées avec la recherche « maison » pour conduire à d'éventuelles innovations ; (iii) la firme peut bénéficier de canaux externes intéressants pour trouver de nouvelles sources de revenus sur ses propres innovations.

L'innovation ouverte rassemble non seulement un ensemble de pratiques anciennes (licences, partenariats, réseaux), mais également des nouvelles, portées par le développement des TIC et de l'Internet. Le *crowdsourcing* s'appuie sur l'exploitation directe du potentiel d'innovation des communautés d'internautes, socle d'une foule mondialisée (Howes 2008[6]). La notion d'externalisation est donc cruciale dans le *crowdsourcing*, et repose sur l'expertise des internautes (Guittard et Schenk, 2011). L'activité ainsi externalisée peut toucher diverses fonctions de l'organisation : la conception, le design, le marketing, le financement (*crowdfunding*), et l'innovation au sens général. La grande différence avec l'externalisation classique réside dans le fait qu'ici, l'entreprise ne connaît pas a priori celui qui va fournir la prestation (d'autant plus que bien souvent la relation est anonyme).

On observe alors l'émergence d'organisations diverses pour porter le besoin de *crowdsourcing*, qu'elles soient développées par les entreprises elles-mêmes *via* leur propre site[7] ou qu'elles soient proposées par de nouveaux intermédiaires directement sur le *web*. Plus communément appelés plateformes d'intermédiation, ces sites ont pour objectif de mettre en relation différents acteurs et évoluent dans des domaines divers (Renault, 2014[8], Schenk et Guittard, 2011[9]).

Ces plateformes sont des marchés particuliers puisqu'elles fonctionnent en mettant en relation deux populations distinctes. En ce

---

6   Jeff Howe, *Crowdsourcing : why the power of the crowd is driving the future of business*, New York, Crown Publishing Group, 2008.

7   Microsoft, Google, Philips, BMW, Orange… en sont quelques illustrations.

8   Sophie Renault, « *Crowdsourcing* : la nébuleuse des frontières de l'organisation du travail », *RIHME*, 2(11), 2014, p. 23-40.

9   Eric Schenk, Claude Guittard, « *Towards a Characterization of Crowdsourcing Practices* », *Journal of Innovation Economics*, 7(1), 2011, p. 93-107.

sens, ce sont des marchés bifaces (*two-sided markets*) (Rochet et Tirole, 2005). L'intermédiaire organise les relations entre ces deux groupes *via* trois caractéristiques principales : les externalités, le prix (distinct selon la face du marché) et les règles. Les plateformes 2.0, utilisant le principe du *crowdsourcing*, prennent appui sur ces critères. La présence et la captation des externalités simples et croisées constituent un point essentiel de ce processus : il faut séduire une face du marché pour permettre d'attirer l'autre.

Ces intermédiaires aident donc les entreprises à accéder à des connaissances, des expertises externes ou des capitaux afin de les soutenir dans leur activité de recherche, d'innovation, de conception et de commercialisation. Parmi les outils mobilisés, les concours d'innovation constituent une pierre angulaire de ce procédé.

LE CONCOURS, PIÈCE MAÎTRESSE DU DISPOSITIF

Les concours d'innovation s'inscrivent dans l'histoire du développement des grands pays industrialisés[10] (Adler, 2011[11]). Depuis la fin des années quatre-vingt, on observe une recrudescence des concours d'innovation, ces derniers s'appuyant désormais sur l'architecture offerte par Internet. Au travers de plateformes, de nombreux intermédiaires (privés, publics, philanthropiques) œuvrant sur la base du *crowdsourcing*, proposent aux internautes de s'affronter dans le cadre d'un concours dont le vainqueur remportera une rémunération le plus souvent monétaire. Ces concours se basent sur des primes de reconnaissance (*recognition prizes*) ou des primes d'incitation (*inducement prize*) (Scotchmer, 2006[12]). Les premières valorisent en général un travail de recherche majeur, qui s'est déroulé sur une période longue (Prix Nobel). Les secondes ont pour objectif de lancer une recherche, ou un processus innovant (à partir d'une question spécifique) et de le stimuler par une prime connue à l'avance. Les primes d'incitation sont déterminées *ex ante* par un *sponsor* et sont au cœur des dispositifs des plateformes que nous étudions dans cet article.

---

10 On peut citer le *British Longitude Prize* en Angleterre qui a permis d'améliorer le système de navigation, ou bien le concours lancé par Napoléon Ier visant à trouver un système de préservation des aliments (Adler 2011).

11 Jonathan Adler, « *Eyes of a climate prize : rewarding energy innovation to achieve climate stabilization* », *Harvard Environmental Law Review*, vol. 35, 2011, p. 1-45.

12 Suzanne Scotchmer, *Innovation and incentives*, Cambridge, Massachussetts, The MIT Press, 2006.

Une caractéristique essentielle du concours d'innovation repose sur la possibilité de proposer des configurations ou architectures organisation-nelles très diverses. Le concours présente une forme adaptable et flexible, afin de prendre en compte la spécificité de la question de recherche et d'accroître la probabilité de réussite du défi. Les architectures des concours peuvent quasiment être conçues « sur mesure ». Il s'agit des règles concernant l'accès au concours, aux modalités de participation, au dépôt des solutions, mais aussi se référant au type de financement du concours, à la nature de la récompense, aux modes d'évaluation des solutions proposées... (Master, 2008[13]). Les bénéfices des concours vis-à-vis de l'innovation sont désormais largement reconnus. (i) Ce système permet de stimuler l'innovation en favorisant une compétition entre équipes (inscrites dans une course au concours), et les conduit bien souvent, à réaliser des investissements globaux dépassant la valeur de la prime (Kalil, 2006[14]). (ii) Le promoteur peut espérer la résolution de défis complexes, que seules l'interdisciplinarité et la collaboration d'experts de différents domaines peuvent résoudre. Le mécanisme de prime incite les équipes et l'innovateur individuel à dépasser les contraintes du moment et à proposer des solutions nouvelles. (iii) L'intérêt d'une participation à un concours est associé aussi à la publicité et à la répu-tation que le compétiteur obtiendra s'il gagne (Maurer et Scotchmer, 2004[15]). Toutefois, des limites au mécanisme des concours ont également été mises en évidence dans la littérature économique : la duplication des efforts par plusieurs équipes, la difficulté de déterminer un niveau de prime, ni trop faible ni trop élevé, ou encore les tensions potentielles qui peuvent apparaître entre concours et brevets au sein d'un même processus innovant (Master, 2008).

---

13   William Master., *Accelerating innovation with prize rewards : a history and typology of prize contexts, with motivation for a new contest design*, Purdue University, WP, 2008.

14   Thomas Kalil, *Prizes for technological innovation*, The Hamilton Project, The Brookings Institution, December, 2006.

15   Stephen Maurer, et Suzanne Scotchmer, *Procuring Knowledge*, in Libecap, G.D., (Ed) *Advances in the study of entrepreneurship, Innovation and Economic Growth*, vol 15, 2004, JAI Press (*Elsevier Science*)

LE *BUSINESS MODEL* DE LA PLATEFORME INNOCENTIVE : INTERMÉDIATION, CAPTATION ET CRÉATION DE VALEUR

INNOCENTIVE.COM : UNE INTERMÉDIATION SOPHISTIQUÉE

L'objectif des plateformes d'intermédiation est de mettre en relation des entreprises confrontées à des problèmes de recherche et/ou d'innovation (*seekers*), et des internautes du monde entier, devenant experts dans un domaine précis pouvant apporter une solution aux problèmes posés (*solvers*). Elles organisent des concours en ligne dotés d'une prime (*prize* ou *award*) afin de mettre en compétition sur une courte période les *solvers* entre eux autour d'une question précise (défi ou *challenge*).

Créée en 2000, Innocentive résulte d'un essaimage d'Elly Lilly et apparaît comme la plus ancienne et la plus connue des plateformes d'Innovation. Sur www.innocentive.com, on dénombre environ 250 000 *solvers*, inscrits gratuitement, de nationalités différentes, et de profils divers (scientifiques, docteurs, chercheurs, ingénieurs, salariés, retraités, consultants). Les défis mis en ligne durent de 30 à 60 jours, sont dotés de primes allant de 5 000 dollars à 500 000 dollars (certaines pouvant aller jusqu'à un million). Les thématiques d'innovation sont variées et portent sur les mathématiques, la chimie, la physique, les sciences du vivant, l'écologie, la génétique etc. La plateforme annonce un taux de résolution des défis de l'ordre de 1/3 des questions posées.

Innocentive attire une cinquantaine de grandes entreprises et fondations (Solvay, Procter and Gamble, Boeing, DuPont, Novartis, IBM, Johnson&Johnson, Bayer, Syngenta, des fondations de recherche comme Rockefeller Foundation, Prize4Life). Ces entreprises sont caractérisées par une stratégie de R&D soutenue. Les motivations des *seekers* sont multiples, même si les services et prestations facturés par Innocentive peuvent atteindre des sommes conséquentes (Liotard et Revest, 2015[16]). L'intermédiation proposée par Innocentive vise à mettre en relation deux types d'acteurs qui n'auraient pas pu se rencontrer autrement. Elle contribue à nourrir la captation des savoirs externes par une entreprise

---

16   Isabelle Liotard, Valérie Revest, *Innocentive, vers un modèle hybride d'intermédiation de l'innovation sur Internet*, in Coriat, B. (Ed) *La crise de l'idéologie propriétaire et le retour des communs*, Les Liens qui Libèrent, 2015.

dans un mouvement *outside-in*, et à proposer un dispositif accéléré pour cette appropriation. Pour l'entreprise, ce dispositif conduit à rassembler des connaissances parfois inédites, le plus souvent pluridisciplinaires.

La modularité de la question soulevée (une question fragmentée en plusieurs sous-questions qui seront l'objet de défis particuliers) accroît la probabilité de succès en réduisant l'envergure de la question de recherche et permet à l'entreprise de rester anonyme vis-à-vis de ses concurrents (Lakani et Panetta, 2007[17]). La modularité permet également d'obtenir plus rapidement une réponse, ce qui peut être un atout stratégique crucial et rend également plus facile une fois la (ou les) solution(s) obtenue(s), leur appropriation par les services internes de R&D. L'intérêt des entreprises pour ce concours en ligne réside aussi dans les délais courts entre le début du concours et l'obtention de la solution (environ 6 à 7 mois).

Innocentive présente les caractéristiques d'un marché bi face. Les trois critères que sont les externalités, le prix et les règles, y sont clairement visibles. (i) Pour développer les externalités croisées, une politique de communication importante a été mise en place pour inciter les deux groupes à venir s'inscrire sur la plateforme : site *web* et *blog*, diffusion de l'information sur les défis dans différents canaux (livre, relais *via* les sites des revues scientifiques, etc.), système de parrainage ou de référencement entre *solvers*, partenariats avec des universités. Afin d'attirer le plus grand nombre de *seekers*, Innocentive communique largement sur d'autres partenariats noués avec certaines firmes (SAP, Toyota…) mais aussi des fondations (Rockefeller Foundation, Prize4Life). (ii) La politique de prix est construite de telle sorte que, pour attirer les internautes agissant sur une face du marché (*solver*), leur inscription est gratuite tandis que l'autre face (clientes de solutions des internautes) paie des frais demandés par l'intermédiaire. (iii) Les règles (légales, technologiques, informationnelles) constituent également un des critères essentiels du bon fonctionnement de la plateforme, afin d'organiser au mieux la relation entre les acteurs des deux marchés.

L'originalité et le succès des plateformes d'innovation telles qu'Innocentive ne reposent pas uniquement sur le potentiel offert par le *web* 2.0, mais également sur la nature de l'intermédiation mise en œuvre. Afin de répondre aux problèmes d'innovation de ses clients,

---

17   Kevin Lakhani et Jill Panetta, « *The principles of distributed innovation* », *Innovations*, summer, 2007, p. 97-112.

Innocentive a développé un mode d'organisation adapté. Premièrement, l'intermédiation repose sur des règles d'échanges au cœur des concours en ligne. Deuxièmement, elle est continue, en ce sens que les membres de la plateforme supervisent et contrôlent le déroulement des opérations sur chaque face du marché depuis la mise en ligne du défi à sa résolution. Troisièmement, l'intermédiation ne se résume pas à une mise en relation entre l'offre et la demande mais elle influence chaque étape de la relation au travers de différentes actions.

La plateforme d'innovation permet la mise en relation des différentes parties de l'échange. Elle contribue également à produire des conseils (formations, rédaction du défi, sélection des solutions) pour les clients. Enfin, elle participe à l'évaluation des défis *via* le niveau de prime. En ce sens elle répond aux fonctions de *matchmaker*, de conseil et d'*evaluator* (Bessy et Chavin, 2013[18]). Le caractère interactif et dynamique de l'intervention d'Innocentive aux différentes étapes mentionnées, se traduisant par des allers/retours entre l'intermédiaire et les deux faces du marché, apparaît également comme une propriété prépondérante de la plateforme. Une autre propriété de cette intermédiation est la combinaison de l'intermédiation humaine (les salariés de la plateforme) et non humaine (les outils numériques mis en place : site, *blog*, *project room*). Dans le cadre d'Innocentive, cette combinaison a la particularité de rendre marchandisable ce qui ne l'était pas : les connaissances apportées par le solutionneur ont désormais une valeur, alors même que parfois il n'a pas conscience de leur possible transfert marchand. Tous ces éléments constituent ainsi le cœur du *business model* de la plateforme.

UN *BUSINESS MODEL* COUPLÉ À L'INNOVATION OUVERTE

Si de nombreuses recherches s'intéressent au concept de *business model* (BM), il n'existe pas de réel consensus sur sa définition et ses composants. Dans la continuité de l'approche de Zott et Amit (2010)[19], Saebi et Foss (2015)[20] considèrent le *business model* comme représentant « *le contenu, la*

---

18   C. Bessy et P.M. Chauvin, « *The power of market intermediaries : from information to valuation processes* », *Valuation Studies*, 1(1), 2013, p. 83-117.

19   C. Zott et R. Amit, « *Business model design : an activity system perspective* », *Long range planning*, 43(2-3), 2010, p. 216-226.

20   Nicolai Foss et Tina Saebi, *Business models and business model innovation : Bringing organization into the field*, in N. J. Foss & T. Saebi (Eds.), *Business model innovation : The organizational*

structure et la gouvernance des transactions à l'intérieur de l'entreprise, et entre l'entreprise et ses partenaires extérieurs, en vue de la création, de la livraison et de la capture de la valeur de la part de l'entreprise ». Les BM sont appréhendés comme des dispositifs permettant de façonner les organisations. Ils reflètent la manière dont les entreprises structurent leurs transactions avec les parties prenantes externes, et les conséquences de ces configurations relationnelles sur les performances des entreprises. L'originalité de la recherche de Saebi et Foss (2015) est de confronter d'un côté le concept de *business model* à la notion d'innovation ouverte (IO). Le choix d'un processus d'innovation ouverte requiert que l'entreprise définisse la manière dont elle crée, délivre et capture de la valeur avec ses partenaires extérieurs afin que cette dernière soit compatible avec un processus d'innovation ouvert. Dans ce contexte, au sein du BM de l'entreprise, les mécanismes de gouvernance et les pratiques organisationnelles se révèlent cruciales.

Lopez-Vega et Vanhaverbeke (2009)[21] ont examiné le BM de plusieurs plateformes intermédiaires d'innovation dont Innocentive. Une question soulevée par les auteurs porte sur la façon dont les BM permettent de créer et de capturer de la valeur sur les 2 faces du marché. Ces plateformes sont caractérisées par deux grandes particularités : le rôle crucial de la structure de prix entre les différentes faces de marché, et la séparation et l'allocation des frais de transactions par l'intermédiaire. Le design du BM doit permettre d'identifier des mécanismes capables de faire croître le réseau sur les deux faces du marché. Afin d'étudier les caractéristiques des BM des plateformes examinées, les auteurs s'appuient sur les 6 fonctions suivantes des BM : la capture de la valeur, la chaîne de valeur, le segment de marché, la valeur du réseau et les stratégies. La figure 1, à partir de l'approche mentionnée ci-dessus, synthétise les principales composantes du BM d'Innocentive.

---

dimension, Oxford University Press, 2015.

21   Henry Lopez-Vega et Wim Vanhaverbeke, *How innovation intermediaries are shaping the technology market ? An analysis of their business model*, nº 20458, ESADE Business School, 2009.

Création de valeur pour les *seekers* et *solvers*	Les *seekers* : Appel à des solutionneurs externes pour résoudre des *challenges* ; bénéficier de la sélection, assurer le transfert et le développement de solutions. Les *solvers* : Transférer leur technologie, marchandiser la solution, se faire connaître, recruter.
Capture de la valeur par Innocentive	Les *seekers* payent des frais pour poster un *challenge*, pour se former, versement de primes. Les *solvers* : Pas de frais.
Chaîne de valeur mise en place par Innocentive	Attirer les *solvers* : Communication *via* les revues scientifiques et les réseaux ; partenariats noués avec des universités ; favoriser le parrainage entre *solvers* pour en attirer d'autres. Assister le *seeker* : Gestion du *challenge* (formation, formalisation et rédaction du problème, morcellement de la question, fixation de la prime) ; clauses de propriété intellectuelle prévues par Innocentive ; filtrage des solutions et réalisation de la transaction. Organisation numérique du défi pour le *solver* : Site de Innocentive pour consulter les défis ; création d'espaces sécurisés ; *blog* leur permettant d'échanger entre eux et lire les expériences et témoignages des autres.
Segment de marché	*Seekers* : Entreprises publiques et privées, fondations de recherche. *Solvers* : Étudiants, chercheurs, scientifiques, salariés, retraités, consultants.
Valeur du réseau	Valeur du réseau pour la plateforme : nouer des collaborations avec des fondations, Rockefeller, Prize for Life ou la NASA.
Stratégies	Large réseau de solutionneurs et processus d'innovation ouverte.

Fig. 1 – Le BM d'Innocentive.
Source : Lopez-Véga et Vanhaverbeke (2009), Liotard et Revest (2018).

Innocentive apparaît donc comme une plateforme créatrice de valeur : en proposant une intermédiation poussée, des outils numériques adaptés à chaque moment de la relation, en nouant des partenariats pour inciter à la venue de *seekers* et *solvers*, en proposant des règles strictes de gouvernance gérant les échanges, et en créant une stratégie dynamique de communication, la plateforme crée les conditions incitatives pour que *solvers* et *seekers* la rejoignent et y trouvent leur intérêt en termes de captation de valeur et de création de revenus.

PLATEFORME PUBLIQUE ET AGENCES FÉDÉRALES AMÉRICAINES : UNE INTERMÉDIATION TOURNÉE VERS LA SOCIÉTÉ

Les concours publics lancés par les Agences Fédérales américaines ont émergé dans le contexte d'engouement général pour ce dispositif, depuis plus d'une vingtaine d'années. Ce phénomène s'est traduit par un accompagnement institutionnel marquant venant alimenter le dispositif public de soutien à l'innovation en faveur des concours. L'intérêt de la part des pouvoirs publics pour ce dispositif s'explique également par un contexte de recherche plus tendu pour les Agences ces dernières années, marqué par la chute des budgets de recherche publique. Or, par le biais du concours, les frais de recherche sont supportés par les compétiteurs ou les équipes. Par ailleurs, contrairement à un système classique de subventions directes ou de contrat de recherche par lequel une Agence finance *ex ante* des résultats qui surviendront éventuellement ex post (incertitude radicale), le concours permet de ne rémunérer que le résultat, une fois celui-ci connu et sélectionné (Kalil, 2012[22]). Cette externalisation d'une partie de la recherche publique conduit à faire peser une partie du risque sur les entreprises et leurs concurrents, et non plus sur l'Agence elle-même.

La configuration de l'intermédiation sur le site Challenge.gov créé en 2010 ressemble au premier abord à celle d'Innocentive puisqu'il y a intermédiation entre deux faces de marché (les Agences et les internautes). Parmi les nombreux acteurs déposant des concours, 4 dominent largement : la NASA, la HHS (*Health and Human Services*), l'Agence pour la Protection de l'Environnement et US Air Force. Le domaine des Sciences et Technique s'impose largement dans les concours, suivis par les domaines liés à la Santé, à l'Énergie et Environnement, à l'Éducation (Desouza et Mergel 2013)[23]. Ces concours sont récompensés à la fois par des primes monétaires et non monétaires. Les primes monétaires les plus élevées correspondent à des concours dans lesquels l'investissement en capital est fort, et où le besoin de savoirs spécialisés est important (domaine

---

22 Thomas Kalil, *Grands Challenges*, Office of Science and Technology Policy, Executive Office of the President, 2012.

23 Kevin Desouza et Ines Mergel, « *Implementing open innovation in the public sector : the case of challenge.gov* », *Public Administration Review*, vol. 73, 2013, p. 1-9.

des sciences et technologie). Le montant actuel des primes s'échelonne sur un large spectre (de 1 000 dollars à 15 millions dollars). Les primes non monétaires couvrent quant à elles des concours visant à fournir des informations au public, le sensibiliser à une thématique particulière, ou faire évoluer certains comportements (Mergel et Ali, 2014[24]).

La plateforme est gérée par un organisme : le *General Services Administration* (GSA)[25] qui apporte un soutien en amont aux Agences. Les concours sont visibles sur la plateforme, et sont caractérisés par des résumés et par des liens vers des sites dédiés. Les primes monétaires associées y sont spécifiées et la durée des concours précisée. Cependant, contrairement à Innocentive, les Agences sont clairement identifiées (pas d'anonymat), et pour beaucoup de concours les primes peuvent être non monétaires. La cible de challenge.gov reste notamment le citoyen pouvant, individuellement ou en équipe, répondre à un défi. Les Agences sont libres de choisir l'origine des fonds si la prime est monétaire : soit publics, soit une combinaison public/privé. Elles peuvent collaborer entre elles pour soutenir un concours ou être en partenariat avec le secteur privé. Elles doivent mettre en place des comités d'experts externes (entreprises, une autre Agence, universités, associations…) qui aideront à la définition des thèmes porteurs de concours, ou procéderont aux évaluations nécessaires, et apporteront une assistance technique. Le design du concours peut varier : forme de la compétition (à un tour, à plusieurs tours), possibilité de collaboration des équipes concurrentes entre elles ou non. Les critères de sélection et d'évaluation sont multiformes. La politique de propriété intellectuelle est élaborée par chaque Agence qui décide de la voie à suivre pour traiter les transferts de droits. Sur ce point, la gestion de la PI est ici différente de ce que nous avons vu précédemment avec Innocentive. Chaque Agence fixe ses propres règles. Enfin, les participants aux concours peuvent être soit des citoyens ou des résidents permanents américains soit des acteurs économiques (Brennan et Ali, 2012[26], Lakhani et Tong,

---

24   Ines Mergel, Stuart Bretschneider, Claudia Louis et Jason Smith, *The challenges of* challenge.gov : *adopting private sector business innovations in the Federal Government*, 47th *Hawaii International Conference on System Science, IEEE computer society*, 2073-2082, 2014.

25   Le *Government Accountability Office* est l'organisme d'audit, d'évaluation et d'investigation du Congrès des États-Unis chargé du contrôle des comptes publics du budget fédéral des États-Unis.

26   Timothy Brennan, Molly Macauley et Kate Whitefoot, *Prizes, patents and technology procurement : a proposed analytical framework*, Discussion Paper, *Resources for the future*

2012[27], Master, 2008). Le business model de la plateforme est résumé dans la figure 2.

Création de valeur pour les *seekers* et *solvers*	Les *seekers* : Recevoir des solutions à des *challenges* sur des sujets technologiques et de société ; proposer des clauses de propriété intellectuelle ; sensibiliser différentes catégories de citoyens ; communiquer sur des sujets d'envergure sociétale (climat, environnement…). Les *solvers* : Proposer des solutions, se constituer en équipes, créer de nouvelles entreprises, se rendre visible.
Capture de la valeur par Challenge.gov	Les *seekers* : L'utilisation de la plateforme est gratuite pour les Agences ; les coûts supportés par les Agences sont les primes versées dans le cadre des concours. Les *solvers* : Pas de frais pour participer aux *challenges*, mais ils peuvent dépenser des sommes importantes pour la mise en œuvre de leur solution.
Chaîne de valeur mise en place par challenge.gov	GSA assure la gestion du site ; propose des formations (*webinar*) *via* la plateforme du GSA (digital.gov) ; fournit des études de cas ; analyse les primes et concours pour la communauté de pratique (CoP) constituée de 730 *managers* d'Agences Fédérales ; la CoP se réunit chaque trimestre ; permet aux Agences d'accéder à la communauté des *solvers* ; propose de l'expertise technique aux Agences ; une boîte à outils pour développer les concours est mise à disposition.
Segment de marché	Les *seekers* : L'ensemble des Agences Fédérales publiques et parapubliques ; défense, énergie, éducation, NASA… Les *solvers* : Entreprises américaines, internationales, citoyens ou certaines catégories (lycéens, étudiants).
Valeur de réseau	Les *seekers* : Obtenir rapidement des solutions *via* des équipes non conventionnelles pour des défis technologiques ; lancer des défis sur des enjeux sociétaux de grande ampleur qui diffuseront leurs résultats dans la société. Les *solvers* : Reconnaissance, création de *start-up*, emplois.
Stratégie	De plus en plus d'Agences et de défis lancés (100 Agences et 875 concours) ; des défis pour tous types de publics.

Fig. 2 – Le BM de Challenge.gov. Source : *Implementation of Federal Prize and Citizen Science Authority* (2019)[28] ; Liotard et Revest (2018) ; www.challenge.gov.

www.rff.org, May, 2012, p. 11-21.

27 Kevin Lakhani et Raymond Tong, *Public–private partnerships for organizing and executing prize-based competitions*, WP n° 2012-13, Berkman Center for Internet & Society at Harvard University, 2012.

28 https://www.whitehouse.gov/wp-content/uploads/2019/06/Federal-Prize-and-Citizen-Science-Implementation-FY17-18-Report-June-2019.pdf

Ainsi, l'intermédiation de la plateforme Challenge.gov, incarnée par le GSA, semble moins élaborée que Innocentive. Si le GSA assure la fonction de *matchmaker* au travers de services fournis aux Agences, il n'assure pas les fonctions de consultant et d'évaluateur. En effet ce sont les Agences, à l'origine des concours qui endossent directement ces deux dernières fonctions. Dans ce contexte, les fonctions de consultant et d'évaluateur sont exercées directement par les Agences Fédérales et répondent aux préoccupations de ces dernières. En d'autres termes, les Agences sont à l'origine de la rédaction des défis, de la détermination de la forme et du montant de l'évaluation des primes. Elles sont influencées lors de ces processus par leurs motivations, l'objectif principal étant l'incitation à l'innovation sur des domaines ciblés. Challenge.gov peut alors être considérée comme une plateforme « ressources » pour les Agences, leur fournissant toute l'aide nécessaire pour bien poster un concours, mais ne manageant en aucune façon lesdits concours.

ÉLÉMENTS D'ANALYSE ET CONCLUSION

Une analyse comparative des deux plateformes permet de mettre en évidence des caractéristiques communes et divergentes dans les modes de gouvernance et d'organisation des échanges. Que ce soit par la voie d'une plateforme privée, ou par le biais d'un site public, la forme du concours est suffisamment souple pour permettre la prise en compte de différents critères dans son architecture. Toutefois, la divergence des méthodes suivies par Innocentive et par Challenge.gov est à mettre en lumière, même si le format général d'un concours est respecté (titre, résumé, date limite et montant de la prime). Innocentive propose une intermédiation poussée, socle de son *business model*, des règles fixes et un service payant pour le *sponsor*, à tous les stades de la relation. Elle contribue à sécuriser les transferts de propriété intellectuelle et à vérifier la faisabilité des solutions proposées par les internautes. La plateforme est au centre du dispositif. En revanche, challenge.gov ne suit pas d'objectif commercial. L'intermédiation est déléguée à un organisme gestionnaire qui assure essentiellement la fonction de *matchmaker*, en fournissant le support numérique. Les Agences ont directement la main sur les éléments cruciaux de l'architecture de leurs concours. Elles conservent donc le pouvoir de décision. Le but de la plateforme publique est donc d'offrir une visibilité aux concours des Agences Fédérales à destination du public, d'inciter et de guider l'innovation. À la différence d'Innocentive, Challenge.gov renvoie sur chacun des sites dédiés des Agences proposant les concours (ou en héberge certains directement). La plateforme publique se situe alors plutôt à la périphérie du concours (et non au centre comme Innocentive). L'intermédiation d'Innocentive repose quant à elle sur la mise en œuvre de caractéristiques techniques (espace numérisé, *blog, project room…*) et de services. L'intermédiation de challenge.gov est réalisée par GSA et repose uniquement sur la mise en valeur, la formation et la diffusion de l'information sur les concours. Même si les fonctions du *business model* sont remplies pour chacune des plateformes, la chaîne de valeur déployée par l'une et par l'autre laisse clairement entrevoir une finalité purement commerciale pour Innocentive dans un dispositif central et sophistiqué de la plateforme, et une finalité périphérique de Challenge.gov dans un dispositif plus simple et tourné vers la formation et l'aide aux Agences. Un prolongement de ce travail consisterait à conduire une réflexion sur les notions de *business Model* public et de valeurs « publiques ».

Isabelle LIOTARD
Université Paris 13

Valérie REVEST
Université Lyon 2

AMAZON, *WHAT ELSE* ?

État des lieux des plateformes alternatives de librairie en ligne

INTRODUCTION

Le *Web*, premier réseau internet créé par Tim Berners-Lee, fête ses trente ans en 2019. Cet anniversaire peut être l'occasion de revenir sur l'histoire récente du commerce en ligne, qui s'est développé à partir du milieu des années 1990. Le livre et les produits culturels en général ont été, avec le secteur de l'habillement, les produits les plus rapidement investis par la vente en ligne. Vincent Chabault[1] a montré comment le marché de la librairie en ligne s'est structuré en France autour d'acteurs comme alapage.com, créé en 1996, et alibabook.com, lancé en 1998, avant d'être dominé à partir des années 2000 par amazon.com, fnac.com et chapitre.com. L'objet du présent article est d'analyser les stratégies successives mises en œuvre par les libraires indépendants à partir de la fin des années 2000 pour tenter de prendre une place dans le commerce en ligne, qui n'a cessé de se développer depuis ses débuts et pèse en 2018 21 % du marché de la vente de livres neufs[2]. Nous nous demanderons quelles stratégies individuelles et quelles formes de coopération les libraires indépendants mettent en place pour proposer une alternative aux acteurs dominants.

La domination des plateformes dans l'accès aux contenus culturels a donné lieu à une recherche académique abondante depuis le début des années 2010. Elle s'est d'abord inscrite dans les recherches sur

---

1 Vincent Chabault, *Librairies en ligne : sociologie d'une consommation culturelle*, Presses de Sciences Po, Paris, 2013.

2 « Chiffres-clés du secteur du livre », Observatoire de l'économie du livre, Ministère de la culture, 2019.

les modèles socio-économiques émanant des études sur la création et la diffusion des biens symboliques[3]. Elle a notamment montré comment, à la faveur du mouvement de plateformisation, l'industrie du livre s'intègre dans les industries du *web* et de la communication, subissant de plus en plus l'influence technologique et financière de ces dernières[4]. Elle a également permis de cerner l'émergence d'offres alternatives aux modèles dominants[5], de souligner l'action des pouvoirs publics dans les tentatives de rééquilibrage du marché[6] et d'envisager l'avènement d'un « coopérativisme de plateforme » plus respectueux des différentes parties prenantes aux activités économiques[7].

La librairie française a fait l'objet de nombreux travaux retraçant l'histoire de ce métier à l'articulation entre commerce et culture[8]. Concernant la période actuelle, ce secteur bénéficie de travaux de recherche

---

3   Christophe Benavent, *Plateformes. Sites collaboratifs, marketplaces, réseaux sociaux…Comment ils influencent nos choix*, Fyp éditions, Limoges, 2016. Pierre-Jean Benghozi et Thomas Paris, « L'économie culturelle à l'heure du numérique : une révolution de l'intermédiation », in Laurent Jeanpierre et Olivier Roueff (dir.), *La culture et ses intermédiaires : Dans les arts, le numérique et les industries créatives*, Éditions des archives contemporaines, Paris, 2014, p. 175-183. Philippe Bouquillion, Bernard Miège, Pierre Moeglin, *L'industrialisation des biens symboliques. Les industries créatives en regard des industries culturelles*, Presses Universitaires de Grenoble, Grenoble, 2013. – Vincent Bullich et Thomas Guignard, « Les plateformes de contenus numériques : une nouvelle intermédiation ? », in Laurent Jeanpierre et Olivier Roueff (dir.), *La culture et ses intermédiaires : Dans les arts, le numérique et les industries créatives*, Éditions des archives contemporaines, Paris, 2014, p. 201-210. Philippe Moati, « Les distributeurs face aux dangers de la "plateformisation" du commerce », *Alternatives économiques*, n° 81, 2019, p. 23-33.

4   Bertrand Legendre, *Ce que le numérique fait aux livres*, Presses universitaires de Grenoble, Grenoble, 2019.

5   Olivier Thuillas et Louis Wiart, « Plateformes alternatives et coopération d'acteurs : quels modèles d'accès aux contenus culturels ? », *tic&société*, Vol. 13, N° 1-2 | -1, 2019, p. 13-41.

6   Olivier Thuillas et Louis Wiart, « Quelles politiques publiques de soutien aux plateformes culturelles alternatives ? », in Antonios Vlassis, Michèle Rioux et Destiny Tchéhouali (dir.), *Le contenu culturel à l'ère du numérique : acteurs, normes et politiques*, Presses universitaires de Liège, Liège, à paraître en 2020. Philippe Bouquillion, « Les industries et l'économie créatives : transformations radicales des politiques publiques culturelles ? » in Philippe Bouquillion (dir.), *Creative Economy, Creatives industries. Des notions à traduire*, Presses Universitaires de Vincennes, Saint-Denis, 2012, p. 241-258.

7   Trebor Scholz, *Le coopérativisme de plateforme. 10 principes contre l'ubérisation et le business de l'économie du partage*, Fyp éditions, Limoges, 2017.

8   Patricia Sorel et Frédérique Leblanc (dir.), *Histoire la librairie française*, Paris, Éditions du Cercle de la librairie, 2008.

en sciences de l'information et de la communication[9], en économie[10] ainsi que d'analyses sociologiques[11], qui montrent en particulier comment « la librairie indépendante opère une synthèse entre des éléments identitaires complexes et parfois contradictoires – petit commerçant, artisan, militant de la culture – tout en étant porteuse d'une vision du monde social qui s'inscrit dans les mouvements de remise en cause des échanges marchands traditionnels[12]. » Ces travaux confirment les études menées par des organismes professionnels ou interprofessionnels qui mettent en avant le libraire comme « un commerçant pas comme les autres[13] ». Les enjeux des bouleversements numériques pour le secteur de la librairie et le développement de la librairie en ligne ont été notamment analysés par Vincent Chabault[14], Françoise Benhamou[15] et Christoph Bläsi[16] pour le cas allemand. Plébiscitée par ces libraires, la notion d'« indépendance » n'est pas propre à l'industrie du livre mais partage des caractéristiques communes avec différents domaines des industries culturelles, en particulier le positionnement volontairement alternatif des acteurs vis-à-vis des pouvoirs économiques dominants[17].

9   Corinne Abensour et Bertrand Legendre, « Libraires et médiation du livre de jeunesse », *Les Enjeux de l'Information et de la Communication*, 2005. – Luc Pinhas, « La librairie indépendante française entre passé et devenir », *Les Enjeux de l'Information et de la Communication*, 2005.

10   Françoise Benhamou, *Le livre à l'heure numérique : Papier, écrans, vers un nouveau vagabondage*, Éditions du Seuil, Paris, 2014.

11   Vincent Chabault, « L'idéal de métier des libraires spécialisés en littérature jeunesse », *La nouvelle revue du travail*, 10/2017. Sophie Noël, « Le petit commerce de l'indépendance. Construction matérielle et discursive de l'indépendance en librairie », *Sociétés contemporaines*, vol. 111, n° 3, 2018, p. 45-70.

12   Sophie Noël, *Ibid.*, p. 45.

13   Françoise Benhamou, *Librairies en Rhône-Alpes, les deux figures du libraire : le commerçant et le militant*, Agence Rhône-Alpes pour le livre et la documentation, Annecy, 2007. Sonja Kellenberger et Fabrice Raffin, *De l'espace livre au lieu de vie : Usages et représentations des librairies indépendantes dans la ville*, Éditions de la Bibliothèque publique d'information, Paris, 2011.

14   Vincent Chabault « Acheter des livres sur Internet. Une enquête qualitative sur les logiques de consommation des lecteurs », *Tic & Société*, vol. 8, n° 1-2, 2014.

15   Françoise Benhamou, *Le livre à l'heure numérique : Papier, écrans, vers un nouveau vagabondage*, *op. cit.*

16   Christoph Bläsi, « Associations in the Creative Industries as Operators of Digital Platforms : *Failure Factors*, with an Example from the German Book Industry in the Focus », in Philippe Bouquillion et François Moreau (dir.), *Digital platforms and cultural industries*, Peter Lang, Bruxelles, 2018.

17   Sophie Noël et Aurélie Pinto, « Introduction au dossier Indé vs Mainstream. L'indépendance en pratiques dans la culture », *Sociétés contemporaines*, vol. 111, n° 3, 2018.

L'hypothèse de notre recherche est double. Nous supposons d'une part que l'offre alternative de vente de livres en ligne s'est construite d'une manière éclatée à la suite de l'échec en 2012 du projet de plateforme commune de vente en ligne 1001librairies.com. Nous posons ensuite l'hypothèse que les offres alternatives aux plateformes dominantes, au premier rang desquelles on trouve amazon.com, se différencient peu par l'assortiment de livres proposés mais plutôt par des valeurs symboliques qui empruntent à la fois aux valeurs traditionnelles de la librairie indépendante (indépendance économique, éditorialisation de l'offre, conseil, proximité…) et aux spécificités des offres alternatives en ligne (retrait des livres en magasin, faible utilisation des algorithmes de recommandation, mutualisation des développements techniques…).

D'un point de vue méthodologique, notre recherche s'appuie sur l'analyse de 18 sites internet de plateformes collectives de vente en ligne (voir Figure 2). Notre attention s'est portée à la fois sur le *front office* des sites (description de l'offre, ergonomie du site, outils de recommandation et de prescription) et le *back-office* (conditions générales de ventes, prestataire technique et modalités de remontée des stocks). Elle est complétée par dix entretiens semi-dirigés réalisés avec les principaux responsables des librairies alternatives en ligne (placedeslibraires.fr, leslibraires.fr, lalibrairie. com, librest.com et l'association des libraires indépendantes en Nouvelle Aquitaine) et avec des responsables de librairies indépendantes de l'ex-région Limousin (librairies Page et Plume, Rêv' en pages et librairie occitane à Limoges, librairies Préférences à Tulle, La baignoire d'Archimède à Brive-la-Gaillarde et Les Oiseaux livres à Saint-Yrieix-la-Perche). Enfin, nous avons réalisé un entretien avec une responsable du Syndicat de la librairie française et avec Vincent Monadé, président du Centre national du livre.

LA MISE EN PLACE D'UNE OFFRE DE LIBRAIRIE EN LIGNE DEPUIS 1995

Un quart de siècle après ses débuts, le marché de la librairie en ligne reste particulièrement foisonnant. Si le marché du livre dans son ensemble est plutôt en légère régression avec une baisse moyenne de

1 % des ventes en volume comme en valeur lors des années 2016, 2017 et 2018, les ventes en ligne de livre ne cessent de se développer, aux dépens des canaux de vente traditionnels (librairie indépendante, grande surface spécialisée, grande surface alimentaire)[18]. La progression des parts de la vente en ligne de livre est assez régulière, comme le montre le graphique ci-dessous :

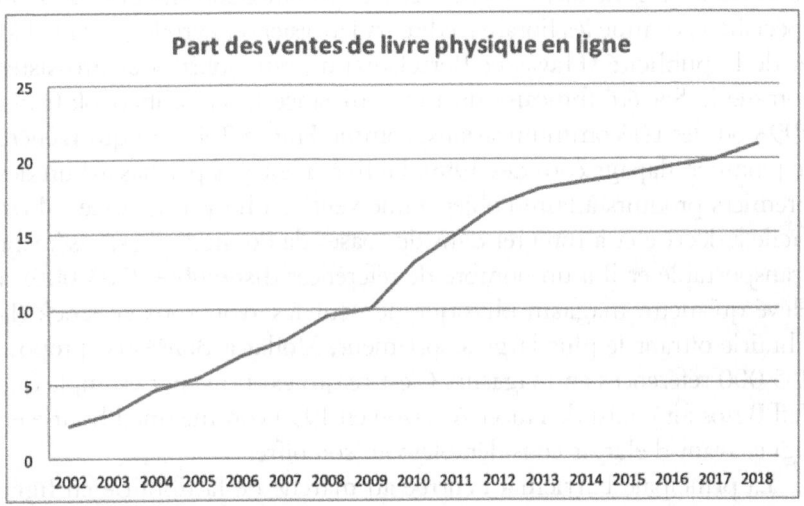

FIG. 1 – Part des ventes de livres physiques en ligne en % du marché total.
Sources : Chiffres-clés du secteur du livre (2002-2018),
Observatoire de l'économie du livre, ministère de la Culture.

Le marché de la librairie en ligne s'est construit en France en trois périodes :

- Les pionniers (1995-2000)
- La concentration progressive : l'ère du « chacun pour soi » (2000-2008)
- Les tentatives collectives et la fixation de l'oligopole à frange (2009-2019)

---

18 « Chiffres-clés du secteur du livre », *op. cit.*

LES PIONNIERS (1995-2000)

La vente de livre en ligne s'est mise en place progressivement au milieu des années 1990 avec le développement des sites internet marchands. Cette offre nouvelle sur un marché tout juste naissant est portée par des pionniers qui viennent de différents horizons professionnels : celui de la librairie générale, comme Decitre qui lance son site dès 1999, ou spécialisée, comme les libraires-éditeurs Lavoisier ou Eyrolles, des médias et de la publicité (Havas et Bertelsmann pour bol.fr), des grossistes comme la Société française du livre qui lance le site alibabook.fr dès 1998 ou des télécommunications, comme France Télécom qui rachète le pionnier alapage.com dès 1999. Le livre n'est pas par hasard un des premiers produits à faire l'objet d'une vente en ligne organisée : il est facile à décrire et à intégrer dans des bases de données, il est aisément transportable et il a un nombre de références disponibles (783 000) si élevé qu'aucun magasin physique ne peut les avoir tous en stock (la librairie offrant le plus large assortiment, Mollat à Bordeaux, propose 155 000 références en magasin). C'est ce qui explique par exemple que Jeff Bezos ait choisi de lancer Amazon en 1994 comme une librairie en ligne, avant d'élargir considérablement son offre.

La principale barrière à l'entrée au marché de la librairie en ligne repose donc sur la nécessité de disposer d'une base de données fiable et actualisée permettant au client d'accéder aux références disponibles. C'est la raison pour laquelle on trouve dans ces pionniers de la vente en ligne des libraires spécialisés comme Lavoisier, des grossistes, comme la Société française du livre, déjà bien placée dans la vente de livres aux collectivités, ou bien des propriétaires de bases de données, comme la société Tite-Live qui vend des logiciels de gestion de stock pour les librairies et loue dès la fin des années 1990 sa base de données Médialivre (devenue Médiabase) à différents libraires en ligne, comme chapitre.com, créée en 1997.

LA CONCENTRATION PROGRESSIVE :
L'ÈRE DU « CHACUN POUR SOI » (2000-2008)

La deuxième période, celle des années 2000, est caractérisée à la fois par un développement important du marché de la librairie en ligne (de 2,2 % des ventes en 2002 à 10 % en 2009) et par une concentration accentuée des acteurs. L'arrivée en France d'Amazon en 2000 et le lancement de fnac.com en 2001 bouleversent rapidement le marché, avec l'application systématique des 5 % de remise et, du côté d'Amazon, la gratuité des frais de port assortis d'un service client et d'un marketing particulièrement efficaces. Pendant cette période, les libraires indépendants commencent à prendre conscience du développement de ces ventes en ligne (seuls Decitre à Lyon et Dialogues à Brest faisaient partie des pionniers de la fin des années 1990), mais seules les plus grosses structures sont capables de mobiliser les moyens financiers suffisants pour mettre en place un site de vente en ligne dès le début des années 2000 : c'est le cas de Mollat à Bordeaux, de Sauramps à Montpellier, de Gibert-Joseph à Paris ou d'Ombres Blanches à Toulouse. D'après Vincent Chabault[19], Amazon (qui ne publie pas ses chiffres de vente) concentrerait dès la fin des années 2000 70 % du marché de la vente de livre en ligne, quand fnac.com représenterait 25 % des ventes. Les 5 % restant seraient partagés entre les autres acteurs, chapitre.com, decitre.com et les autres sites de libraires indépendants. Sans que l'on puisse vérifier ces chiffres, on peut estimer que cette période de concentration très forte a permis à Amazon et à la Fnac de s'imposer durablement dans la librairie en ligne. L'émergence du marché du livre numérique au début des années 2000 va encore consolider leurs positions, puisque ces deux acteurs sont les premiers à investir massivement le marché des liseuses, Amazon avec son propre terminal Kindle, et la Fnac avec son partenariat avec la société canadienne Kobo (rachetée en 2012 par le Japonais Rakuten).

LES TENTATIVES COLLECTIVES ET LA FIXATION DE L'OLIGOPOLE À FRANGE (2009-2019)

Le développement rapide des ventes de livre par internet dans les années 2000 fait l'objet d'une prise de conscience assez précoce de la part des libraires indépendants. Ces derniers, qui bénéficient depuis la loi Lang du 10 août 1981 d'un régime de prix unique qui les met à l'abri d'une concurrence par les prix des grandes surfaces et des grandes surfaces culturelles, composent un tissu dense d'offre de livre et de conseil de lecture sur tout le territoire, soit environ 1 200 librairies indépendantes en France[20].

---

19   Vincent Chabault, *Vers la fin des libraires ?*, La Documentation française, Paris, 2014, p. 99.
20   http://www.syndicat-librairie.fr/environnement_sectoriel_combien_de_libraires_

L'idée d'un site internet commun à l'ensemble de la librairie française indépendante émerge dès 2006 au sein du Syndicat de la librairie française, qui regroupe alors 600 librairies. Le fait d'adopter une stratégie collective semblait alors la meilleure manière d'agir, à la fois pour assurer la viabilité du portail en mutualisant les coûts et pour communiquer ensemble sur une alternative aux géants de la vente en ligne. Le projet semblait d'autant plus séduisant que 1001libraires.com permettait aussi la création de sites internet individuels pour chacun des libraires adhérents, en bénéficiant de coûts de réalisation réduits, puisque négociés collectivement sur la même base technique. L'ensemble des organismes professionnels, les pouvoirs publics et les libraires eux-mêmes ont donc largement soutenu la création de ce portail qui a opté pour un projet particulièrement ambitieux et coûteux (2,2 millions d'euros), avec le choix d'un modèle d'affaires centralisé, fondé sur la constitution d'un stock de livres permettant de servir les commandes des internautes en plus des stocks locaux de chacun des libraires adhérents. Or, le lancement de 1001libraires.com en avril 2011 s'avère très vite catastrophique car les coûts de fonctionnement du portail excèdent très largement les recettes issues des ventes. Un peu plus d'un an après, le site ferme définitivement ses portes.

Les raisons de cet échec ont été précisément analysées par Carole Poirel[21] avec les outils méthodologiques des sciences de gestion. Elle pointe trois raisons principales pour expliquer l'échec d'une stratégie collective qui semblait pourtant être la plus appropriée. La première est le temps d'élaboration du portail qui a mis six ans à se mettre en place, de 2006 à 2011, alors que le marché commençait déjà à être occupé par Amazon et la Fnac. La deuxième raison tient à l'absence de rentabilité du *business model* qui générait d'énormes coûts (création d'un stock de 60 000 titres, recours à de nombreux prestataires techniques, masse salariale importante de la société PL2I créée pour gérer le projet) sans réaliser des chiffres de vente importants. Sur ce point, Carole Poirel précise :

> La faiblesse des revenus s'explique principalement par le fait que les libraires dotées de leur site Internet sont peu nombreuses à avoir rallié le portail, ce qui l'a privé d'un volume de ventes qui l'aurait aidé à atteindre le seuil de

---

21 Carole Poirel, « Analyse d'une stratégie collective manquée. Le cas de 1001Libraires.com dans le commerce du livre », *Management international*, vol. 19, numéro 2, hiver 2015, p. 64-82.

rentabilité et à développer la marque 1001Libraires.com. Les grands établissements comme Decitre, Dialogues, Mollat, Sauramps et Ombres Blanches qui vendent sur Internet *via* leur propre site depuis 5 à 7 ans, ont refusé de détourner leurs flux de commandes en direction du portail. La formule dite de l'affiliation qui leur était proposée, n'était pas attractive dans la mesure où le portail encaissait la transaction sans que soit effective, du moins dans les premiers temps de fonctionnement du portail, une rétrocession vers la librairie initiatrice de la transaction[22].

Enfin, elle montre comment cette absence de rentabilité du *business model* du portail serait le résultat de tensions coopétitives[23] importantes entre les libraires. Rappelons que la coopétition existe quand des entreprises concurrentes décident de coopérer dans « l'articulation entre logique individuelle et logique collective, entre stratégie concurrentielle et stratégie coopérative[24] ». Les tensions coopétitives notées par Carole Poirel concernent d'une part la diversité des points de vente, avec des stratégies différentes entre les plus gros libraires disposant déjà d'un site de vente en ligne et les plus petits, et d'autre part la gouvernance défaillante du projet par le Syndicat de la librairie française, qui a une vocation plus politique qu'économique ou managériale.

L'échec de 1001libraires.com a conduit les libraires indépendants à adopter des stratégies collectives éclatées leur permettant tout de même d'être présents sur le marché de la vente en ligne. La première de ces initiatives collectives est venue de l'entreprise Tite-Live, évoquée parmi les pionniers : dès le début des années 2000, celle-ci comprend qu'elle peut diversifier les services numériques offerts aux libraires. Tite-Live crée ainsi la société e-Pagine qui va proposer à la fois des solutions aux libraires pour vendre des livres numériques et des sites internet collectifs de librairie en ligne en « marque blanche », c'est-à-dire bénéficiant de toute la technologie et des services d'e-Pagine mais articulés autour de la marque du collectif qui développe l'offre. Le premier site collectif de vente en ligne a d'ailleurs précédé de trois ans le lancement de 1001libraires.com puisque placedeslibraires.com a été lancé dès 2008. Plusieurs autres sites collectifs de libraires sont ensuite développés par e-Pagine en « marque blanche », sur le modèle de placedeslibraires.com.

---

22 Carole Poirel, *ibid.*, p. 74.
23 Annika Tidström, « Managing Tensions in coopetition », *Industrial Marketing Management*, n° 43, 2014, p. 261-271.
24 Carole Poirel, *op. cit.*, p. 67.

La particularité de ce type de site est qu'il propose uniquement de repérer dans quelle librairie de proximité se trouve le livre (par un système de géolocalisation) et de le réserver avant de venir le retirer et le payer en magasin, selon le système dit du *click and collect*. D'abord choisis en 2013 par un collectif de libraires parisiens (parislibrairies.fr), les sites d'e-Pagine ont ensuite été adoptés par plusieurs associations régionales de libraires soucieuses de proposer une visibilité sur internet à leurs adhérents par une remontée commune des stocks et une géolocalisation précise de ces derniers. Les associations régionales de libraires de Nouvelle Aquitaine, d'Auvergne Rhône-Alpes, des Pays de la Loire et les libraires du Sud, de Nice ou de Seine-Saint-Denis proposent ainsi ces services. Pendant cette même période du début des années 2010, des associations de libraires indépendants (Librairies Initiales, Libraires Ensemble) et de libraires spécialisés en bande dessinée, jeunesse ou spiritualité lancent à leur tour leur plateforme de librairie en ligne.

Le panorama de l'offre collective de librairie en ligne, proposé dans le tableau ci-dessous (figure 2), est complété par deux plateformes importantes, nées sur les cendres de 1001libraires.com. La première plateforme émane d'un collectif de libraires parisiens qui ont racheté en 2010 le grossiste La Générale du Livre et créé la société La Générale Librest. Dotée d'un entrepôt commun, elle permet aux libraires associés de répondre ensemble à des marchés publics de vente de livres, de continuer l'activité de grossiste et d'offrir une visibilité en ligne, d'une part aux libraires associés parisiens avec la plateforme librest.fr et d'autre part à un grand nombre de points de vente indépendants pouvant se regrouper sous la bannière de la marque lalibrairie.com. Cette plateforme est utilisée par 2 500 points de vente, essentiellement des dépositaires de presse ayant une offre de livres relativement faible en magasin et qui bénéficient du stock et de la logistique de La Générale Librest pour la fourniture de livres, puisque 90 % des références vendues sur lalibraire.com partent de son entrepôt. Le point de vente touche une petite commission (5 % du prix de la commande) et agit plus comme une sorte de relais colis que comme un véritable libraire. Cette solution présente au moins deux avantages pour le point de vente : il peut renvoyer ses clients vers la plateforme en ligne pour commander des livres qu'il n'a pas en stock au lieu de les commander lui-même au fournisseur, et les ventes générées sur la plateforme permettent d'augmenter le flux de clients dans son magasin.

La seconde plateforme, leslibraires.fr, est née à l'initiative de la librairie Dialogues à Brest. Elle a, dès sa création, souhaité offrir aux utilisateurs un service comparable à Amazon, c'est-à-dire la possibilité d'accéder à une offre très large à la fois en livres neufs et d'occasion et de choisir entre le retrait du livre en magasin et la livraison à domicile. Cette dernière solution est probablement celle qui correspond le mieux à la demande puisque la plupart des commandes de la plateforme sont livrées au domicile du client. Leslibraires.fr n'ont pas d'entrepôt commun : l'offre de livres est constituée par l'ensemble des stocks des 200 libraires adhérents. Le modèle économique de la plateforme repose sur le versement par les libraires d'une part du chiffre d'affaires généré par les ventes en ligne (6 %). La société leslibraires.fr est aussi prestataire de services pour les libraires puisqu'elle réalise des sites internet de vente en ligne qui sont ensuite connectés à la plateforme.

La dernière période a donc permis aux acteurs dominants, Amazon et fnac.com, de se constituer en oligopole de la vente en ligne à la fois de livre numérique et de livre papier. Ces deux acteurs ont bénéficié de leur position dominante depuis le milieu des années 2000 pour capter une part importante de l'augmentation régulière du chiffre d'affaires de la librairie en ligne, qui est passée entre 2009 et 2018 de 9 % à 21 % du marché de la vente de livres. L'offre alternative des libraires indépendants s'est mise en place progressivement et, nous l'avons vu, de manière éclatée, avec une part de marché sur ce segment de la vente en ligne qui ne dépasse probablement pas 10 %. Les plateformes collectives, toujours plus nombreuses qui s'ajoutent aux sites internet individuels de libraires, forment désormais la frange du marché de la vente en ligne. De manière individuelle ou collective mais en ordre dispersé, les libraires indépendants se partagent finalement les miettes d'un marché dominé par deux acteurs de la vente en ligne qui ne placent cependant plus depuis plusieurs années le livre au cœur de leur stratégie de développement. Si l'échec de 1001libraires.com a probablement sonné le glas d'une offre collective unifiée des libraires indépendants en France, le Syndicat de la librairie française a tout de même lancé en 2017 une opération de communication permettant à seize plateformes collectives de communiquer sous une bannière commune, avec un moteur de recherche sous une marque-ombrelle : librairiesindependantes.com, qui renvoie ensuite l'utilisateur vers une des plateformes collectives.

Nom de la plateforme	Année de création	Périmètre collectif	Porteur du service	Prestataire technique	Nbre de lib. Participantes	Services proposés
placedeslibraires.fr	2008	Utilisateurs de Tite-Live	E-Pagine (Tite-live)	E-Pagine (Tite-live)	600	Réservation/ Click and collect
libraires-nouvelleaquitaine.com	2014	Libraires de Nouvelle-Aquitaine	Association LINA	E-Pagine (Tite-live)	70	Réservation/ Click and collect
chez-mon-libraire.fr	2014	Libraires d'Auvergne-Rhône-Alpes	Association des lib. Auvergne-Rhône-Alpes	E-Pagine (Tite-live)	109	Réservation/ Click and collect
librairesdusud.com	2017	Libraires de Paca	Association Libraires du Sud	E-Pagine (Tite-live)	30	Réservation/ Click and collect
resa.librairies-alip.fr	2016	Libraires des Pays de la Loire	Association des lib. Indé.Pays de la Loire	E-Pagine (Tite-live)	29	Réservation/ Click and collect
libraires93	2019	Libraires de Seine-Saint-Denis	Association des Libraires indé. du 93	E-Pagine (Tite-live)	10	Réservation/ Click and collect
Librairesnice.fr	2013	Libraires de Nice	Associations Libraire(s) à Nice	E-Pagine (Tite-live)	6	Réservation/ Click and collect
parislibrairies.fr	2013	Libraires de paris	Association Paris librairies	E-Pagine (Tite-live)	146	Réservation/ Click and collect
librairiesmieuxetreetspiritualite.fr	2006	Libraires de Mieux-être et spirit.	Association A.L.E.F.	2Dcom	8	Réservation, achat et livraison
canalbd.net	2013	Libraires spécialisés BD	Groupement des libraires de BD	Rhésusweb	123	Réservation/ Click and collect
lalibrairie.com	2013	Points de vente indépendants	La Générale Librest	Rhésusweb	2500	Réservation/ Click and collect
librest.com	2013	Libraires de l'est parisien	Association Librest	Rhésusweb	10	Réservation/ Click and collect
leslibraires.fr	2013	Libraires indépendantes	leslibraires.fr	leslibraires.fr	200	Réservation, achat et livraison
librairies-sorcieres.fr	2015	Libraires spécialisées jeunesse	Association des lib. spécialisées jeunesse	leslibraires.fr	48	Réservation, achat et livraison
libr-aire.fr	2014	Libraires des Hauts de France	Association des lib. indé.des Hauts-de-Fce	leslibraires.fr	49	Réservation, achat et livraison
initiales.org	2018	Libraires indépendants	Association Intitiales	leslibraires.fr	43	Réservation, achat et livraison
libraires-ensemble.com	2015	Libraires indépendants	Association les libraires ensemble	leslibraires.fr	50	Réservation, achat et livraison
librairiesindependantes.com	2017	Site ombrelle des sites collectifs de librairies indépendantes	Syndicat de la librairie française	leslibraires.fr	700	Réservation, achat et livraison

FIG. 2 – Plateformes collectives de librairie en ligne.

CARACTÉRISTIQUES ET PRINCIPES
DE L'OFFRE ALTERNATIVE

L'offre alternative proposée par les associations ou groupements de libraires indépendants est riche et diversifiée. Nous proposons de présenter cinq traits communs à ces différentes plateformes, avant de pointer leurs différences de positionnement.

Premièrement, à la différence des plateformes alternatives de vidéo par abonnement qui se différencient par leur catalogue et les exclusivités qu'elles offrent[25], les librairies en ligne ont une offre assez similaire les unes des autres. Chaque plateforme de librairie est en effet capable de proposer la plupart des livres neufs disponibles, et ce pour un nombre de références actives (près de 740 000 références différentes vendues au moins une fois dans l'année[26]) sans équivalent au sein des industries culturelles. Cependant, les librairies qui proposent des titres plus confidentiels, publiés par des petits éditeurs ou dans des niches éditoriales précises peuvent bénéficier de leur présence sur les plateformes en se différenciant par leur offre. Par exemple, la librairie occitane à Limoges, spécialisée en livres en langue d'oc et sur la culture occitane ou la librairie Athenaeum à Beaune, spécialisée dans le vin et la gastronomie, proposent sur leslibraires.fr des références qu'elles sont les seules à commercialiser.

Deuxièmement, un grand nombre de libraires adoptent une attitude opportuniste vis-à-vis des différentes plateformes : elles participent souvent à plusieurs plateformes en plus de leur offre en ligne sur leur propre site. Le principe est de tenter de faire remonter leur stock, donc leur offre disponible, sur plusieurs plateformes en même temps.

Troisièmement, les plateformes que nous avons étudiées mettent clairement en avant des formes d'éditorialisation et de recommandation qui mettent l'humain et le conseil au premier plan, pour se différencier des recommandations algorithmiques des plateformes dominantes. Les librairies participant à ces plateformes transposent plutôt dans l'univers

---

25   Olivier Thuillas et Louis Wiart, « Les plateformes de VOD cinéphiliques : des stratégies de niche en questions », *Les Enjeux de l'Information et de la Communication*, 2019.

26   « Chiffres-clés du secteur du livre », *op. cit.*

numérique les qualités reconnues des librairies physiques : coups de cœur, dossiers thématiques, attention portée aux ouvrages à rotation lente et à la production des éditeurs indépendants, mise en avant des titres d'auteurs venant en signature dans la librairie etc. Ce point vient confirmer les analyses que nous avions déjà mentionnées pour l'ensemble des plateformes alternatives dans d'autres filières culturelles[27].

À l'inverse, et c'est notre quatrième point, les plateformes alternatives utilisent peu les outils numériques de relation client développés largement par les commerçants en ligne. Les outils de fidélisation de la clientèle, en particulier les outils de gestion de la relation client (dits CRM pour *Custumer Relationship Management*) permettant par exemple d'adresser aux clients des lettres d'information personnalisées en fonction de leurs achats ou de récompenser les meilleurs clients, sont aujourd'hui peu utilisés. Ce type d'outil, adapté à l'univers de la librairie en ligne, commence cependant à être proposé par des prestataires, comme les-libraires.fr avec leur offre Fidélib ou Diffuzia, dont le programme de fidélisation de clientèle Diffuz'envie est déjà utilisé par le groupement des Libraires Ensemble.

Cinquièmement enfin, la plateforme de vente en ligne n'est, majoritairement, qu'une activité secondaire du porteur de la plateforme. Cette dernière est souvent un service proposé par un groupement de libraires (libraires Ensemble, librairie Initiales), une association régionale de libraires (en Nouvelle-Aquitaine, Auvergne Rhône-Alpes ou Hauts-de-France) ou une association de libraires spécialisées (jeunesse, bande dessinée, ésotérisme). Ce service de plateforme en ligne s'ajoute à d'autres formes de mutualisation (publication d'une revue, tournée d'auteurs, achats groupés de fournitures…) qui forment le socle principal des activités du porteur de la plateforme.

Les plateformes alternatives de librairie en ligne présentent également des positionnements différents. Nous remarquons deux différences importantes. La première concerne le service proposé aux clients : une partie des libraires considèrent que la plateforme doit permettre aux clients de repérer en ligne les livres présents dans leur magasin et de les réserver avant de venir les acheter dans leur boutique, selon le principe du *click and collect*. C'est un positionnement *store centric*, c'est-à-dire

---

27   Olivier Thuillas et Louis Wiart, « Plateformes alternatives et coopération d'acteurs : quels modèles d'accès aux contenus culturels ? », *op. cit.*

privilégiant avant tout le flux de clientèle en magasin. D'autres libraires ont au contraire un positionnement *user centric*, et partent du principe que les acheteurs en ligne ont désormais pris l'habitude de commander, de payer les livres en ligne et d'être livrés à domicile. C'est le cas des commerces affiliés aux libraires.fr, qui réalisent plus de 80 % de leur chiffre d'affaires avec les livraisons à domicile[28]. La seconde différence concerne la place de chaque librairie sur internet : certaines, en particulier les plus grosses, cherchent avant tout à se positionner comme une marque de référence et privilégient les ventes en ligne sur leur propre site internet. Elles peuvent alors ne pas être présentes sur les librairies en ligne (comme la librairie Mollat à Bordeaux) ou bien y être en plus de leur propre site de vente (comme la librairie Page et Plume à Limoges qui fait aussi remonter son stock sur les plateformes des Libraires Ensemble, des Librairies indépendantes en Nouvelle Aquitaine et sur leslibraires. fr). D'autres libraires partent du principe que les clients cherchent sur internet d'abord une référence précise et n'ont souvent pas une idée arrêtée du magasin où ils veulent faire leur achat. Ces libraires peuvent ainsi privilégier leur présence sur des plateformes collectives, quitte à renoncer à avoir un site internet de leur propre magasin et privilégier la transmission d'informations et les relations directes avec leurs clients *via* les réseaux sociaux, essentiellement *via* Facebook et Instagram. C'est par exemple le cas de la librairie Préférences à Tulle.

CONCLUSION

Si le marché de la librairie en ligne connaît un fort développement depuis le début des années 2000, il semble bien qu'il échappe en très grande partie aux libraires indépendants. Soucieux de proposer une alternative et de ne pas renoncer à ce marché en hausse régulière, ils proposent cependant une offre très éclatée avec près d'une vingtaine de plateformes différentes qui articulent, soit en s'alignant sur les pratiques de l'offre de référence portée par Amazon, soit en privilégiant le *click and collect.*

---

28   Le positionnement de chaque plateforme est présenté dans notre figure 2.

Les plateformes collectives sont peut-être avant tout utilisées par les libraires indépendants pour rendre un service à leurs clients et mieux les fidéliser plutôt que pour en conquérir de nouveaux. Une étude plus précise sur les usagers de ces plateformes collectives permettrait de mieux cerner leur profil et leurs attentes. Cependant, l'étude de 2019 de l'Observatoire Société et Consommation sur la clientèle des libraires indépendantes[29] donne déjà des éléments de réponse intéressants. Elle montre que ces derniers sont 56 % à acheter des livres neufs en ligne au moins une fois dans l'année. Quant aux sites qu'ils fréquentent pour ces achats, 91 % des clients des librairies indépendantes achètent sur amazon.fr, 71 % sur fnac.com et seulement 1 % sur les plateformes alternatives que nous avons étudiées. Il y aurait donc un déficit important de communication sur l'offre en ligne de ces libraires, même à destination de leurs propres clients. La perspective d'une porte d'entrée commune, regroupant l'ensemble des catalogues des libraires indépendants comme celle proposée par le site ombrelle librairiesindependantes.com, permettrait probablement de mieux communiquer sur une offre alternative unique aux acteurs dominants du marché.

Olivier THUILLAS
Université Paris-Nanterre

Louis WIART
Université libre de Bruxelles

29   Philippe Moati (dir.), « Étude de la clientèle des libraires indépendantes », L'ObSoCo, 2019, consulté le 18 octobre 2019 à l'URL suivante : http://www.lesrencontresnationales-delalibrairie.fr/wp-content/uploads/2019/06/Etude_CLIENTS.pdf

ORGANISATION PLATEFORMISÉE
EN CONTEXTE DE TRANSITION ÉCOLOGIQUE
DANS LE SECTEUR INDUSTRIEL DE L'ÉNERGIE

INTRODUCTION

La question des plateformes numériques suscite depuis quelques années un nombre croissant de publications de toutes natures, investissant par ailleurs une diversité de domaines scientifiques (informatique, économie, gestion, droit, sociologie, sciences de l'information et de la communication, géographie, etc.). Cette forme d'organisation génère interrogations, inquiétudes[1] et perspectives de mutation de notre société[2].

L'organisation – qu'elle soit entreprise privée, entité étatique, associative, etc. – évoluant dans la « société de l'information[3] » est affectée par les transformations liées à la numérisation du monde[4]. La part croissante des technologies de l'information et de la communication (TIC) dans les entreprises et administrations[5] participe à les faire évoluer vers « l'organisation digitale ». Ce mouvement de « digitalisation » modifie, par l'action médiatrice des technologies, les activités du travail et cela dans un contexte de concurrence croissante, notamment internationale.

---

1   Alex Rosenblat, *Uberland : How Algorithms Are Rewriting the Rules of Work*, University of California Press, Oakland, 2018. – Nick Srnicek, *Capitalisme de plateforme : l'hégémonie de l'économie numérique*, Lux, Montréal, 2018.

2   Andrew McAfee, Erik Brynjolfsson, *Machine, platform, crowd : Harnessing our digital future*, W. W. Norton, New York, 2017. Geoffrey G. Parker, Marshall W. Van Alstyne, Sangeet P. Choudary, *Platform revolution : How networked markets are transforming the economy and how to make them work for you*, W. W. Norton, New York, 2016.

3   Armand Mattelart, *Histoire de la société de l'information*, La Découverte, Paris, 2009.

4   Gérard Berry, *Pourquoi et comment le monde devient numérique*, Fayard, Paris, 2008. – Milad Doueihi, *La Grande Conversion numérique*, Seuil, Paris, 2008.

5   Pierre-Jean Benghozi, *Le développement des NTIC dans les entreprises françaises. Premiers constats*, vol. 104, Réseaux, 2000, p. 31-57.

Si certaines sont nativement digitales car issues de ces technologies, nombreuses sont les organisations à être encore éloignées de cette conception, bien qu'elles soient incitées, par le marché ou par l'État (ex. : le plan France Numérique 2012-2020), à se digitaliser.

Nourrie par les TIC qui fondent sa légitimité technique, cette forme d'organisation est alors acceptée comme étant le « produit d'un système sociotechnique[6] » qui est à la fois un mode d'organisation et une structure technique. Les deux auteurs identifient trois attributs à l'organisation : 1) une plasticité favorisant l'entrée de nouveaux acteurs ou contenus, 2) un effacement des barrières géographiques, politiques, économiques et sociales et 3) la capacité des acteurs de choisir leurs canaux de circulation/communication.

Le réseau, au cœur de cette organisation spécifique, propose un modèle mêlant cybernétique et informatique au sein duquel le besoin en technologie pour supporter et exploiter cette conception organisationnelle a été identifié précocement[7]. L'organisation, ainsi outillée, s'appréhende comme une interface de contact, *via* ses systèmes d'information, des salariés nonobstant leur localisation géographique. C'est ainsi que la pensée actuelle se développe autour de l'organisation plateforme et l'aspect qui nous intéressera plus particulièrement, l'organisation plateformisée, c'est-à-dire une organisation préexistante (ici une entreprise industrielle) et qui tend à se transformer en plateforme[8].

CADRE THÉORIQUE DE CETTE RECHERCHE

Si la première publication à citer explicitement l'organisation plateforme est celle de Ciborra[9], le sujet est à rapprocher des travaux sur les réseaux

---

6	Michel Ferrary, Yvon Pesqueux, *L'organisation en réseau, mythes et réalités*, Presses Universitaires de France, Paris, 2004, p. 8.

7	Françoise Bernard, *Trente ans de recherches en communication des organisations : voies, paradoxes, imaginaires et questions vives*, vol. 9, Revue française des sciences de l'information et de la communication, 2016.

8	Florian Vörös, Antonio Casilli, *De la firme à la plateforme : penser le digital labour*, Poli - Politique de l'Image, vol. 13, Poli éditions, 2017, p. 42-51.

9	Claudia U. Ciborra, *The Platform Organization : Recombining Strategies, Structures, and Surprises*, vol. 7, Organization Science, 1996, p. 103-118.

de Musso[10], les recherches de Kerckhove[11] sur l'intelligence en réseau ou encore des publications d'économistes[12]. La plateforme a évolué progressivement pour désigner une infrastructure numérique permettant à deux ou plusieurs acteurs d'interagir. Le modèle économique de la plateforme repose alors sur son positionnement d'intermédiaire (*two-sided markets* ou *multi-sided platforms*) entre ses différents utilisateurs à l'image des grandes plateformes actuelles[13]. Son lien avec le marché, en tant que médiateur entre producteur et consommateur, autorise à inscrire ce concept dans la logique du Capitalocène[14]. Ce concept est ici accepté en tant qu'ère géologique caractérisée par l'influence du capitalisme « fossile » reposant sur une organisation de la nature[15] fortement marquée par l'extractivisme[16] et la consommation des ressources naturelles dans une perspective de création de valeur. Dans le même esprit, Morozov[17] défend l'idée selon laquelle, la *Silicon Valley*, berceau de nombreuses plates-formes, est une nouvelle émanation du capitalisme destinée à assurer sa pérennité.

La montée de l'« organisation plateformisée » est corrélée avec le développement des TIC. En effet, elles favorisent l'émergence d'organisations virtuelles en tant que « groupe de systèmes en réseau qui peuvent simuler la structure et le comportement des organisations réelles du domaine et exploiter rapidement et activement des opportunités commerciales[18] » et dont les caractéristiques sont les suivantes :

10 Pierre Musso, *Télécommunications et philosophie des réseaux : La postérité paradoxale de Saint-Simon*, Presses Universitaires de France, Paris, 1998.

11 Derrick DE Kerckhove, *L'intelligence des Réseaux*, Éditions Odile Jacob, Paris, 2000.

12 Mark Armstrong, *Competition in Two-Sided Markets*, vol. 37, The Rand Journal of Economics, 2006, p. 668-691. – Jean-Charles Rochet, Jean Tirole, *Platform Competition in Two Sided Markets*, vol. 1, Journal of the European Economic Association, 2003, p. 990-1029.

13 Les plateformes les plus citées sont : Google, Amazon, Facebook, Apple, Microsoft avec l'acronyme GAFAM ou les BATX chinois pour Baidu, Alibaba, Tencent et Xiaomi.

14 Jason W. Moore, *Capitalism in the web of life : Ecology and the Accumulation of Capital*, Verso, Londres, 2015.

15 Jason W. Moore, *Anthropocene or Capitalocene ? Nature, History, and the Crisis of Capitalism*, PM Press, Oakland, 2016.

16 Extraction du charbon, du pétrole, du gaz comme l'illustre Christophe Bonneuil, *Capitalocène : réflexions sur l'échange écologique inégal et le crime climatique à l'âge de l'Anthropocène*, vol. 44, EcoRev', 2017, p. 52-60.

17 Evgeny Morozov, *Le mirage du numérique : Pour une politique du Big Data*, Les prairies ordinaires, Paris, 2015.

18 Hai Zhuge, Jian Chen, Yulin Feng, Xiaoqing Shi, *A federation-agent-workflow simulation framework for virtual organisation development*, vol. 39, Information and Management, 2002, p. 325.

— Gestion autonome, l'organisation est en capacité de fonctionner à partir de tâches ou de règles de gestion prédéfinies ;
— Comportement actif[19] des membres qui sont en capacité d'accomplir leur tâche librement ;
— Intuitivité de l'organisation virtuelle et de son fonctionnement ;
— Adaptabilité et agilité de l'organisation pour accompagner rapidement les changements de l'écosystème.

Ces considérations font écho aux caractéristiques de l'Intelligence Collective proposées par Maleszka et Nguyen[20] ou Lykourentzou et al[21].. Ainsi, ces auteurs considèrent l'organisation comme un lieu d'expression et de construction de l'Intelligence Collective entendue, dans une logique pragmatique, comme étant la « capacité à faire converger intelligence et connaissances dans un but commun[22] ». Les chercheurs s'inscrivent dans un questionnement sur la manière dont elle peut se mettre en place, sur les outils qui participent à sa constitution ou même sur l'apport de l'Intelligence Collective à l'organisation. La plupart des travaux se pensent en perspective avec l'informatique même si « le monde virtuel est certes le médium de l'intelligence collective, il n'en est ni le lieu exclusif, ni la source, ni le but[23] ».

CADRE DE LA RÉFLEXION

Officialisés en janvier 2008 pour répondre aux directives de l'Union européenne de libéraliser le marché de l'énergie, les distributeurs en

---

19   Marijn Janssen, Elsa Estevez, *Lean government and platform-based governance-Doing more with less*, vol. 30, Government Information Quarterly, 2013, p. 1-8.
20   Marcin Maleszka, Ngoc Thanh Nguyen, *Integration computing and collective intelligence*, vol. 42, Expert Systems with Applications, 2015, p. 332-340.
21   Ioanna Lykourentzou, Katerina Papadaki, Dimitrios J. Vergados, Despina Polemi, Vassili Loumos, *CorpWiki : A self-regulating wiki to promote corporate collective intelligence through expert peer matching*, vol. 180, Information Sciences, 2010, p. 18-38.
22   Olivier Zara, *Le management de l'intelligence collective : Vers une nouvelle gouvernance*, M21 Éditions, Paris, 2008.
23   Pierre Lévy, *L'intelligence collective : Pour une anthropologie du cyberspace*, La Découverte, Paris, 1997, p. 115.

France[24] sont devenus des entités économiques hybrides (privées mais avec un actionnaire unique propriété de l'État). Leur fonctionnement a été proposé par la France et l'Allemagne en tant que troisième voie possible à l'ouverture du monopole de distribution. Ces organisations se positionnent alors à la frontière entre secteur public et privé. Dans le même temps, Enedis et GRDF sont des organisations duales où, *a minima*, cohabitent à la fois l'approche centralisée, incarnée par le « national » c'est-à-dire le siège social de l'entreprise, et l'approche en réseau à travers les régions. En effet, leur siège concentre le choix des décisions stratégiques qui sont ensuite mises en application localement. C'est un modèle qui était en adéquation avec le fonctionnement du système énergétique centralisé au niveau de l'État par l'intermédiaire d'Électricité de France – Gaz de France (EDF-GDF) après la Seconde Guerre Mondiale mais qui ne répond plus aux nouveaux enjeux de repositionnement énergétique (énergies renouvelables, compteurs communicants, etc.) et notamment à la production locale d'énergie non issue de combustibles fossiles ou du nucléaire.

Cette réflexion se doit de prendre en compte l'évolution du secteur énergétique, contraint par la transition écologique ainsi que les ambitions européennes[25] et françaises en matière d'énergies dites renouvelables (biométhane, éolien, etc.). Parallèlement, l'influence de la « société de l'information » se matérialise par plusieurs textes de loi obligeant les gestionnaires de réseaux à publier leurs données en libre accès[26] et à numériser leur activité. Dans le même temps, le déploiement des réseaux énergétiques dits « intelligents » (*smart grids*)[27] se traduit par la mise en place de compteurs ou de capteurs (comme les thermostats connectés) générant des données et des traces numériques qu'il est alors envisageable d'exploiter dans une logique d'optimisation et d'un gain financier[28].

---

24 Les deux principaux sont : Enedis pour la distribution de l'électricité et Gaz Réseau Distribution France (GRDF) pour la distribution du gaz naturel.

25 L'ambition européenne « Horizon 2020 » est de produire 20 % d'énergie renouvelable d'ici 2020 https://ec.europa.eu/programmes/horizon2020/

26 Loi du 17 août 2015 relative à la transition énergétique pour la croissance verte et loi n° 2016-1321 du 7 octobre 2016 pour une République numérique.

27 Nele Friedrichsen, *Governing smart grids : the case for an independent system operator*, vol. 39, European Journal of Law and Economics, 2015, p. 553-572. – Pedro Moura, Gregorio López, José Moreno, Anibal T. DE Almeida, *The role of Smart Grids to foster energy efficiency*, vol. 6, Energy Efficiency, 2013, p. 621-639.

28 Michel Derdevet, *Énergie, l'Europe en réseaux*, vol. 74, Géoéconomie, 2015, 137-150.

MÉTHODOLOGIE

Nous nous appliquerons à montrer à travers une recherche qualitative, menée pendant 3 ans dans le cadre d'un doctorat en Sciences de l'Information et de la Communication qui a fait l'objet d'une CIFRE, la contribution à la construction de l'organisation plateformisée par des salariés de l'entreprise. Et cela, en dehors d'une planification hiérarchique par les instances décisionnaires de l'entreprise mais dans l'optique d'accomplir des missions plus en phase avec les attentes de la transition énergétique à un niveau local.

Les données que nous avons collectées et qui nous ont permis de travailler sur la question du passage vers l'organisation plateformisée proviennent d'une observation participante de trois ans[29]. Parmi les données récoltées sont présents les contenus générés au cours de deux ateliers[30] visant à faire émerger plus précisément des acteurs de la communauté et des entretiens ont été réalisés[31]. Cette recherche qualitative s'inscrit dans une logique interprétative et analytique.

Le cas étudié est représentatif d'entités dont les caractéristiques sont les suivantes :

- Anciens services publics privatisés ou en cours de privatisation ;
- Décentralisation importante inhérente à la mission couvrant l'ensemble du territoire national ;
- Montée de la concurrence d'acteurs privés du secteur ou d'acteurs des technologies de l'information.

---

29 Bastien Soulé, *Observation participante ou participation observante ? Usages et justifications de la notion de participation observante en sciences sociales*, vol. 27, Recherches Qualitatives, 2007, p. 127-140. Georges Lapassade, *L'observation participante*, dans Remi Hess et Gabriele Weigand (Éds.), *L'observation participante dans les situations interculturelles*, Economica, Paris, 2006, p. 13-32.

30 Regroupant vingt participants à Paris pour le premier atelier d'idéation et dix membres du collectif pour le deuxième atelier à Nancy.

31 Huit par un questionnaire en ligne auto-administré et un entretien semi-directif avec l'un des créateurs de la communauté.

CONSTRUCTION DE L'ORGANISATION PLATEFORMISÉE
ET INTELLIGENCE COLLECTIVE

Avec les TIC, la technique n'est plus seulement dans le contrôle ou la structuration mais elle accompagne la construction sociale de la société en lui donnant une base technique comme le soulignait Castells[32] : « certes l'organisation sociale en réseau a existé à d'autres époques et en d'autres lieux ; ce qui est nouveau aujourd'hui, c'est que le nouveau paradigme des technologies de l'information fournit les bases matérielles de son extension à la structure sociale tout entière ». Au sein des organisations, cette tendance se traduit parallèlement par le développement de « macros-acteurs » organisationnels : les communautés de pratique[33] dont une déclinaison originale caractérisée par les TIC existe sous l'appellation de communauté de pratique virtuelle[34]. Théorisée par Wenger en 1998, la communauté de pratique s'inscrit dans le fait que le travail est une activité collective et organisée comprenant des routines, des non-sens et des échanges[35]. Cette idée est en phase avec la considération qui veut que « la compétence collective des acteurs repose sur l'existence de réseaux qui assurent la mise en commun des savoirs[36] ». Les communautés de pratique, comme Hudon et El Hadi[37] ont pu le mettre en avant, jouent ainsi un rôle essentiel dans la production, le partage et la patrimonialisation des connaissances en étant des « espaces dans lesquels émergent les connaissances[38] » et cela en phase avec le capitalisme de la connaissance. À partir de cette approche de

---

32 Manuel Castells, *La société en réseau*, Fayard, Paris, 1998, p. 525.

33 Etienne Wenger, *Communities of practice*, Cambridge University Press, Cambridge, 1998.

34 Nathalie Tessier, Isabelle Bourdon, Chris Kimble, *Participer à une communauté de pratique virtuelle : retours d'expériences dans une multinationale de l'ingénierie*, vol. 100, Recherches en Sciences de Gestion, 2014, p. 121-140.

35 Pierre Delcambre, *Pour une théorie de la communication en contexte de travail appuyée sur des théories de l'action et de l'expression*, vol. 31, Communication et organisation, 2007, p. 44.

36 Norbert Alter, *L'innovation ordinaire*, Presses Universitaires de France, Paris, 2000, p. 267.

37 Michelle Hudon, Widad Mustafa EL Hadi, *Organisation des connaissances et des ressources documentaires : de l'organisation hiérarchique centralisée à l'organisation sociale distribuée*, vol. 6, Les cahiers du numérique, 2010, p. 9-38.

38 Thomas Martine, *Les défis de la gestion des connaissances : une étude de cas*, 7ᵉ Colloque du chapitre français de l'ISKO, Intelligence collective et organisation des connaissances, Université Jean Moulin Lyon 3, Lyon, 2009, p. 153.

communautés de pratique virtuelles, nous pouvons les assimiler à des organisations virtuelles[39] en acceptant le fait qu'elles puissent alors être appréhendées comme un collectif construit sur un système en réseau reproduisant une organisation tout en offrant la capacité à s'adapter rapidement aux opportunités. Ce type d'organisation favorise la mise en place d'entités autonomes pour partager des ressources et répondre à un besoin[40], vision partagée par Squicciarini et al[41].. Les dispositifs techniques, comme les TIC, sur lesquels s'appuie cette logique, concourent à une transformation de l'activité travail et par là même contribuent à générer une Intelligence Collective[42] qui affecte aussi bien le travail que l'organisation au point qu'aujourd'hui elle soit acceptée comme un facteur de compétitivité pour les entreprises[43]. C'est dans ce contexte qu'a émergé spontanément – dans l'organisation étudiée – une communauté d'entraide des développeurs (une communauté de pratique virtuelle) qui répond aux quatre critères identifiés par Zhuge et al. présentés précédemment. Pour fonctionner, elle mobilise les ressources suivantes : les TIC pour organiser le fonctionnement de ses membres, l'autocontrôle, l'auto-organisation et la motivation non financière des salariés.

En mobilisant les travaux traitant des communautés de pratique et communauté de pratique virtuelle, il est envisageable d'analyser les éléments unitaires constituant une plateforme du fait de sa nature même d'intermédiaire entre des acteurs par la médiation qu'elle opère. Ainsi, la plateforme en tant que système est segmentée entre des composants « centraux » de faible variété et un ensemble de composants « périphériques » de grande variété[44]. Ces dispositifs centraux établissent donc

39 Seung Kyoon Shin, Woong Kook, *Can knowledge be more accessible in a virtual network ? : Collective dynamics of knowledge transfer in a virtual knowledge organization network*, vol. 59, Decision Support Systems, 2014, p. 180-189. – Manju Ahuja, Kathleen Carley, *Network Structure in Virtual Organizations*, vol. 10, Organization Science, 1999, p. 741-757.

40 Thien Van Do, *Modeling a resource contention in the management of virtual organizations*, vol. 180, Information Sciences, 2010, p. 3108-3116.

41 Anna C. Squicciarini, Federica Paci, Elisa Bertino, *Trust establishment in the formation of Virtual Organizations*, vol. 33, Computer Standards and Interfaces, 2011, p. 13-23.

42 Jérôme Laniau, *Vers une nouvelle forme d'intelligence collective?*, vol. 76, Empan, 2009, p. 83-91. Pierre Lévy, *L'intelligence collective : Pour une anthropologie du cyberspace*, La Découverte, Paris, 1997.

43 Pierre Lévy, *From social computing to reflexive collective intelligence : The IEML research program*, vol. 180, Information Sciences, 2010, p. 71-94.

44 Michael L. Tushman, Johann Peter Murmann, *Dominant Designs, Technology Cycles, and Organization Outcomes*, vol. 1, Academy of Management Proceedings, 1998, p. 1-33.

implicitement ou explicitement les interfaces du système, les règles régissant les interactions entre les différentes parties. Dans le cas étudié, une communauté de pratique virtuelle dédiée au développement informatique s'est constituée en tant que plateforme. Nativement virtuelle, elle a été créée en 2015 par un salarié de la direction des systèmes d'information (DSI) (en charge des chantiers transverses de la DSI) et deux salariés réalisant des développements informatiques (un à Paris et l'autre à Lyon). Le but de cette communauté est alors de favoriser l'entraide entre les salariés faisant du développement informatique dans le cadre de leur mission mais qui ne sont pas rattachés à la DSI. Ces personnes répondent à des besoins opérationnels, non pris en charge par la DSI, en développant des dispositifs sociotechniques à partir de leurs connaissances en programmation (HTML/CSS, PHP pour le web) et de leurs connaissances « métiers ». Non-informaticiens, l'objectif des membres de cette communauté virtuelle est de favoriser l'entraide autour du code informatique. Les développeurs en région ont alors décidé de se mettre en contact pour s'entraider à travers un espace en ligne basé sur la solution SharePoint, qui fait office de base de connaissances, complétée par le réseau social Yammer en tant que forum de discussions. C'est cette dimension qui représente les composants centraux de la plateforme et qui opère en ligne sur Yammer. La périphérie est composée de la somme des initiatives individuelles en lien avec la communauté de pratique ou des actions interindividuelles[45]. Cette configuration est favorisée par l'autonomie et la décentralisation inhérentes aux TIC. Elle autorise à considérer la communauté d'entraide comme contribuant à une plateforme globale, les développeurs détournant le socle technologique mis à disposition par l'entreprise afin de réaliser ses objectifs. En effet, la plateforme se base sur un substrat technologique (ici les *Application Program Interface* ou API internes à l'entreprise, le réseau social numérique Yammer, données internes, etc.) qui supporte les interactions entre les membres et rend accessible les ressources nécessaires pour la réalisation de leurs actions grâce à des systèmes de gestion de connaissances et répondant aux acteurs internes en demande de connaissances.

---

45   À l'image des journées régionales développeurs organisées à Nancy, Nantes et Lyon en 2017-2018.

ORGANISATION PLATEFORMISÉE
ET TRANSITION ÉCOLOGIQUE,
VERS UNE APPROCHE « GLOCALE »

Cette volonté de se « plateformiser » – qui se traduit en particulier par la mise en place d'interfaces agrégeant les API internes chez les distributeurs d'énergie couplés avec les réseaux sociaux numériques dans l'entreprise – est renforcée par les évolutions de la production d'énergie décentralisée, expérimentée comme le *Microgrid*[46] ou lors de l'implantation d'une unité de production de biométhane. Le distributeur est alors confronté à un besoin de mise en place de réponses « glocales », c'est-à-dire pilotées au niveau de l'entreprise (le siège avec la vision consolidée au niveau national du besoin en énergie global) mais adaptées au contexte local (ex. : la volatilité de la production électrique ou la prise en compte de la consommation minimale de gaz sur le réseau).

À l'aune de ces considérations, nous retrouvons le paradoxe où « l'hypergrand des réseaux ramène paradoxalement le petit[47] » dans le prolongement d'Escarpit[48] sur le sujet. C'est dans cet interstice qu'opèrent les développeurs de la communauté étudiée qui jouent un rôle localement et complémentaire de la DSI nationale. En effet, dans le cas de développements locaux réalisés par des membres de la communauté, les dispositifs ont trois fonctions[49]. La première est organisante : ils s'appliquent à des connaissances situées ; elles sont corrélées avec le contexte de leur utilisation, ce sont des connaissances « glocales ». La deuxième est informationnelle : les outils sont la source des médiations entre les connaissances et les pratiques. La troisième est de structurer les deux premières. À celles-ci, Agostinelli ajoute une fonction du renforcement du sentiment d'appartenance à la communauté par le développement et l'utilisation d'outils spécifiques répondant à leurs besoins.

---

46 Chenghua Zhang, Jianzhong Wu, Yue Zhou, Meng Cheng, Chao Long, *Peer-to-Peer energy trading in a Microgrid*, vol. 220, Applied Energy, 2018, p. 1-12.

47 Franck Cormerais, *L'hyperville : Éléments pour un design territorial contributif et digital*, Traces numériques et territoires, 2015, p. 161-165.

48 Robert Escarpit, *Théorie de l'information et pratique politique*, Seuil, Paris, 1981.

49 Serge Agostinelli, *Comment penser la médiation inscrite dans les outils et leurs dispositifs*, vol. 7, Distances et savoirs, 2009, p. 355-376.

Les dispositifs sociotechniques développés à un niveau national, sont nourris par la vision des experts nationaux que nous pouvons assimiler aux « concepteurs pour l'usage[50] », les développements locaux sont assimilés à la « conception dans l'usage ». Situés au siège social de l'entreprise, loin des situations d'action, ces « *planneurs* » tels qu'ils sont présentés par Dujarier[51] transposent des objectifs financiers, organisationnels ou fonctionnels, au risque de concevoir un dispositif non adapté aux besoins terrain. Cet état de fait engendre, selon Dujarier, quatre tensions entre la vision portée par le dispositif et la réalité : 1) la divergence entre la situation initialement prévue et la réalité qui entraîne un usage inadéquat du dispositif ; 2) si l'outil se concentre sur la réalisation d'une tâche, celle-ci s'inscrit dans un contexte plus global qu'il faut prendre en compte (temps de préparation, déplacements, etc.) ; 3) pour chaque tâche, une fin est programmée indépendamment des évolutions rencontrées lors de sa réalisation ; 4) enfin l'utilisateur doit atteindre un objectif chiffré qui est parfois décorrélé de la réalité.

Étant donné leur présence au sein des entités régionales, les développeurs sont au plus près de la réalité opérationnelle, qu'ils comprennent et dont ils partagent le système de représentation. Les réalisations sont le plus souvent appréciées par leurs utilisateurs qui souhaitent faire intégrer au patrimoine applicatif national le dispositif sociotechnique réalisé localement. Le constat fait par Canet[52] concernant les acteurs sociaux et politiques peut se transcrire au niveau de l'organisation où une action « glocale » tend alors à faire converger à la fois la vision nationale et la vision locale. Avec l'exemple de la communauté d'entraide, nous sommes bien dans une situation où l'acteur légitime (la DSI) a la possibilité de partager le pouvoir décisionnel avec d'autres acteurs locaux qui l'aident à mener à bien sa mission.

C'est alors un terreau qui semble favorable à la genèse d'une Intelligence Collective marquée par sa dimension locale et « des modes de production de l'énergie relocalisés, plus en lien avec les territoires vécus, ce qui suppose dans le même temps de réfléchir à de nouveaux

---

50 Viviane Folcher, *Conception pour et dans l'usage : la maîtrise d'usage en conduite de projet*, vol. 16, Revue des Interactions Humaines Médiatisées, 2015, p. 42.

51 Marie-Anne Dujarier, *Le management désincarné : enquête sur les nouveaux cadres du travail*, La Découverte, Paris, 2017.

52 Raphaël Canet, *L'intelligence en essaim. Stratégie d'internationalisation des forums sociaux et régionalisation de la contestation mondiale*, vol. 70, Cultures & conflits, 2008, p. 33-56.

modèles d'aménagement du territoire[53] ». Ce changement de perspective demande des connaissances locales et une intelligence territoriale[54]. Les connaissances produites et utilisées sont alors fortement marquées par la culture de la région et mêlées avec la culture centrale, il est possible de le considérer comme des connaissances dites « glocales[55] » avec lesquelles « il s'agit en réalité de recréer, pour chaque niveau, une vision qui soit en cohérence avec la vision globale [...] Cela revient à faire du local en cohérence avec le global ("le locbal") et à faire remonter au niveau global ce qui émerge du local ("le glocal")[56] ». De plus, les connaissances produites sont contextualisées par l'environnement dans lequel évolue l'entité concernée, ce qui autorise une prise de décision plus en phase avec son écosystème. Ainsi, pour décider des investissements (extensions de réseau, implantation d'une unité de production d'énergie renouvelable, etc.), ce qui prime est la connaissance du contexte dans lequel le territoire évolue et de réussir à se projeter sur plusieurs années.

OUVERTURE

L'émergence des communautés de pratique virtuelles considérées en tant qu'Intelligence Collective contribuant à l'atteinte des objectifs de l'organisation place alors l'entité étudiée dans une perspective

53 Marie-Christine Zelem, *Les énergies renouvelables en transition : de leur acceptabilité sociale à leur faisabilité sociotechnique*, vol. 610, Revue de l'Énergie, 2012, p. 7.

54 Stéphane Goria, *Vers une typologie des dispositifs d'Intelligence Territoriale dédiés aux PME, fondée sur la complémentarité des approches d'IE et de KM*, vol. 1, Revue internationale d'intelligence économique, 2009, p. 39-53. Nicolas Moinet, *L'intelligence territoriale entre communication et communauté stratégique de connaissance : l'exemple du dispositif régional de Poitou-Charentes*, vol. 1, Revue internationale d'intelligence économique, 2009, p. 30-38.

55 Bharat Mehra, Dean Papajohn, *"Glocal" patterns of communication-information convergences in Internet use : Cross-cultural behavior of international teaching assistants in a culturally alien information environment*, vol. 39, International Information and Library Review, 2007, p. 12-30. Claudine Batazzi-Alexis, *Les technologies de l'information et de la communication (TIC) dans un processus d'apprentissage organisationnel : pour une coordination émergente entre le local et le global*, vol. 22, Communication et organisation, 2002, p. 1-12. Barry Wellman, *Little Boxes, Glocalization, and Networked Individualism*, Digital Cities, 2002, p. 10-25.

56 Vincent Lenhardt, Philippe Bernard, *L'intelligence collective en action*, Pearson Education France, Paris, 2005, p. 82.

d'organisation plateformisée par la pression de communautés, dont certaines ont émergé dans un contexte local. Ces communautés s'appuient sur les dispositifs techniques internes qu'elles peuvent détourner et utiliser en fonction de leurs besoins.

La constitution de la communauté d'entraide renforce l'émergence de connaissances « *glocales* » en adéquation avec la transition écologique et la production décentralisée d'énergie. Les développeurs sont matures, en tant que communauté virtuelle, sur le numérique et avancés dans leur démarche d'Intelligence Collective. La spécificité du terrain d'étude – hybridité, contexte de la transition écologique – compose un environnement spécifique et favorable aux travaux sur l'Intelligence Collective, leur lien avec la médiation technique réalisée par la plateforme et en particulier la question de la « *glocalité* » de la connaissance de l'entreprise. En effet, la décentralisation de la production énergétique dans le cadre de la transition écologique engendre de nouvelles actions situées qui nécessitent une prise en compte du contexte local tout en bénéficiant de la vision d'ensemble portée par l'entreprise.

Les membres du collectif de développeurs préfigurent alors d'un fonctionnement potentiel à un horizon entre cinq et dix ans pour l'entreprise étudiée en phase avec la pensée de l'organisation digitale et sa déclinaison sous forme de plateforme. Par leurs actions (construction dans l'usage de dispositifs sociotechniques, entraide, production de connaissances, etc.) et leurs connaissances, ils ancrent au sein des dispositifs le fonctionnement des opérationnels et les inscrivent dans l'organisation. L'appropriation des outils par les utilisateurs en est facilitée (logique dans l'usage) contrairement aux dispositifs réalisés par des prestataires mais bénéficiant d'une légitimité institutionnelle (logique pour l'usage).

Les outils de communication numérique, ici plus particulièrement ceux mis à disposition par l'organisation étudiée, jouent un rôle important pour la motivation et la coordination des participants à l'action collective[57] même si les modalités ne dépendent pas exclusivement de la technologie. Toutefois, comme le rappellent Flanagin et al[58]., les outils tendent à rendre les frontières plus perméables dans l'organisation et

---

57   Javier Borge-Holthoefer, Alejandro Rivero, Yamir Moreno, *Locating privileged spreaders on an online social network*, vol. 85, Physical Review E - Statistical, Nonlinear, and Soft Matter Physics, 2012, p. 1-7.

58   Andrew Flanagin, Cynthia Stohl, Bruce Bimber, *Modeling the structure of collective action*, vol. 73. Communication Monographs, 2006, p. 29-54.

à autoriser d'autres formes de regroupement. Ainsi la communauté observée aurait difficilement pu voir le jour sans les TIC et la baisse des coûts de coordination ou de participation à l'action collective induite par leur utilisation[59]. Cependant, la technologie peut être source de difficultés puisque les individus sont « prisonniers des moyens qu'ils ont utilisés pour régler leurs coopérations et qui circonscrivent jusqu'à leurs capacités de se définir de nouvelles finalités[60] ».

Nonobstant ces considérations, il nous semble essentiel d'ouvrir dans cet article sur une dimension paradoxale où les acteurs associent l'usage des TIC à leur mission de transition énergétique (dans une vision techniciste en phase avec la mise en place de plateforme) contrairement à l'approche intégrée qu'est la transition écologique (vision holistique) qui va s'incarner dans une approche aussi décentralisée mais moins technocentrée. Ces technologies font alors figure de *pharmakon*, au sens de Stiegler[61], avec un paradoxe sous-jacent à cette mise en mouvement des organisations vers toujours plus de numérique, en lien avec la préservation du capitalisme comme le souligne Morozov[62] ou Srnicek[63]. Ces considérations, absentes des discours des acteurs de l'énergie, renforcent alors le positionnement de la plateforme dans la logique du Capitalocène faisant abstraction de la finitude des ressources et s'inscrivent dans une optimisation à court terme corrélée avec l'innovation technologique et l'extractivisme de la donnée considérée comme l'« or noir » du XXIᵉ siècle.

Antoine HENRY
Université de Lille

---

59 Arthur Lupia, Gisela Sin, *Which Public Goods are Endangered ? : How Evolving Communication Technologies Affect The Logic of Collective Action*, vol. 117, Public Choice, 2003, p. 315-331.
60 Michel Crozier, Erhard Friedberg, *L'acteur et le système*, Seuil, Paris, 1977, p. 17.
61 Bernard Stiegler, *Questions de pharmacologie générale. Il n'y a pas de simple pharmakon*, vol. 13, Psychotropes, 2007, p. 27-54.
62 Evgeny Morozov, *Le mirage du numérique : Pour une politique du Big Data*, Les prairies ordinaires, Paris, 2015.
63 Nick Srnicek, *Capitalisme de plateforme : l'hégémonie de l'économie numérique*, Lux, Montréal, 2018.

COOPCYCLE,
RETOUR VERS LE FUTUR

Du statut d'autoentrepreneur à la réforme de Bologne, en passant par la libéralisation de la carte scolaire, le capitalisme contemporain tend à nous vendre l'actualisation de ses formes de domination comme de nouveaux espaces de liberté. Il semble donc nécessaire de se montrer prudent lorsque des expériences de production numérique alternatives se présentent face aux GAFAM ou aux « plateformes » et de questionner leur capacité à réaliser leur promesse de production subversive. Être en capacité d'élaborer une proposition alternative aux plateformes capitalistes, qu'il s'agisse d'une coopérative, du Logiciel Libre ou de toute autre pratique, suppose au préalable de comprendre le geste politique qu'implique chacun des termes mis en opposition. S'attaquer aux plateformes nécessite d'identifier son ennemi ; ses pratiques et son geste politique, c'est-à-dire la manière dont il agence les rapports de production et de distribution de la valeur économique, les statuts et les formes d'organisation de la résolution des conflits. Pour pouvoir tracer les contours de l'évolution dite « tardive » que représentent les plateformes ou d'une alternative quelconque à ces plateformes, telle CoopCycle, il nous faut donc faire un retour sur les caractéristiques du capitalisme en tant que mode de production.

DU CAPITALISME AU CAPITALISME DE PLATEFORME :
D'UNE INTERMÉDIATION À L'AUTRE

Un mode de production se définit par la forme spécifique que prennent les rapports sociaux de production et l'appropriation du produit du travail d'autrui qu'ils organisent. Cette forme d'appropriation et son histoire sont mises en mouvement par une contradiction de classe vis-à-vis de la mise au travail. Sa forme spécifiquement capitaliste est la *forme valeur*, au sein de laquelle la catégorie de travail joue un rôle social central. À la violence directe ou subjective caractérisant la mise au travail au sein des sociétés féodales, se substitue – ou plutôt, s'ajoute – la violence objective et impersonnelle associée à la *forme valeur* :

> Quittons maintenant la lumineuse clarté de l'île de Robinson pour nous transporter dans les ténèbres obscures du Moyen Âge européen. Au lieu de cet homme indépendant nous y trouvons la dépendance généralisée : des serfs et des seigneurs, des vassaux et des suzerains, les laïcs et des clercs. La dépendance personnelle caractérise aussi bien les rapports sociaux de la production matérielle que les autres sphères de la vie qui s'édifient sur sa base. Mais précisément, comme ce sont ces rapports personnels de dépendance qui constituent la base sociale existante, les travaux et les produits n'ont pas besoin de prendre une figure fantastique distincte de leur réalité. [...] Quel que soit donc le jugement qu'on porte sur les masques sous lesquels les hommes ici se font face, les rapports sociaux que les personnes ont entre elles dans leurs travaux y apparaissent du moins comme leurs propres rapports personnels, et ne sont pas déguisés en rapports sociaux des choses, des produits du travail[1].

Le servage explicite directement l'appropriation de deux manières : il l'inscrit par et dans les relations sociales personnelles entre les individus *via* une politique de la différence de statut liée à la filiation (seigneur ou serf), tout en conjuguant ces statuts à des règles et conditions stables qui explicitent la mise au travail. Contrairement à cette forme historique d'appropriation, le capitalisme déforme le champ de ce rapport antagonique et conflictuel en le déplaçant sous une *forme valeur*. Dans le capitalisme, les agents entrent en rapport, en relation de production, *via* un marché. C'est un mode spécifique de « rencontre » des différents « facteurs de production », dont les conditions et les règles sont fixées par et dans l'échange marchand. Autrement dit, les agents n'entrent pas en relation en tant qu'individus nouant une relation sociale de production directe et stable, mais en tant que propriétaires privés ; ils sont formellement libres de s'entendre sur l'échange des titres de

---

1   Karl Marx, *Le Capital*, Livre I, « Le procès de production du capital », dans la traduction établie sous la direction de Jean-Pierre Lefebvre, Paris, Éditions sociales/PUF, 1993.

propriété de leurs marchandises (dont la force de travail), et ce dans un cadre concurrentiel, impersonnel et instable. La *forme valeur* charrie donc avec elle une appropriation indirecte du produit du travail d'autrui, car la détermination de la part revenant au « serviteur » et de celle revenant au « maître » est désormais transposée dans un champ où la concurrence entre choses fixe le prix des marchandises dont ils sont propriétaires : le capitaliste en tant que propriétaire des moyens de production, le travailleur « libre » en tant que propriétaire de sa force de travail[2]. C'est *via* le marché, lors des échanges, qu'est déterminé et qualifié ce que valent les marchandises qualitativement (travail/non travail, valeur/non-valeur), autant que quantitativement (rapport de valeur d'échange entre deux marchandises) et donc la part qui revient à chacun. Avec ce déplacement topologique du rapport social de production s'opère un brouillage, une modulation formelle de l'appropriation qui caractérise le capitalisme en tant que mode de production, en tant que pratique de la valeur.

Ce rappel peut sembler trivial mais il nous paraît nécessaire face à la floraison de discours pointant la « disparition de la figure de l'employeur/du maître » à travers l'algorithmisation ou l'intermédiation opérée par les plateformes[3]. Nous voudrions souligner par ce retour que cette disparition de la figure du maître, « l'intermédiation » et « l'objectification » qu'opèrent les plateformes a déjà eu lieu. Ce n'est pas une nouvelle tendance qualitative du capitalisme contemporain, mais bien son geste politique fondateur. Bien que centrales dans l'analyse des mutations des rapports de production et d'exploitation contemporains,

---

2   Il nous faut ici actualiser et étendre le concept propriété des moyens de production qui permettent au capital de soutirer, dans un échange d'équivalents salaire-force de travail, une plus-value inhérente à sa position monopolistique. Aujourd'hui cette position dominante est également assurée par la possession d'outils de production dits immatériels : bases de données, réseaux de clients, visibilité, image de marque, renommée, etc. Ainsi un développeur ou un *designer freelance* peuvent être propriétaires de leurs outils de productions « classiques » (ordinateur, logiciels etc.), ils n'en sont pas moins contraints de vendre leur force de travail au-dessous de la valeur du produit de leur travail pour accéder au réseau de clients intermédiés par leur donneur d'ordre.

3   Différents auteurs contemporains soulignent un saut qualitatif dans l'intermédiation et son impact sur la structuration des rapports de productions : intermédiation financière (Cédric Durand), délégation de la mise au travail (Gérard Duménil et Dominique Levy), réapparition de rentes (Carlo Vercellone, Cédric Durand), intermédiation technique et algorithmique (Antoinette Rouvroy). Nous reviendrons sur la manière dont ces modes d'intermédiation s'appliquent aux plateformes de livraison.

ces nouvelles formes d'intermédiation risquent, si elles sont lues comme des innovations qualitatives, de masquer l'intermédiation objective originelle qui caractérise la mise au travail sous le mode de production capitaliste. C'est bien cette dé-subjectivisation que signale Marx lorsqu'il analyse la substitution d'un « rapport entre les choses » (entendre un rapport entre les personnes en tant que porteuses, propriétaires de choses) à un « rapport entre les personnes ». Dès les débuts du capitalisme, le « mis au travail » ne fait déjà plus face à un « maître » qu'il serait possible d'identifier au sein d'une relation sociale de domination directe. C'est en tant que porteur de chose, d'une « force de travail » devenue marchandise, qu'il intervient dans un réseau d'objets concurrents. Ce réseau de relations entre choses se joue sous une autre règle, la loi de l'offre et de la demande ; une règle que ne peuvent influencer des individus, isolés par la propriété privée ; une règle devenue objective. Elle s'impose comme une réalité extérieure, une réalité donnée. Par conséquent, la violence primaire de la mise au travail, de la domination, de l'exploitation directe est extériorisée et produite en tant que réalité objective située au-dessus de la volonté des personnes : c'est le sens de la théorie marxienne du fétichisme de la marchandise et de l'aliénation.

Comme le décrit Slavoj Žižek, la forme objective que prend la violence tend à l'invisibiliser, et donc à la naturaliser :

> L'idée, c'est que la violence subjective et la violence objective ne peuvent être perçues sur le même plan : la violence subjective est vécue comme telle par opposition à un niveau zéro de non-violence. Elle est vue comme une perturbation de l'état « normal », paisible des choses. Or la violence objective est inhérente à cet état « normal » des choses. La violence objective est invisible car elle est le support même du niveau zéro ordinaire à l'encontre duquel nous percevons un événement comme subjectivement violent[4].

C'est à cet effet de naturalisation, opéré par l'externalisation et l'intermédiation du rapport social de mise au travail sous la *forme valeur*, que nous faisons face lors d'événements aussi anodins qu'un acte d'embauche par une entreprise capitaliste quelconque. La plus-value est invisibilisée car elle constitue l'implicite structurel, point

---

4   Slavoj Žižek, *Violence : Six réflexions transversales*, traduit de l'anglais par Nathalie Peronny, La Laune, Au Diable Vauvert, 2012 [traduction modifiée].

de départ de toute négociation salariale : le « niveau zéro ordinaire » de toute embauche. Cette forme de relations de production, où la force de travail acquiert le statut de marchandise, porte en son sein la condition de plus-value préalable à toute mise en production, à tout accès à l'emploi. Aucune entreprise ne peut persister, se reproduire, si elle embauche ses travailleurs à un salaire égal ou supérieur à ce qu'elle peut espérer de la vente du produit de leur travail. Aucune banque ne peut structurellement, par effet de concurrence entre les différents usages du capital, financer des projets productifs dont le rendement est inférieur au taux moyen de profit ou au taux d'intérêt (coût d'opportunité) sur le marché du capital. La *forme valeur* invisibilise l'appropriation du travail d'autrui car elle tisse le « niveau zéro » de toute relation sociale de production par la manière dont capital et force de travail, initialement séparés, se rencontrent en tant qu'objets-marchandises sur le champ structurellement biaisé qu'est le marché. C'est du fait de cette invisibilisation que les signatures de contrats d'embauche ou les publications à titre gratuit dans les revues universitaires, impliquant par là même une extorsion volontaire, se concluent souvent par un silence gênant autour du vide que produit l'attente – ou l'émergence – d'un remerciement de la part du travailleur pour son employeur.

Ne retrouvons-nous pas ce déplacement, cette dissipation de la confrontation directe avec le « maître » dans la manière dont les réformes libérales s'opèrent ces dernières années ? La complaisance des différents gouvernements vis-à-vis des « nouvelles formes » de mise au travail n'est-elle pas fondée sur une stratégie similaire de brouillage du rapport de force entre dominants et dominés, sur son déplacement dans un champ tout autre ? N'est-il pas plus simple « politiquement » d'instiller une concurrence des statuts dans le droit (travail indépendant, auto-entreprenariat, réflexion sur différents « tiers statuts ») et de laisser ainsi la concurrence entre ces derniers opérer une déqualification, une dénormalisation du travail *via* son externalisation plutôt que de tenter de faire passer des « lois travail » qui s'attaqueraient frontalement aux acquis sociaux ? La création du statut d'autoentrepreneur, comme l'inversion de la hiérarchie des normes instaurée par la loi travail sous le gouvernement Hollande, a durablement rompu les digues qui retenaient les crues du fleuve de la détermination marchande de la valeur, livrant la qualification du travail aux flots d'une concurrence sans bornes. Ce geste politique de dénormalisation est plus destructeur sur le long terme que les attaques directes contre une norme destinée à encadrer le travail (salaire minimum, durée légale du temps de travail, etc.). Ces réformes changent le mode de valorisation par la pratique en déportant le conflit de classes sur un champ de bataille différent, décentré, dans un nouvel espace topologique. La contradiction réactivée par les plateformes sous un air de modernité technique est bien celle de la qualification du travail, que deux classes opposées se disputent en avançant des institutions qui encadrent des pratiques de la valeur concurrentes.

Plus concrètement, comment ce mouvement topologique, ce mouvement institutionnel, se construit-il dans et par la pratique microéconomique des plateformes capitalistes de livraison ? Autrement dit, quelles sont les nouvelles conditions de possibilités offertes par le digital en matière de mise au travail ? Pour répondre à ces questions nous pouvons donc décliner, à partir des cas Deliveroo et Uber Eats, les travaux précédemment cités sur les formes d'intermédiation opérées par les plateformes capitalistes. Les outils de production informationnels, ou plutôt de médiation informationnelle, détenus par les plateformes de livraison impliquent la structuration oligopolistique de ce secteur. Les productions informationnelles impliquent une structure de coût (coûts fixes à l'entrée sur le marché élevés, coûts marginaux nuls et rendements croissants) qui tend à imposer une structure non concurrentielle au secteur d'activité.

Les travaux de Carlo Vercellone soulignent la réapparition de formes de rente liées à cette position d'intermédiation. Les plateformes de livraison se trouvent dans une situation de double oligopsone : sur le marché du travail, où peu de demandeurs de force de travail rencontrent une masse de livreurs ; sur le marché des services, où peu de plateformes rencontrent une masse de restaurateurs. Cette position permet aux plateformes de déterminer les conditions d'achat et de vente de la force et des produits du travail de chacun des acteurs de la filière. À titre d'exemple, nous pouvons retracer la détérioration des rémunérations des livreurs de Deliveroo : de 2015 à 2016, les livreurs avaient un minimum garanti de 7,50 euros de l'heure et une prime de 2 à 4 euros par course ; en 2016, les nouvelles recrues se sont vues imposer une tarification à la tâche de 5 euros par course, sans rémunération horaire, alors que les anciens jouissant encore de l'ancienne tarification ; en 2017, tous les livreurs passent à la nouvelle tarification, quelle que soit leur ancienneté[5] ; en 2018 s'opèrent la fin des rémunérations fixes et un passage à une rémunération à la distance, avec un minimum de 4,50 euros par course ; en 2019, le critère déterminant la rémunération n'est plus la distance, mais la durée, et le minimum garanti par course est supprimé – le minimum observé par les livreurs devient 2,60 euros par course.

L'exploitation des données récoltées par les plateformes vient renforcer leur position dominante dans la chaîne de valeur du secteur, car l'usage des données ne devient possible qu'une fois agrégées. Dès lors s'installe une prime au premier entrant sur le secteur ayant pu commencer sa récolte avant ses concurrents. Deliveroo et Uber Eats refusent de rendre transparents les critères d'attribution des courses par leur algorithme, car ce dernier est justement le produit d'un long travail d'exploitation des données relatives aux comportements des livreurs, des restaurateurs et des clients finaux.

Comme le soulignent des travaux récents, la valorisation des données repose moins sur leur vente que sur un usage interne permettant : la restructuration et la distorsion de la chaîne de valeur (Cédric Durand[6]) ;

---

5   Notons que c'est la fin de cette stratégie de divisions intra-classe laborieuse qui déclencha les premiers mouvements de grève. Cette concurrence de statuts organisée au sein d'une même entité productive est une stratégie de déqualification également observée dans d'autres secteurs d'activité. La réforme du statut des cheminots ne s'applique qu'aux nouvelles recrues. De la même manière, le passage d'un statut de fonctionnaire à un statut de droit privé, puis une mise en concurrence de l'ensemble des salariés avec des autoentrepreneurs est la stratégie développée par La Poste depuis le rachat de Stuart. Cette concurrence intra-classe constitue également la base matérielle sur laquelle reposent les travaux de Gérard Duménil et Dominique Lévy, qui analysent la constitution d'une classe de cadres (Dans notre cas, les travailleurs du siège de Deliveroo – développeurs, responsables marketing, etc. – sont salariés.). Ces derniers appartiennent objectivement à la classe prolétaire, car ils n'échappent pas à la constitution topologique de la plus-value soulignée plus haut, et subjectivement à la classe capitaliste de par leur rôle intermédiaire de « contremaîtres ». Voir Gérard Duménil, *La Position de classe des cadres et employés*, Grenoble, Presses universitaires de Grenoble, 1975 ; Gérard Duménil et Dominique Lévy, *La grande bifurcation. En finir avec le néolibéralisme*, Paris, La Découverte, 2014.

6   Cédric Durand, *L'Envers de l'économie numérique : Un capitalisme intellectuel monopoliste*, note de recherche IFRIS, n° 7, 2018.

la mise en place de routines qui assure une plus-value relative vis-à-vis des concurrents (Bruno Carballa Smichowski[7]) ; une gouvernementalité algorithmique du conflit de classes (Antoinette Rouvroy[8]). L'ensemble de ces pratiques trouve une application exemplaire au sein des plate-formes de livraison.

Premièrement, la récolte de données sur le comportement des livreurs (taux de participation aux *shifts*, d'annulation de livraison, d'acceptation des courses et type de véhicule utilisé) permet :

- à Deliveroo de discipliner et de contrôler son armée de réserve par un système fondé sur la sanction/récompense qui ouvre ou ferme l'accès aux créneaux de livraison (*shifts*) les plus rentables ;
- à Uber Eats de contrôler le nombre de livreurs présents sur les différents créneaux de livraison, sans politique d'incitation (*free shift*) ;
- aux plateformes d'atomiser géographiquement la force de travail par leur agrégation digitale et, ainsi, de limiter la possibilité d'échanges et de relations sociales entre les livreurs pour court-circuiter la possibilité de revendications et de mouvements sociaux[9].

7   Bruno Carballa Smichowski, « *The value of data : an analysis of closed-urban-data-based and open-data-based business models* », 2018 [en ligne : https://hal.archives-ouvertes.fr/hal-01736484/document].

8   Antoinette Rouvroy, « Face à la gouvernementalité algorithmique, repenser le sujet de droit comme puissance », 2012 [en ligne : http://works.bepress.com/antoinette_rouvroy/43/].

9   Comme le développent Michel Foucault puis Gilles Deleuze, nous parlons bien ici de *contrôle* en opposition à la *discipline*, qui repose sur une violence directe exercée sur un groupe déterminé en vue de lui faire accomplir une tâche spécifique. Les sociétés de contrôle reposent, quant à elles, sur une violence indirecte, topologique, exercée sur un groupe ouvert et indéterminé en vue de produire, non plus une tâche déterminée, mais un certain type de comportement. Dans notre cas, les travailleurs sont formellement « libres » d'accepter ou de refuser une tâche, mais la structuration du marché organisée par les plateformes et la gouvernementalité algorithmique qu'elles appliquent limitent les possibilités quant aux conditions d'effectuation des tâches. Ainsi, « ce n'est que dans le capitalisme que l'exploitation est "naturalisée", inscrite dans le fonctionnement de l'économie, au lieu d'être le résultat de pressions et de violences extra-économiques. C'est pourquoi nous avons avec le capitalisme la liberté personnelle et l'égalité : il n'est plus besoin d'une domination sociale directe, la domination se trouve déjà dans la structure du processus de production. » (Slavoj Žižek, *Vivre la fin des temps*, traduit de l'anglais par Daniel Bismuth, Paris, Flammarion, 2011, p. 288.)

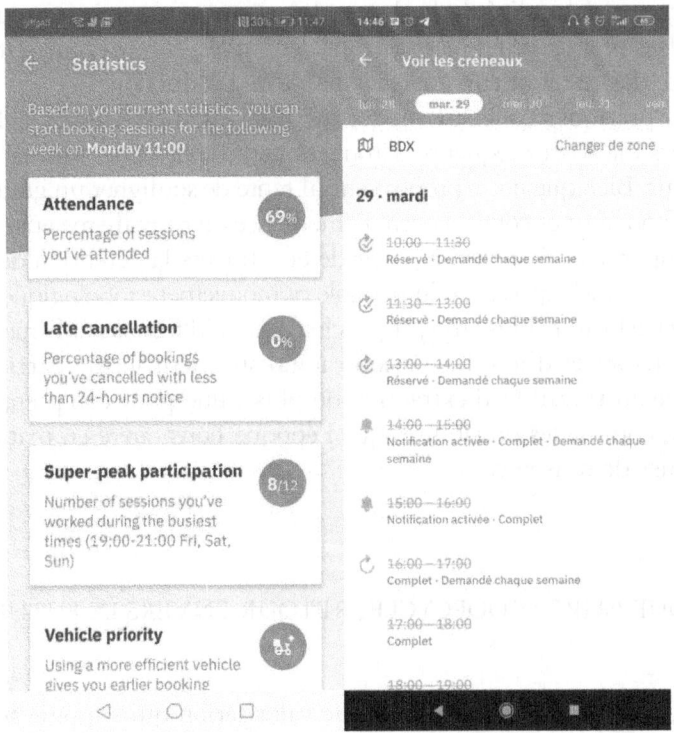

Fig. 1 et 2 – Document interne Coopcycle 1.

Deuxièmement, la déqualification de la valeur de la force de travail, jusqu'à ce jour cadrée par des institutions attribuant une rémunération commune à une même tâche, atteint son paroxysme. La récolte des données sur le comportement des livreurs permet à ces deux plateformes de proposer (pour une même course de distance et de durée identiques) à deux livreurs patientant au même endroit, deux rémunérations différentes en fonction de leur inclination personnelle à accepter des rémunérations basses. L'algorithme attribue les courses en fonction du calcul de l'élasticité-prix de l'offre de travail pour chaque livreur individuellement.

Enfin, notons que les restaurateurs ne sont pas exclus de cette restructuration de la chaîne de valeur rendue possible par l'exploitation des données. Deliveroo utilise aujourd'hui les informations récoltées sur la demande des plats « phares » proposés par les restaurateurs (recettes, récurrence et localité de la demande, etc.) pour ouvrir des cuisines parallèles proposant les plats les plus demandés, et ainsi court-circuiter la place des restaurateurs dans la chaîne de production[10].

Ces pratiques construisent les institutions, c'est-à-dire le champ, toujours biaisé, sur lequel se déroule la bataille de la détermination de la valeur. Bien que notre propos central tente de souligner un geste politique fondateur et continu entre l'émergence du capitalisme et sa forme contemporaine, c'est bien à partir de et à travers la détention de biens informationnels qu'est rendu possible ce mouvement topologique. C'est dans cette histoire plus large, et plus longue, qu'il faut situer l'émergence des plateformes d'intermédiation capitalistes, leur forme particulière de mise au travail et d'extraction de plus-value pour comprendre ses enjeux, comme les possibilités que l'époque nous ouvre en matière de pratiques de résistance.

QUE FAIRE ? COOPCYCLE ; RETOUR ENVERS LE FUTUR

Pour lutter contre cette forme de valorisation qui s'appuie sur une concurrence « entre choses », nous avons historiquement construit une variation, un mode de production alternatif, qui rétablit un rapport plus direct « entre personnes ».

RÉENCASTRER LES MARCHÉS : LIMITER LES CRUES DU FLEUVE

À partir de l'institution du salariat et des normes collectives qui ont été construites (sectoriellement dans un premier temps, puis généralisées par la suite) au cours de cette lutte sociale, s'est développée une limitation de l'univers des possibles dans lequel l'arbitraire de la relation concurrente « entre choses » peut se mouvoir[11]. La qualification du travail et de sa valeur bénéficie ainsi d'une reprise en main sociale

---

10 Voir Rachel Knaebel, « Après les coursiers à vélo, Deliveroo veut *"ubériser"* cuisiniers et restaurants », *multinationales.org*, 20 octobre 2017 [en ligne : http://multinationales.org/ Apres-les-coursiers-a-velo-Deliveroo-veut-uberiser-cuisiniers-et-restaurants].

11 Claude Didry, *L'Institution du travail. Droit et salariat dans l'histoire*, Paris, La Dispute, 2016.

qui encadre l'échange marchand de force de travail : contrat de travail, salaire minimum, conventions collectives, durée légale de la journée de travail, subordination réelle contre responsabilité légale de l'employeur, etc. Cette pratique de la valeur organise un rapport politique conflictuel (plus) direct « entre personnes » – par des représentants syndicaux et patronaux – et constitue un mode particulier de production – borné par des normes sociales qui régulent les conflits, attribuent des statuts et répartissent la valeur. C'est cet héritage social et politique que l'intermédiation des plateformes numériques met en danger.

PRODUIRE SANS LUCRATIVITÉ : ASSÉCHER LE FLEUVE

Nous avons déjà poussé plus loin l'indépendance de notre pratique de la valeur vis-à-vis du rapport « entre choses », vis-à-vis d'une profitabilité imposée de manière inhérente aux rapports de production capitalistes. Nous avons déjà instauré une forme de valorisation, de qualification du travail et de son produit hors de la sphère marchande lucrative. Historiquement, les travailleurs ont réussi à imposer une extension du domaine du travail en dehors de sa logique capitaliste à travers la mutualisation de la valeur dans des caisses communes. Le régime général de Sécurité sociale, qui s'appuie sur les cotisations salariales et patronales, a permis la reconnaissance et la rémunération du travail des fonctionnaires qui produisent des services de bien commun. Autrement dit, transposé dans le langage contemporain, le régime général de Sécurité sociale est une institution de la valeur encadrant le premier « commun *serviciel*[12] ». C'est également en imposant un régime de propriété collective des investissements nécessaires à ces productions que nous avons réussi à les protéger d'une logique privative et, ainsi, à en maintenir l'accès universel sur le principe « de chacun selon ses moyens, à chacun selon ses besoins[13] ». Les représentants des travailleurs débattaient en toute autonomie de l'allocation de ces ressources mutualisées, et ce jusqu'à la réinscription d'une logique tripartite dans la gestion des caisses de sécurité sociales[14].

---

12   Bernard Friot, *Puissances du salariat*, nouvelle édition augmentée, Paris, La Dispute, 2012.
13   Bernard Friot, *Vaincre Macron*, Paris, La Dispute, 2017.
14   Le processus de mise sous tutelle des caisses de sécurité sociales (nationales et locales) par l'État et les organisations patronales est détaillé dans Bernard Friot, *Puissances du salariat*, *op. cit.* À titre indicatif nous spécifions ici les principales attaques contre leur autonomie :

C'est dans le prolongement de cette double perspective politique que se situe le projet de CoopCycle : comme une fidélité à ce passé projetée dans le futur, un retour à une pratique de la valeur prétendue passéiste. CoopCycle est une coopérative européenne de mutualisation – autrement dit, une caisse commune – ayant vocation à fournir les services communs nécessaires à toute activité de livraison « dernier kilomètre » à vélo. Les travailleurs des plateformes s'organisent en collectifs locaux (à l'échelle d'une ville, d'un quartier) qui adhèrent à la coopérative européenne.

Parmi les principaux services mutualisés figurent le groupement d'achats, le démarchage commercial (commerces, restaurants, grandes chaînes nationales), une aide juridique (statuts, normes d'hygiène, contrats types, etc.), la comptabilité et les ressources humaines, l'incubation de coopératives locales de livraison en construction, le portage salarial, un système assurantiel, la communication et, bien sûr, un outil de production numérique « commun ». Nous fournissons aujourd'hui aux collectifs adhérents une plateforme numérique qui se compose de deux modules principaux : un module d'e-commerce (prise de commande et paiement) et un module de logistique (gestion d'une flotte de livraison à vélo). Le premier permet d'une part à un client de commander en ligne, d'autre part à un restaurateur de gérer sa carte et ses commandes. Le second permet d'organiser la livraison : commander une course, l'attribuer à un livreur, grouper les courses par tournées, pour tout type de livraison, *foodtech* ou autres. Nous co-construisons cette coopérative avec, à ce jour, une trentaine de collectifs ou coopératives en Europe (Allemagne, Angleterre, Belgique, Espagne, France, Italie). Nous accompagnons également des associations d'insertion et d'emploi qui développent des activités de livraison à vélo dans le cadre d'une délégation de service public. Les initiatives se multiplient et, chaque semaine, de nouveaux collectifs souhaitant nous rejoindre nous contactent, confirmant l'utilité commune et l'impact concret de *notre projet*. À titre d'exemple, depuis le retrait de Deliveroo en Allemagne en 2018, une dizaine de collectifs souhaitant continuer à pratiquer leur métier sous forme coopérative nous contactent pour rejoindre la coopérative européenne.

Les arrêtés de Mai 1960 réduisent l'autonomie des conseils d'administrations des caisses nationales et locales au bénéfice de leurs directeurs. Les ordonnances Jeanneney d'août 1967 suppriment les élections à tous les niveaux dans les caisses de la Sécurité sociale et instituent un « partenariat social » faisant entrer dans les conseils d'administration les organisations patronales à parts égales avec les organisations salariales. La réforme Juppé en 1997 met la caisse nationale sous contrôle strict de l'État.

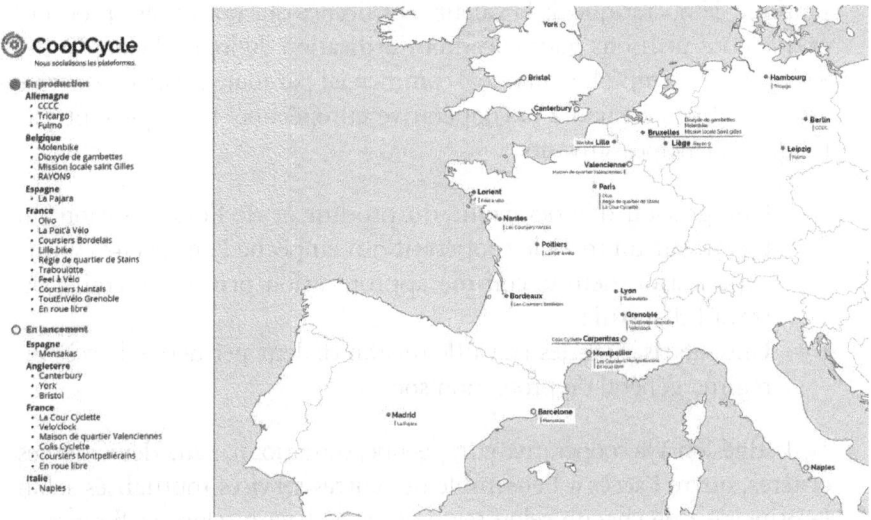

FIG. 3 – Document interne Coopcycle 2.

PRINCIPES, GESTE POLITIQUE ET *PRAXIS STEAMPUNK*

Un mode de production repose sur deux « institutions » de la valeur économique qui sont intimement liées. Il est fondé tout d'abord sur une pratique de la valeur (c'est-à-dire une façon de fixer un prix aux choses produites et à la force de travail) et, d'autre part, sur un régime de propriété (un droit à user de ces choses produites). Face à la pratique capitaliste de la valeur, le modèle coopératif répartit la valeur selon des modalités décidées lors d'un débat démocratique au sein de l'entité productive. Substituer un débat démocratique conscient à l'arbitraire du marché concurrentiel, c'est privilégier un rapport « entre personnes » à un rapport « entre chose ». Face à la privatisation capitaliste de la propriété fondée sur la construction d'artefacts juridiques (propriété privée, brevets, propriété intellectuelle, clauses de non-concurrence etc.), nous pratiquons un régime de propriété collectif et ouvert à toute pratique démocratique de la valeur[15]. La licence que nous avons produite et que nous utilisons pour encadrer l'utilisation du logiciel CoopCycle, « *Coopyleft*[16] », empêche son usage commercial par toute entité productive (qu'elle adhère ou non à la coopérative européenne) ne respectant pas les deux principes suivants :

- Une gestion démocratique du produit et de l'organisation du travail sur un modèle coopératif qui empêche l'émergence d'une exploitation définie comme appropriation privée arbitraire du travail d'autrui ;
- Une salarisation des travailleurs afin de leur permettre l'accès au régime général de protection sociale.

L'adhésion à la coopérative européenne, conditionnée aux deux mêmes critères, ouvre l'accès à l'ensemble des autres services mutualisés selon le principe « de chacun selon ses moyens à chacun selon ses besoins ». Ces services sont financés par la mutualisation d'un pourcentage prélevé sur la valeur ajoutée que produit chaque collectif local. Chaque collectif compte pour une voix dans les décisions collectives (priorisation des salarisations pour produire les services communs, fiches de postes, niveau des salaires, etc.) sans discrimination liée au poids économique ou à l'ancienneté, et ce par extension du principe « une personne = une voix ». L'objectif de CoopCycle est de démontrer et d'imposer, par la pratique, la possibilité d'une production non-capitaliste. Pour ce faire, CoopCycle substitue au couple « propriété privée/fixation marchande des prix » celui de « propriété collective/débat démocratique ». L'enjeu est de construire, sur cette base démocratique, un modèle économique pérenne qui permet aux livreurs de reprendre en main leur activité de

---

15 Notons ici les travaux de Cédric Durand, *L'Envers de l'économie numérique : Un capitalisme intellectuel monopoliste*, Note de recherche IFRIS, n° 7, 2018 et Carlo Vercellone, « La nouvelle articulation salaire, profit, rente dans le capitalisme cognitif », *European Journal of Economic and Social Systems*, 20/1 (2007), p. 45-64. Le premier démontre l'essor croissant des clauses relatives à la propriété intellectuelle au sein des différents accords commerciaux internationaux à partir des années 1990 et la distorsion des chaînes de valeur qu'elles impliquent. Le second souligne que ce mouvement moderne d'« enclosure » est une réaction du capital pour perpétuer sa mise en valeur par l'imposition de différentes formes de rente dans un contexte marqué par la hausse de productions immatérielles aux caractéristiques non-rivales et « non-excluables ».

16 La licence Coopyleft du logiciel CoopCycle a été créée par Vincent Bachelet, juriste en propriété intellectuelle, Vice-président de CoopCycle : https://wiki.coopcycle.org/fr:license.

livraison face au modèle capitaliste monopoliste des plateformes. Cela est rendu possible par la réduction des coûts et les économies d'échelles engendrées par notre projet de mutualisation.

Les outils concrets dont nous disposons pour remplir cet objectif sont multiples : i) La mutualisation des services et des outils de production et la réduction des coûts portés individuellement ; ii) La disparition de la catégorie de profit permettant le paiement des cotisations sociales liées à la salarisation des livreurs tout en permettant des prix compétitifs ; iii) Une gestion de la concurrence et des synergies entre collectifs présents sur une même ville permet l'extension d'une offre de service (continuité temporelle et territoriale), les collectifs pouvant se relayer sur des zones géographiques et des horaires différentes ;

> iv) La diversification des types de produits livrés en dehors du cadre unique de la *foodtech* dont le marché est saturé ;
> v) L'accompagnement et le soutien financier des projets naissants venant renforcer le réseau et la croissance de ce mode de production.

Nous développons également des montages de collectifs de livraison dans un cadre semi-institutionnel, notamment à travers l'inclusion de régies de quartiers ou d'associations d'insertion emploi dans CoopCycle. Cela nous permet d'étendre le réseau de production non lucrative de livraison à l'ensemble des territoires qui souhaitent s'impliquer dans la défense des conditions de vie des livreurs. L'institutionnalisation de notre approche nous permet de soutenir la concurrence avec de grands monopoles capitalistes grâce aux subventions directes ou indirectes que nous ouvrent ces activités. Le soutien des collectivités locales nous permet également d'accéder à des marchés publics et, ainsi, de diversifier les types de livraison proposés. Cette diversification, que nous tentons de développer au sein de chaque collectif, a pour but d'outrepasser la forte volatilité des demandes liées à la livraison de repas et sa concentration sur des créneaux horaires peu étendus pour permettre la salarisation des travailleurs.

L'implication d'acteurs semi-institutionnels d'intérêt public portés par des collectivités locales crée par ailleurs différentes synergies entre les coopératives et les organismes d'insertion emploi. D'une part nous facilitons l'accès à des emplois durables et coopératifs des travailleurs finissant leurs parcours d'insertion-emploi. D'autre part, ces entités d'insertion constituent des lieux de formation pour les coopératives du réseau qui voient leurs coûts d'embauche diminuer. Enfin, notre approche contribue à améliorer les politiques publiques pour l'emploi portées par les collectivités locales. Celles-ci trouvent alors un intérêt direct à défendre un outil juridique de propriété collective des outils de production numériques. Elles prennent ainsi un rôle de « boucliers institutionnels » là où nous n'avons pas encore les moyens de contrer des entreprises ayant un accès privilégié aux capitaux privés souhaitant s'approprier le logiciel dans une logique lucrative. La subvention de ces entités d'utilité sociale et de leurs travailleurs nous permet de faire goûter aux plateformes ce qu'elles nous imposent, à savoir le dumping social lié à la concurrence des statuts.

Rappelons qu'à ce jour, malgré les rentes prélevées sur les restaurateurs (représentant 30 à 40 % du montant total de chaque commande) et la baisse continue des rémunérations des livreurs, les plateformes telles que Deliveroo ou Uber Eats ne dégagent pas de bénéfices. La continuité de leur activité repose sur des levées de fonds spéculatives soutenues par la promesse d'un monopole total à terme. Notre stratégie de maillage territorial consiste à détruire ce fantasme, cette illusion monopolistique. Notre initiative s'adresse donc directement à leurs investisseurs dans le but de compromettre les futures levées de fonds des plateformes capitalistes de livraison, car le monopole qu'ils attendent n'arrivera jamais et ils auraient tout intérêt à se retirer tant que leurs pertes sont modérées.

CONCLUSION

Notre stratégie consiste donc à reproduire le geste politique qui est à l'origine du régime général de la sécurité sociale, afin de faire émerger une production non lucrative et démocratique sans profit, ni patron.

Or une mutualisation corporatiste ne suffit pas à développer des avantages comparatifs réels, car le risque élevé (accidents du travail, volatilité de la demande et du chiffre d'affaires, etc.) que présente la livraison à vélo n'est pas compensé par d'autres activités. La licence CoopCycle impose la mutualisation et la répartition démocratique de la valeur à tout collectif voulant l'utiliser. L'enjeu est maintenant d'encourager d'autres acteurs produisant des communs informationnels (plateformes coopératives, producteurs de logiciels libres, des universitaires et jusqu'aux *youtubeurs*...) à adopter cette pratique de la propriété collective non lucrative et la mutualisation de valeur pour qualifier et rémunérer le travail nécessaire à leur production. Il n'existe encore à ce jour aucune institution de la valeur encadrant la production des communs informationnels. Soit une chose est soumise à la propriété privée, soit elle ne l'est pas, comme en témoignent les mouvements du Logiciel Libre ou celui de l'*Open-source*. Aucun dispositif de propriété ne permet encore une valorisation du travail qui est à l'origine des communs informationnels. Pour ces raisons, notre objectif est de pousser, à l'échelle macroéconomique, à la reproduction de ce geste politique que nous avons mis en place sur le secteur de la livraison dernier kilomètre à vélo *via* CoopCycle. La constitution d'une licence commune rassemblant par son usage un ensemble de producteurs non lucratifs de communs informationnels est la première pierre de l'institution du travail des communs que nous souhaitons construire. Elle lierait les différents acteurs que nous avons cités autour de :

- Une forme de propriété : une « licence à réciprocité » fermant leurs productions informationnelles à tout usage lucratif ;
- Une institution de qualification du travail concret : une convention collective débattue démocratiquement entre les usagers de cette licence et les producteurs de communs informationnels permettant de déterminer les types d'activités ayant droit à une rémunération et à quel prix ;
- Une institution de qualification du travail abstrait : une caisse de mutualisation permettant de salarier les producteurs de communs informationnels (des contributeurs de Wikipédia aux développeurs de logiciels non-propriétaires).

Notre pratique vise à (re)construire un service commun non lucratif là où il n'a jamais existé. Autrement dit, organiser un juste retour envers le futur que nous souhaitons : celui qui porterait une institution de la valeur pour le travail des communs contre la seule qui existe réellement à ce jour, celle du capital[17].

Kévin POPERL
Vice-président de CoopCycle[18]

---

17   Lionel Maurel, *Les Communs numériques sont-ils condamnés à devenir des « Communs du Capital » ?*, Paris, Gestion des Entreprises Sociales et Solidaires (GESS), 2018.
18   Co auteurs : Aloïs Guillopé, développeur, vice-président de CoopCycle ; Pauline Langlois, coordinatrice d'équipes, vice-présidente et trésorière de CoopCycle ; Mathis Lorenzo, étudiant en Histoire, vice-président de CoopCycle, Claire Martinet, traductrice ; Jérôme Pimot, livreur, vice-président de CoopCycle.

LE GRAND ENTRETIEN

LE GRAND ENTRETIEN
AVEC MICHEL BAUWENS

Le grand entretien avec Michel Bauwens a été réalisé par Philippe Béraud[1].

Michel Bauwens s'est fait connaître par ses travaux sur le pair à pair dont il est l'un des principaux théoriciens et par la constitution de la fondation P2P dans laquelle il continue à déployer son activité de chercheur et de conseil pour les gouvernements et les villes. Ses recherches portent notamment sur l'évaluation prospective des technologies et des usages sociaux du numérique et sur l'analyse des biens communs informationnels. Dans ses deux dernières études, qui sont largement évoquées dans l'entretien, Michel Bauwens traite des nouvelles formes de comptabilisation de l'activité, ainsi que des promesses suscitées par l'intégration bien comprise des innovations numériques, comme la *blockchain*, dans l'organisation et le fonctionnement des communs. L'entretien s'est déroulé en octobre dernier.

Philippe BÉRAUD : Bonjour Michel Bauwens, et merci d'avoir accepté de répondre à nos questions pour la revue *Études Digitales*. Je souhaiterais tout d'abord vous demander de présenter votre trajectoire personnelle, ainsi que les raisons qui ont motivé votre réflexion et votre engagement dans des formes alternatives d'organisation et de valorisation des technologies numériques ; en particulier, bien entendu, à travers la création de la Fondation P2P et les travaux qui y sont menés. Est-ce que cet engagement était déjà en perspective dans les activités qui ont été les vôtres et qui ont précédé la création de la Fondation ?

---

1 La mise en forme des réponses de Michel Bauwens a été réalisée par Maïa Dereva, de la Fondation P2P, à qui nous adressons nos remerciements pour avoir effectué ce travail en tenant compte de l'esprit de l'entretien.

Michel Bauwens : Dans les années nonantes, après deux expériences de *start-up internet*, la direction d'une revue digitale et l'écriture d'un scénario de documentaire sur le transhumanisme (*TechnoCalyps*), ainsi qu'un rôle de directeur stratégique pour les activités *e-business* d'une grande entreprise de télécoms, je me suis senti de plus en plus en décalage avec mon travail dans l'industrie du *web*. Il me semblait que les signaux d'alarme relatifs à la crise écologique étaient déjà là, et que la société évoluait vers de plus en plus d'inégalités. Je me sentais faire partie du problème plutôt que de la solution. Mais comment faire pour trouver un engagement intelligent ? J'avais déjà un élément de réponse dès la fin des années nonantes car il me semblait que les réseaux numériques étaient en train de chambouler les logiques humaines dans pratique-ment tous les domaines d'activité. En particulier, le phénomène « pair à pair », c'est-à-dire la capacité technique de plus en plus d'humains de se connecter, de s'auto-organiser et même de produire de la « valeur » différemment. Autrement dit, l'isomorphisme d'une grammaire rela-tionnelle, qui avait jusque-là été l'apanage de petits groupes territoriaux, devenait soudainement une norme globale. L'importance de ce « fait total » me semblait indéniable et au moins au même plan que l'invention de l'imprimerie, qui avait déjà si profondément changé la société euro-péenne après le XVe siècle... J'ai donc décidé de prendre deux années sabbatiques, pour étudier les transitions sociétales dans le passé, et je me suis établi en Thaïlande, car de prime abord, cela me permettait de vivre trois ou quatre fois plus longtemps avec mes réserves, puisque j'ai dû autofinancer cette transition.

Au bout de deux ans, j'en suis arrivé à mes premières conclusions, notamment l'idée que les grandes mutations sociétales étaient toujours précédées par la prolifération de « formes de germes ». Forcément, quand une société est en crise structurelle et qu'elle fait face à des problèmes qu'elle n'arrive plus à régler, elle doit inventer de nouvelles réponses. Les formes de germes anticipent donc la société à venir, peut-être pas totalement. Mais en tout cas, une analyse préfigurative peut vraiment être réalisée. Il n'y a pas de prédictions sans failles évidemment, mais on peut *a minima* construire des scénarios possibles pour les transitions à venir. Il faut donc s'imaginer un système plus ou moins stable, une période chaotique intermédiaire et la reconfiguration éventuelle vers un nouveau système.

Notre conclusion principale est que nous vivons une révolution du régime de valeur, vers un système contributif, qui soit capable de valoriser aussi bien les contributions génératives non-marchandes (les externalités positives des « *commoneurs* ») que les externalités écologiques. Ce régime contributif est constitué de trois sphères institutionnelles que nous avons pu retrouver non seulement dans les communautés productives « immatérielles » (logiciel libre, *design* partagé, communs de la connaissance), mais aussi dans les communs urbains, que nous avons pu étudier en détail dans la ville de Gand en 2016.

— La première institution nouvelle est la communauté contributive libre. Nous sommes donc dans des régimes de contributions ouvertes, constitués en écosystèmes avec de nombreux acteurs possibles qui peuvent aussi quitter les projets assez facilement.

— La deuxième institution, ce sont les organisations de gouvernance qui s'occupent de la gestion de l'infrastructure de collaboration ainsi que la protection des communs et qui font la médiation entre les différents partenaires.

— La troisième institution est la coalition entrepreneuriale (ou *entre-donneuriale*, comme nous les appelons), c'est-à-dire tous les acteurs qui créent une activité marchande autour de ces communs.

Rien que le secteur marchand qui dépend des ressources immatérielles partagées constituait déjà 1/6ᵉ du BNP américain en 2011. Mais ce qui nous intéresse c'est la transformation simultanée de :

— La société civile, « orientée commun » et qui doit désormais être reconnue comme productive ;

— La sphère marchande, qui doit devenir générative et non plus rester purement extractive ;

— La puissance publique, qui devient le facilitateur de la coopération sociétale, c'est-à-dire que l'État devient un « État Partenaire », instituant des protocoles de collaboration public-communs.

PB : Pourriez-vous resituer le rapport *P2P Accounting for Planetary Survival*[2] dans la progression de votre réflexion à partir de vos précédents travaux, notamment *Values in the Commons Economy*[3], où vous discutiez de la comptabilité REA (ressources, évènements, actions) comme

---

2   https://www.shareable.net/report-p2p-accounting-for-planetary-survival/
3   https://p2pfoundation.net/book/value-in-the-commons-economy

comptabilité contributive ? Quelles sont les intentions à l'origine de la conception de cette nouvelle étude ?

MB : Pour moi, le problème central de notre économie politique est qu'elle crée de la valeur à partir d'activités extractives et ignore les externalités positives et négatives, du point de vue social et écologique, de ses activités. Il faut donc essayer de créer un système de valorisation qui en tient compte structurellement, et non pas uniquement de l'extérieur, sous pression de l'État. C'est donc un problème informationnel, de valorisation et de régulation. Il y a aujourd'hui des initiatives innovatrices au niveau des comptabilités :

— Les comptabilités « contributives » qui peuvent rémunérer les contributions, et pas seulement le travail marchandise ;
— Les comptabilités de flux que vous mentionnez, où le REA est un excellent exemple. Cette comptabilité élimine la double entrée qui est fondamentalement « narcissique » car elle s'intéresse uniquement aux agents économiques, sans tenir compte des écosystèmes auxquels ils participent.
— La comptabilité thermodynamique, c'est-à-dire une vision directe, à tous les niveaux du micro au macro, de la disponibilité des ressources, afin de ne pas outrepasser les limites planétaires.

Nous combinons dans notre approche une augmentation de la coordination des forces non marchandes, une vision d'une économie régénérative avec des monnaies intelligentes qui incluent les données physiques et énergétiques, et un rôle coercitif réel, mais limité, de la part des institutions de gouvernance, qui protège la planète en tant non seulement que ressource limitée, mais en tant qu'agent naturel, avec lequel nous avons besoin d'une coopération.

Pour donner deux exemples d'initiatives dans ce contexte :

— Le projet *Reporting 3.0*, qui propose une approche multicapitaliste des ressources (chaque capital est reconnu dans sa spécificité, sans dessein de financiarisation), par le biais d'un *Global Treshold* et *Allocation Council* qui détermine les limites des usages de ressources pour chaque agent.
— Le *Regen Network*, qui propose de financer directement les activités régénératives et socialement reconnues, par le biais d'une finance circulaire, que nous expliquons dans ce rapport.

On peut également penser à des projets comme Terra0 qui donne une autonomie défensive aux ressources naturelles comme les forêts, ou à des projets comme Mattereum qui crée une plateforme pour pouvoir rendre circulaire les objets de consommation.

Donc, pour résumer la progression de notre approche :

1. Dans une première phase nous cherchons à comprendre l'émergence du modèle de production entre pairs, constitué par des communautés contributives à l'accès libre, soutenues par des associations pour la gouvernance des infrastructures communes, et des entrepreneurs associés. Nous émettons l'hypothèse que cela représente un nouveau modèle de gouvernance sociétale : une société civile productive, un État partenaire et une économie « générative » ;

2. Dans une deuxième phase, celle du rapport *Value in the Commons*, nous développons des idées pour une nouvelle valorisation contributive, et dans un rapport moins connu, *The Thermodynamics of Peer Production*[4], une valorisation thermodynamique ;

3. Dans cette troisième phase et avec ce nouveau rapport, nous examinons les conditions matérielles, et les structures sociotechniques, que nous devons développer pour rendre opérante cette nouvelle économie, que nous appelons aussi cosmo-locale (partage collaboratif et global des connaissances, mais en appliquant le principe de subsidiarité pour la production matérielle)

PB : Lorsque vous évoquez les principes sur lesquels se fonde votre étude, vous insistez sur les insuffisances de la théorie et de l'analyse économique, en mettant notamment en relief l'incapacité à prendre en compte correctement les externalités positives ou négatives dans l'activité des agents et dans la comptabilisation de leurs actions. Implicitement, vous considérez donc que les héritages contemporains des travaux de Marshall, Pigou, Meade ou Coase apparaissent insuffisants pour traiter des externalités liées à l'activité économique. En corollaire, vous soulignez que l'objectif consiste à internaliser dans la production et la distribution de valeur les contributions qui sont externalisées et non prises en charge dans la comptabilisation de l'activité. Pourriez-vous développer ces points importants pour vous ?

---

4 http://commonstransition.org/peer-peer-commons-matter-energy-thermodynamic-perspective/

MB : Ici je dois surtout insister sur mon ignorance. Je serais incapable de faire une critique interne des sciences économiques, et je ne suis pas économiste. Néanmoins, de l'extérieur, mais en rejoignant les critiques internes des économistes hétérodoxes et écologiques, je peux quand même constater que la science économique a des prémisses qui sont une abstraction antiécologique. Et dans la pratique, ni les entreprises ni les gouvernements n'ont de comptabilités qui tiennent compte des valeurs non marchandes. Si on essaie d'intégrer tant bien que mal certaines ressources humaines et naturelles, c'est avec grande difficulté et sans remettre en cause les priorités « extractives ».

Donc, imaginons une refondation de l'approche. Premièrement, la valeur n'est pas uniquement marchande, elle est multiple. Dans l'approche multicapitaliste par exemple, on reconnaît six types de capitaux. S'ils ne sont pas financiarisés, il faut néanmoins en tenir compte. Dire qu'il y a de la valeur non marchande, veut aussi dire, reconnaître toutes les contributions : c'est ce qui se passe déjà dans certaines communautés *open source*. Un des projets de recherche dans lequel la *P2P Foundation* a participé, le *P2P Value*, a étudié trois cents communautés et a trouvé que les trois quarts d'entre elles utilisaient déjà ce type d'outil ou étaient en train de l'expérimenter.

Deuxième principe : l'économie n'est pas seulement définie par la rareté mais aussi par l'abondance. Il y a soit des ressources abondantes, soit des ressources qui se renouvellent, soit de grandes possibilités de créer de l'abondance d'accès par une mutualisation intelligente. Or, l'économie néoclassique est entièrement basée sur la rareté, et si le marché est un outil convenable pour gérer l'allocation de ressources rares, le capitalisme contemporain est devenu une machine qui crée de la rareté artificielle systématique. Une économie des communs doit donc être reconstruite sur des principes et des axiomes entièrement différents.

Troisième point important, le capitalisme a renversé les buts et les moyens. Une entreprise doit servir à fournir efficacement ce dont l'humanité a besoin, et le profit ne peut qu'être un moyen. Je suis donc partisan d'une comptabilité d'impact, comme le proposent le mouvement de Christian Felber et sa comptabilité du bien commun. C'est une comptabilité basée sur dix-sept *clusters* d'impact, dont le profit ne constitue que 15 % des résultats. Ce qui compte c'est que l'entreprise serve le bien commun. Avec une telle comptabilité, on peut alors taxer moins les entreprises qui font des avancées sur ces impacts, et plus celles qui sont les plus extractives. Dans ce scénario vous avez toujours des entreprises, mais leurs motivations ont complètement changé, et celles qui survivent seront celles qui font avancer le bien commun.

Dans la précédente question, j'ai déjà insisté sur le développement des comptabilités thermodynamiques, qui donnent un accès direct à des ressources qui peuvent être utilisées, sans pour autant dépasser les limites planétaires. Il y a donc un énorme travail pratique à faire, mais il faut aussi théoriser, et développer une science économique du bien commun.

PB : Vous mettez en relief la distinction entre pratiques extractives et pratiques génératives, ainsi que la nature des formes institutionnelles et des régimes de propriété qui les accompagnent. Pour illustrer, vous citez les exemples opposés de l'agriculture industrielle et de l'agriculture biologique, ainsi que les cas d'Uber et d'AirBnB. À partir de cette distinction, vous cherchez à interroger la manière dont il faudrait faire évoluer le système économique et institutionnel pour que soit évaluée positivement la contribution des activités génératives, contrairement à la situation actuelle où ce sont les activités extractives et prédatrices qui sont valorisées. Pouvez-vous préciser comment vous concevez les conditions de cette évolution ?

MB : Prenons un exemple concret. Si vous êtes un agriculteur disons « industriel » et que vous utilisez abondamment des pesticides, etc. vous allez recevoir pas mal de subsides de l'Union Européenne, tout en créant d'énormes dégâts en termes de pollution et de santé humaine. Par contre, admettons que vous soyez un paysan qui pratique une agriculture biologique. Terre des Liens, une organisation qui regroupe des terres dans un *trust* pour créer des conditions locatives tout à fait intéressantes pour les agriculteurs, a démontré que, plus il y a de membres de cette coopérative dans un département français, moins l'État va dépenser pour dépolluer les eaux. C'est donc un impact (externalité) écologique positif, qui est très rarement compensé ou financé. Il faut donc clairement renverser cette logique, et ceci d'une façon vraiment « structurelle » et institutionnelle. C'est la question centrale des initiatives orientées « commun ». J'ai déjà suggéré une solution financière, mais je voudrais

poser le problème en termes plus généraux : il faut surtout commencer
à développer des protocoles de coopération public-communs, tels que
le règlement de Bologne et qui a déjà été repris par cent cinquante
villes italiennes. Dans ces villes « Co-Cities », il y a le plus souvent un
lab, portail unique pour permettre aux initiatives de dialoguer avec la
ville ; selon les modèles de la gouvernance « quintuple », un processus
est mis en place qui permet à une alliance de quatre institutions (la
ville, la chambre de commerce, les institutions de recherche, et la
société civile organisée) de se mettre d'accord pour soutenir ces initiatives, après la conclusion d'un « accord des communs », qui établit un
contrat entre la ville et les collectivités. Voilà donc un exemple de nouvelle institution qui a énormément démultiplié le nombre d'initiatives
citoyennes. Imaginons maintenant que les villes soient régies en partie
par des conseils de transition qui structurent ces rapports en créant
justement aussi des grilles d'impact d'investissements. Imaginons que
les *commoneurs* eux-mêmes créent des formes d'auto-organisations qui
dépassent la fragmentation des initiatives, telles que des « Assemblées
des Communs » ou des « Chambres des Communs ».

Ce qui m'intéresse aussi c'est la possibilité d'utiliser des associations
de villes pour créer l'infrastructure sociotechnique afin de réaliser les
transitions urbaines nécessaires. Dans ce scénario, les villes, avec leurs
alliés coopératifs et la finance éthique, créent des « banques de *designs*
ouverts à l'échelle mondiale », des « coopératives de protocoles » qui
vont assembler les logiciels nécessaires afin qu'ils puissent être adaptés
localement. Pensez à la mobilité partagée, à l'habitat partagé, etc.,
tout ce qui, en même temps, diminue le poids thermodynamique de
notre économie et qui est aussi plus inclusif socialement, car beaucoup
moins cher.

Tout cela dépend évidemment aussi d'un changement de mentalités
parmi les politiques et les administrations. Comme nos propositions
sont transformatrices, nous pensons que nous pouvons convaincre les
forces de gauche de dépasser leur néokeynésianisme, et comme nos propositions intègrent les formes de marché génératives, nous pensons que
nous pouvons également obtenir le soutien des forces entrepreneuriales
qui sont conscientes de la nécessité d'un changement.

Comme vous mentionnez aussi Uber et AirBnB, je précise que c'est
une forme de capitalisme qui ne produit plus lui-même par le travail

marchand, mais qui laisse échanger ou travailler les pairs par le biais de leur plateforme, tout en y extrayant une taxe transactionnelle souvent très élevée… et ce modèle contribue donc au renforcement de la précarisation du travail. Pourquoi ne pas plutôt créer des plateformes coopératives, multipartenariales, où le surplus peut être investi dans le développement continu des services ?

PB : Dans votre étude, vous identifiez quatre formes principales de mise en valeur des technologies, notamment numériques : un premier modèle de captation de la valeur par les plateformes centralisées et contrôlées, à l'image de Facebook ou de Google ; un deuxième fondé sur un capitalisme distribué, caractérisé par des structures formellement décentralisées ; un troisième centré sur les espaces communs urbains, en référence notamment aux configurations SLOC d'Enzio Manzini (*Small, Local, Open, and Connected*) ; enfin, un quatrième modèle porté par des communautés globales de conception ouverte, et contribuant à la création de biens communs mondiaux. Comment analysez-vous les transformations qui permettraient de faire converger ces modèles vers un modèle coopératif à plusieurs dimensions, dont vous faites un objectif central ?

MB : Ah mais je ne suis pas sûr qu'ils puissent converger, car il s'agit de deux modèles extractifs *versus* deux modèles génératifs. La figure 1, extraite de l'étude *P2P Accounting for Planetary Survival*, permet d'illustrer cette opposition. Mais je crois qu'on peut transformer les deux premiers.
  Donc dans le premier modèle, il s'agit de plateformes privées qui permettent en général des échanges « pair à pair ». À première vue, il s'agit ici d'une sorte de mutualisation ou en tout cas de ce que les Américains appellent « *idle-sourcing* ». Plutôt que de devoir tous et toutes acheter indéfiniment des objets que nous n'allons finalement utiliser que très peu, nous pouvons y avoir accès grâce aux communautés de nos pairs, présents sur ces plateformes. Mais la logique de privatisation est contre-productive. Si dans un projet de *car-sharing* associatif une voiture partagée représente de neuf à treize voitures privées, ce qui est un gain écologique énorme, Uber, lui, met en concurrence les chauffeurs qui vont donc créer encore plus de trafic. On voit bien ici que l'alternative sociale et écologique ce sont indéniablement les plateformes coopératives.

Dans le deuxième modèle que je qualifie de « libertaire » ou anarcho-capitaliste, et qui est représenté par *Bitcoin* et la *blockchain,* bien que le modèle soit *open source* et communautaire, le *design* des plateformes est également extractif. Dans ce cas précis, nous proposons donc une stratégie que l'on appelle *« value-driven design »* : nous reprenons le projet, mais nous réfléchissons à une démarche qui va remplacer les principes de *designs* libertaires, c'est-à-dire uniquement basés sur les choix des agents (sans concertation ou intérêt commun, ni souci pour le bien commun externe au projet), par un *design* « orienté commun ». Donc la monnaie ne sera pas une monnaie marchandise, mais une monnaie à crédit mutuel ou qui se base sur les externalités écologiques.

Dans le troisième cas, le problème des communs urbains est leur financement et leur manque d'échelle, c'est donc là que les pouvoirs publics peuvent jouer un rôle central en commençant à financer tous les impacts positifs réalisés par ces projets.

Dans le quatrième cas, ce sont des communs globaux, mais qui sont quand même dominés par des grandes entreprises privées. Nous pouvons créer des alliances de l'économie solidaire, par le biais de nouvelles licences que nous appelons « licences à réciprocité renforcée ». Il s'agit ici de garder le principe de partage de la connaissance, cruciale pour l'avenir écologique de l'humanité ; avec une commercialisation qui sera conditionnée à une réciprocité, telle que définie par les organes des communautés *open source.*

Nous sommes donc dans tous les cas pour des approches concrètes, mais aussi transformatrices. On analyse la réalité telle qu'elle est, et on propose des « *hacks* » appropriés…

LEDGER PROJECTS :		
LIBERTARIAN	vs.	COMMONS-BASED
Examples :		
Bitcoin, Ethereum, Blockchain		Holochain, Faircoin, EcSA
Principles :		
Commodity-Based		Mutual Credit, Contribution-Based
Tokens and Cryptocurrencies		and Asset-Backed Tokens

Competitive Games	Cooperative Games
Smart Contracts (individual to individual)	Ostrom Contracts (social contracts and charters)
Oligarchic Proofs of Consensus (one dollar, one vote)	Distributed and Contributory Proofs
One World Ledger to Rule Them All	Interoperable P2P Ledger Systems
Ethereum	Holochain
Market Value	Value Sovereignty
Extractive Ecosystems	Generative, Nature-Friendly Ecosystems
Profit-Driven	Impact, Purpose, For-Benefit Driven
Trustless	Trustful (Web of Trust)

FIG. 1 – *Contrasting the Propertarian Blockchain with Commons-Based Ledger Systems*
Source : *P2P Accounting for Planetary Survival, ibid.*, p. 45.

PB : Dans vos deux études, *Values in the Commons Economy* et *P2P Accounting for Planetary Survival,* vous mettez l'accent sur les effets positifs induits par la priorité que les communautés de production par les pairs accordent à la création de valeurs d'usage (et non de valeurs d'échange), à « la souveraineté des valeurs » pour la reconnaissance des différentes formes de contribution et la circulation de la valeur, au « transinvestissement » qui favorise la croissance des actifs et des infrastructures propres à la production de biens communs, ainsi qu'à la mutualisation des moyens et à la réduction des inégalités qui tendent à faire baisser les coûts tout en évitant la surutilisation des ressources. Pourriez-vous préciser ces différents éléments de réflexion, et expliquer votre conception des communs, y compris dans leurs relations économiques avec le marché et l'État ?

MB : Dans l'excellent livre de Dominique Meda sur l'histoire des conceptions du travail, liées aux conceptions de ce qui constitue la « valeur », elle démontre qu'une décision a été prise au XVIIIe siècle, pour uniquement reconnaître les valeurs marchandes, liées à la rareté et à une « extraction ». Ce qui veut aussi dire que toutes les activités qui créent de l'abondance n'ont pas de valeur puisqu'elles détruisent la rareté. Nous sommes donc dans un système qui est structurellement incapable de financer directement les activités génératives. C'est pourquoi un paysan bio qui enrichit son sol, va gagner beaucoup moins qu'un paysan industriel qui va appauvrir son sol année après année. Dans les communs, nous voyons un autre régime de valeur à l'œuvre, celle de la contribution, et nous avons aujourd'hui des outils pour une évaluation de cette contribution. Notre première constatation est donc qu'à l'intérieur de l'économie du commun, nous pouvons redistribuer cette valeur. De plus, il existe une membrane avec la sphère marchande et étatique qui va déterminer une redistribution de la valeur reconnue extérieurement, selon les nouvelles règles contributives. Avec l'étude européenne *P2P Value*, en examinant trois cents communautés productives « pair à pair », nous avions pu constater la normalisation d'expériences de comptabilité contributive, que nous avons théorisée dans le petit ouvrage *Value in the Commons*. Nous avons donc deux régimes monétaires, avec des logiques différentes, qui doivent interagir. (Pensez aux monastères chrétiens du Moyen-Âge, exactement dans la même position, où le communisme du monastère devait collaborer avec la sphère marchande et féodale externe). La communauté contributive doit donc utiliser des formes de collaboration, où la sphère marchande ne peut pas « manger » la sphère du commun. La solution est donc d'utiliser le capital, non pas pour augmenter le capital, mais pour augmenter les communs. Un exemple : admettons que vous voulez développer un logiciel libre essentiel pour une branche économique. Vous pouvez donc créer une structure double : une pour le capital, qui sera rémunérée, mais qui ne devient pas propriétaire de l'entité, et ce capital servira tout simplement à développer le logiciel libre, qui est donc un commun. Vous voyez donc ici non un investissement, qui augmente le cycle du capital, mais bien un transvestissement, car le capital sert à augmenter le *stock* et la valeur du commun.

PB : Vous insistez particulièrement dans votre étude sur les implications positives multiples de la *blockchain*, la « technologie du grand livre distribué », comme nouvelle forme, ouverte et partagée, de comptabilisation de l'activité économique. À l'exemple d'auteurs comme Weber et Sombart, vous rappelez l'importance du rapport entre comptabilité et évolution des économies et des sociétés. Vous soulignez que cette technologie permet non seulement d'intégrer l'ensemble des transactions tout au long de l'activité, mais qu'elle favorise également l'intégration de toutes les formes de contribution, et donc des externalités, concluant, je vous cite, qu'il « s'agit d'une extension des principes de l'économie *open source*, à la production physique ». La *blockchain* apparaît ainsi comme une « comptabilité écosystémique en réseau », que vous qualifiez d'innovation radicale. Comme cette technologie peut se décliner en *blockchain* privée et *blockchain* publique, qu'elle est courtisée aujourd'hui par la plupart des grandes entreprises, et qu'elle entretient un rapport complexe et flou avec les *crypto*monnaies à caractère spéculatif comme le *Bitcoin*, pouvez-vous préciser votre interprétation sur les implications favorables de la *blockchain* et sur le sens que vous donnez au caractère d'innovation radicale dans ce contexte ?

MB : Je crois que vous m'avez mal compris, je vais donc essayer de corriger le tir, car c'est très important. Effectivement, je crois que la comptabilité, en tant qu'outil qui permet de voir le monde (mais aussi nous y force !), est liée aux formes sociétales régnantes. Il y a donc eu invention de la comptabilité en Mésopotamie, ce qui signifie la naissance des sociétés avec des formes étatiques. Puis la comptabilité en partie double s'est mise en place en même temps que les autres germes du capitalisme. La vision de cet outil pour organiser le monde est une vision où l'on ne voit que des entités compétitives, ce qui rentre et sort, et ce qui reste pour « nous ». Énormément d'externalités positives et négatives échappent à son regard. Dans ce contexte, l'invention de la comptabilité REA par exemple, qui gère le flux dans un écosystème et sans double entrée, est déjà *ipso facto* un germe post-capitaliste. Voilà donc pourquoi l'émergence d'un premier modèle de comptabilité partagée, la *blockchain*, est tout à fait intéressante et un pivot historique. Mais attention, c'est un projet entièrement libertaire, dans la lignée de « l'*Austrian economics* ». Le design de la *blockchain*, malgré ses aspects écosystémiques et *open source*, reste donc très fortement ancré dans une vision extractiviste du monde. Comme structure associée, le *bitcoin* est également intéressant comme pivot car c'est la première monnaie « socialement fondée » qui a réussi un passage à l'échelle mondiale. Mais comme vous savez, le *bitcoin* est doublement extractiviste, par rapport à son extraction de valeur *ex nihilo* de tous ceux qui viennent « après », mais aussi directement par son appétit énergétique. On ne peut donc pas être simplement enthousiaste sur le *bitcoin* et la *blockchain*. Il faut plutôt reconnaître leur rôle historique transitionnel, tout en insistant sur le fait que les comptabilités partagées à venir doivent adopter des principes de l'économie générative. C'est pourquoi dans notre rapport nous insistons aussi sur d'autres projets comme la *Holochain*, qui sont basés sur des principes biomimétiques, eux-mêmes basés sur l'écologie naturelle, et beaucoup plus aptes à y intégrer « *l'autre loi de la jungle* » c'est-à-dire les principes de mutualisation et de coopération.

PB : Dans la continuité de votre interprétation de la *blockchain*, vous faites référence aux *crypto*monnaies ou *crypto*actifs, et à la *token economy* ou *crypto*économie, pour désigner une organisation économique qui peut favoriser la production commune par des pairs, en améliorant l'intégration des activités coopératives, la mobilisation des moyens d'un point de vue génératif, ainsi que la régulation et l'allocation des ressources naturelles, tout en prenant en compte les exigences sociétales. Vous soulignez la nécessité de faire de ces réseaux distribués des réseaux de confiance, plus coopératifs, égalitaires et durables. Vous argumentez, en ce sens, en faveur d'une substitution des contrats Ostrom, fondés sur des principes de durabilité et d'équité, aux contrats commerciaux de type Etherum. Pouvez-vous développer ce point de vue, qui pose également le problème du statut et des fonctions de la monnaie, ainsi que des rapports entre les *crypto*devises et les marchés monétaires et financiers ?

MB : Le système monétaire dominant aujourd'hui a de multiples problèmes. Il ne donne aucune information sur l'état de la nature, de ses êtres et de ses ressources. Il est, dans son immense majorité, produit par la dette créée par les banques privées, et donc soumis à l'impératif du crédit qui doit être remboursé, ce qui crée une obligation de croissance. Il représente l'équilibre des forces des nations. Donc, notre planète a besoin d'une monnaie qui reflète l'état de la nature et les limites planétaires, comme la monnaie intelligente *FishCoin* qui représente les *stocks* de poisson ET leur droit à la reproduction. Nous avons besoin de création monétaire « sans dette » (voir les propositions de la *Modern Monetary Theory*), et nous avons besoin d'une « biodiversité » monétaire, avec des monnaies sociales qui représentent de nouvelles communautés transnationales. Pour le moment, nous n'avons toujours pas de monnaie qui représente tous ces critères, mais nous sommes dans une période de reconstruction monétaire. *Bitcoin* est basé sur une souveraineté sociale et non étatique, mais c'est une monnaie d'exploitation sociale et de destruction écologique, pour ne donner qu'un exemple. Je suis assez partial touchant les propositions écosystèmiques de Bernard Lietaer. Nous avons donc plusieurs niveaux de monnaies interdépendantes : 1) les monnaies locales, qui stimulent l'économie territoriale de proximité ; 2) les monnaies communautaires virtuelles, qui représentent des territoires transnationaux non étatiques 3) les monnaies nationales, mais libérées de leur dépendance vis-à-vis des banques privées ; 4) une monnaie globale, qui détermine les flux thermodynamiques autorisés... Mais il est trop tôt pour pouvoir dire comment tout cela va coopérer dans un modèle interdépendant. Nous devons donc attendre et passer à travers une transition chaotique.

Nous devons nous attendre à deux types de *crypto*monnaies à côté des monnaies « marchandises » comme *Bitcoin* : 1) les monnaies de type « crédit mutuel » qui dépendent du travail humain, disons les monnaies contributives 2) les monnaies « marchandises » mais qui reflètent une intelligence écologique : les monnaies thermodynamiques. Il est possible que la monnaie universelle à venir soit une monnaie qui reflète l'énergie disponible pour l'humanité à un moment donné.

PB : Les promesses des technologies numériques, notamment la *blockchain*, les *crypto*devises, l'*internet* des objets et la généralisation de l'économie des plateformes, peuvent apparaître également comme différents régimes de *pharmakon*, au sens de Derrida et de Stiegler, c'est-à-dire à la fois des remèdes et des poisons. L'exemple des services gratuits fournis par les plateformes centralisées en contrepartie de l'extraction des données et de l'appropriation exclusive de la valeur économique, penche vers cette interprétation. Comment analysez-vous les forces à l'œuvre qui pourraient à l'avenir permettre d'inverser ces rapports de pouvoir, et permettre de ramener ces technologies dans les biens communs ?

MB : Vous avez tout à fait raison sur les dangers de la technologie. Mais c'est bien pour cela que nous insistons sur le « *value-driven design* ». Comme vous l'avez vu dans notre réponse à la cinquième question, nous examinons chaque fois les présupposés des technologies utilisées. Nous insistons sur l'aspect sociotechnique des plateformes, qui sont toujours une façon d'organiser également les rapports sociaux. Et nous soutenons les projets basés sur le principe de la souveraineté technologique, tels que le projet social des Ateliers Paysans ou la politique technologique de la ville de Barcelone. En général, nous insistons sur le fait que les projets sont avant tout des projets humains. On doit dès lors choisir quelles technologies sont le plus compatibles avec les besoins d'un projet, plutôt que de partir des principes du techno-solutionnisme. Si la communauté est consciente de ces principes, et si cela peut s'exprimer dans une charte sociale, il en suivra que le choix ou le *design* des outils seront plus en harmonie avec les buts de la communauté. Cela dit, on vit dans un monde qui n'est pas sous le contrôle des forces génératives, il faut donc souvent composer. Mais comme l'avait déjà montré Michel de Certeau, les communautés d'utilisateurs peuvent adapter des technologies à leurs propres *desiderata*. Il faut avoir une attitude holistique ou « intégrale », et faire en sorte que les outils soient l'expression de la relation sociale souhaitée, dans la mesure du possible, plutôt que de simplement suivre les *diktats* des firmes technologiques. Il va cependant de soi que tout cela est une lutte car les forces aliénantes sont très fortes et omniprésentes. Notre idée de base est de créer une membrane protectrice autour des projets de production entre pairs, et de réguler les flux avec des outils de protection appropriés, tels que les licences à réciprocité renforcée, etc.

PB : Vous traitez fréquemment dans vos travaux de l'articulation entre les communs, le marché et l'État. Pensez-vous qu'une impulsion par une politique de relance de l'État, qui stimulerait les investissements dans les infrastructures, en particulier dans le numérique, mais également une politique des revenus qui se traduirait par une réduction des inégalités, pourrait favoriser la croissance des biens communs et encourager l'usage coopératif des technologies numériques ? Dans ce cadre, quelle est la place que vous accorderiez respectivement à l'État et au marché ?

MB : Je suis effectivement assez partisan des initiatives type *Green New Deal*, tout en étant conscient de leurs limites dans un contexte thermodynamique. Il est impératif effectivement de mettre les gens au travail et de leur garantir des revenus ; mais en même temps ces politiques doivent respecter les grands équilibres de la planète. Il faut donc lier ces politiques aux grands remaniements de nos systèmes d'infrastructures d'approvisionnement, et donc mutualiser les infrastructures pour les besoins humains pour diminuer effectivement notre poids sur la planète. Je suis un ferme partisan de l'élargissement des politiques publiques d'achats par des politiques de mobilisation de toute la population grâce à des financements d'impacts pour toutes les activités génératives qui peuvent être prouvées et vérifiées, ce que j'appelle la finance circulaire. Comme vous savez, François Grosse, dans son étude pour Veolia, a développé le critère impératif pour une économie « perma-circulaire » : nous ne pouvons dépasser une croissance d'un pourcent par an en ce qui concerne les ressources matérielles et énergétiques. C'est tout le sens des approches qui visent à une décroissance de l'usage des ressources. Mais attention, il faut mettre en équilibre ces efforts par des politiques du bien-être « qualitatif ». Mieux vivre tout en protégeant la terre, voilà le défi. Donc il y a trois acteurs, pas deux : le niveau étatique, dans un contexte de coopération transnationale, doit mettre en œuvre une politique d'autolimitation au niveau des ressources tout en stimulant des politiques de travail et de revenus orientés vers les activités génératives ; les forces marchandes et citoyennes, incluant les mobilisations informelles rendues possibles par les réseaux, sont alors mobilisées pour atteindre ces objectifs. L'État est donc une force de mobilisation et qui met des limites, mais pas une force bureaucratique... Son rôle essentiel est de faciliter la mise en œuvre d'efforts librement consentis et auto-organisés qui peuvent atteindre les buts essentiels visant à préserver le bien commun et la survie de la planète.

PB : Pour terminer cet entretien, je souhaiterais vous demander quels sont vos projets de recherche, dans le prolongement des deux études dont nous avons parlé, et dans le cadre de la Fondation et du laboratoire P2P. Quelles sont les réflexions que vous voudriez approfondir et quelles perspectives concrètes allez-vous donner à votre travail ?

MB : Nous avons plusieurs projets en chantier. Le premier angle est celui du modèle de production que nous appelons cosmo-locale, c'est-à-dire où « tout ce qui est léger est global est partagé » et se fait donc par le biais d'écosystèmes collaboratifs *via* des grandes plateformes *open source*, mais « tout ce qui est lourd est fait plus localement », selon le principe de la subsidiarité de la production matérielle. Il s'agit donc de maintenir un monde global en termes de collaborations technologiques et culturelles tout en diminuant le poids thermodynamique de l'humanité, car les transports de marchandises coûtent maintenant trois fois (en matière d'énergie) le coût de production. Nous travaillons à un livre avec des descriptions de cas existants, tandis que le *P2P Lab* a entamé un grand projet de recherche sur le sujet. Je suis moi-même en train de *prototyper* le premier MOOC, cours ouvert en ligne, sur l'économie du commun, qui sera produit à Séoul l'année prochaine. L'équipe du *Time Lab* à Gand, avec notre présidente Evi Swinnen, a lancé une école du commun, qui a connu un franc succès dans le pays flamand. Je travaille aussi sur une approche plus historique, c'est-à-dire une étude plus approfondie sur l'histoire des communs dans les changements sociétaux. Nous continuons aussi le travail avec des villes : je reviens d'une rencontre avec le maire de Séoul, qui veut changer le modèle de la ville pour devenir une « ville en commun » (après Gand, Amsterdam, Sydney, etc.). Et nous cherchons des fonds pour faire une suite à notre rapport sur les comptabilités partagées, qui devrait plutôt se focaliser sur les chaînes logistiques.

VARIA

DE LA DISRUPTION À LA CONTRIBUTION

Pharmacologie du capitalisme numérique
à l'ère de l'Anthropocène

> Si les civilisations naissent et meurent, si de puissants empires et de grandes cultures déclinent et sombrent sans catastrophes extérieures – et bien souvent ces « causes » extérieures sont précédées d'un pourrissement interne moins visible qui appelle le désastre – c'est en raison de cette particularité du domaine public qui, reposant finalement sur l'action et la parole, ne perd jamais complètement son caractère potentiel. Ce qui sape et finit par tuer les communautés politiques, c'est la perte de puissance et l'impuissance finale ; [...] Le pouvoir qui n'est pas actualisé disparaît et l'Histoire prouve par une foule d'exemples que les plus grandes richesses matérielles ne sauraient compenser cette perte.
> Hannah ARENDT, *Condition de l'homme moderne*, 1958.

INTRODUCTION

Dans un article intitulé « En finir avec l'épopée. Récit, géopouvoir et sujets de l'Anthropocène » Christophe Bonneuil et Pierre de Jouvancourt remettent en question le récit hégémonique et prétendument apolitique qui domine l'histoire de l'Anthropocène. Le récit dominant est celui d'une espèce humaine indifférenciée prenant le contrôle de la planète, inconsciente de ses actes et soumise à une dynamique globale de croissance (démographique, économique et technologique) qui fait ici office de moteur de l'histoire. Selon les auteurs, ce « récit épopée » s'appuie essentiellement sur des données statistiques mesurant des grandeurs environnementales globales, qui, si elles peuvent être utiles pour comprendre les dérèglements écologiques mondiaux, contribuent surtout à masquer les désaccords politiques, les divergences d'intérêts et les enjeux de pouvoir par une « mise en nombres de la Terre et des impacts humains[1] ». Dans une telle « histoire par le chiffre », qui participe de la mise en quantité du monde par l'économie, « il y a des processus à l'œuvre mais pas d'humains ou de collectifs agissants[2] ». Les auteurs se voient donc contraints de rappeler que « des techniques et des dispositifs ont été activés, décidés, instaurés[3] », que des choix ont été faits qui auraient pu être faits autrement, que des controverses et des conflits ont eu lieu. Bref, dans cette histoire humaine, qui est aussi celle du système Terre, « les choses ne vont pas d'elles-mêmes » : si ce sont des actes éminemment politiques qui ont produit la situation que nous appelons Anthropocène, « l'analyse historique devrait se concentrer sur ce qui est agissant au sein des groupes sociaux[4] ». Les auteurs s'appuient alors sur Hannah Arendt pour soutenir qu'« un devenir historique ne peut se saisir qu'avec un regard sur les actions humaines, car ce sont elles qui sont politiquement fondatrices[5] ».

Selon Hannah Arendt, en effet, c'est le caractère initiateur et novateur de l'action humaine qui permet de faire histoire. L'action désigne pour elle la faculté de débuter « quelque chose de neuf, auquel on ne peut pas s'attendre d'après ce qui s'est passé auparavant » : « le fait que l'homme soit capable d'action signifie que de sa part on peut s'attendre à l'inattendu, qu'il est en mesure d'accomplir ce qui est infiniment improbable[6] ». Contre « les chances écrasantes des lois statistiques et de leur probabilité[7] », l'action humaine « entreprend toujours du nouveau[8] ».

---

1   Christophe Bonneuil et Pierre de Jouvancourt. « En finir avec l'Épopée. Récit, géopouvoir et sujets de l'Anthropocène », in *De l'univers clos au monde infini*, Paris, Éditions Dehors, 2014, p. 61.
2   *Ibid.*, p. 61.
3   *Ibid.*, p. 61.
4   *Ibid.*, p. 61.
5   *Ibid.*, p. 61.
6   Hannah. Arendt. *Condition de l'homme moderne*, Paris, Calmann-Lévy, 1961 puis 1983, p. 234.
7   *Ibid.*, p. 234.
8   Hannah Arendt. « Du mensonge en politique », in *Du mensonge à la violence*, Paris, Pocket, 1972, p. 9.

Mais pour autant, « cela ne signifie pas qu'elle puisse partir de rien, créer à partir du néant » : au contraire, « on ne peut faire place à une action nouvelle qu'à partir du déplacement ou de la destruction de ce qui préexistait et de la modification de l'état de choses existant[9] ». « Ces transformations, ajoute Arendt, ne sont possibles que du fait que nous possédons la faculté de nous écarter par la pensée de notre environnement et d'*imaginer* que les choses pourraient être différentes de ce qu'elles sont en réalité[10] ». Bref, la possibilité de l'histoire et de la politique dites « humaines » semble donc supposer la capacité de « nier délibérément la réalité » au moyen de l'imagination, afin de pouvoir la transformer au moyen de l'action[11].

Or, ce sont précisément ces capacités à se projeter hors d'un état de fait et à produire des actes imprévisibles qui semblent aujourd'hui menacées par le fonctionnement du système technique numérique sous le régime de la « gouvernementalité algorithmique[12] » décrit par Antoinette Rouvroy et Thomas Berns et du « capitalisme 24h/24 7j/7[13] » analysé par Jonathan Crary. Cette neutralisation des capacités de rêver et d'agir (qui, si l'on en croit Arendt, constituent « la substance même » de la politique et de l'histoire[14]) par des technologies fonctionnant en temps réel au service de l'économie des données, semble particulièrement problématique à une époque où « le fonctionnement de la Terre tout entière devient une affaire de choix politiques humains[15] ». Si l'Anthropocène « signe la rencontre entre la temporalité longue de la

---

9   *Ibid.*, p. 9.

10   *Ibid.*, p. 9.

11   *Ibid.*, p. 10.

12   Voir les nombreux articles d'Antoinette Rouvroy sur ce sujet, et en particulier : Antoinette Rouvroy et Thomas Berns. « Gouvernementalité algorithmique et perspectives d'émancipation. Le disparate comme condition d'individuation par la relation ? », *Réseaux*, vol. 177, no. 1, 2013, p. 163-19 (URL : http://www.cairn.info/revue-reseaux-2013-1-page-163.htm); Antoinette Rouvroy et Thomas Berns. « Le nouveau pouvoir statistique. Ou quand le contrôle s'exerce sur un réel normé, docile et sans événement car constitué de corps 'numériques' », *Multitudes*, vol. 40, n° 1, 2010, p. 88-103 (URL : http://www.cairn.info/revue-multitudes-2010-1-page-88.htm); Antoinette Rouvroy. « La vie n'est pas donnée » in *Études Digitales* n° 2, Paris, Classiques Garnier, 2017. Nous revenons sur ces analyses dans la suite de l'article.

13   Voir Jonathan Crary. *24/7 Le capitalisme à l'assaut du sommeil*, Paris, La Découverte, 2014. Nous revenons sur ces analyses dans la suite de l'article.

14   Hannah Arendt. « Du mensonge en politique », in *Du mensonge à la violence, op. cit.*, p. 10.

15   Christophe Bonneuil et Jean-Baptiste Fressoz. *L'Évènement Anthropocène. La Terre, l'histoire et nous*, Paris, Seuil, 2013.

Terre et la temporalité de l'histoire humaine[16] », poser la question écologique de l'avenir de la planète n'implique-t-il pas du même coup de
s'interroger sur la possibilité, pour ceux qui se disent « humains », de
« choisir politiquement » ou d'« agir collectivement », dans des sociétés
devenues presque intégralement numériques et automatisées ?

En quoi le fonctionnement actuel des technologies numériques au
service de l'économie des données constitue une menace pour la socialité, le vivre ensemble, l'action et l'intelligence collective, au point de
conduire à ce que Wolfgang Streck décrit comme un état d'« entropie
sociale[17] » ? La gouvernementalité algorithmique et l'économie disruptive
correspondraient à l'émergence de sociétés « post-sociales » et « sous-
institutionnalisée », constituées d'« individus individualisés et incapacités », condamnés à adapter leurs existences aux forces du marché (I).
Serait-il alors possible de renverser les effets toxiques des technologies
numériques, afin d'en faire les supports et le milieu d'une nouvelle vie
politique, susceptible de produire ce que Bernard Stiegler décrit comme
de la « néguanthropie[18] », désignant ainsi la production d'organisation,
de diversité et de bifurcations au niveau psychosocial ? Les projets de
« *web* herméneutique » et d'« économie contributive » semblent avoir
pour fonction de reconstituer les processus de capacitation, de transindividuation qui rendent possible l'action et la projection collective (II).

Si les espoirs révolutionnaires semblent aujourd'hui épuisés[19], il s'agit
peut-être moins de remplacer le capitalisme numérique par un nouveau
système que de reconstituer les conditions économiques et technologiques d'une dynamique sociale et d'une puissance politique, afin de
faire du choc technologique la chance d'une nouvelle époque. Bref, il
s'agit peut-être moins d'entrer dans une ère post-capitaliste que de faire
bifurquer l'Anthropocène entropique vers un « Néguanthropocène[20] »
néguanthropique.

16 *Ibid.*
17 W. Streeck. *How will capitalism end ? Esssays on a failing system.*, Verso, 2017. Nous revenons
     sur ces analyses dans la suite de l'article.
18 Bernard Stiegler. *La société automatique. t. 1 L'avenir du travail, op. cit.*
19 Wofgang Streeck. *How will capitalism end ? Esssays on a failing system., op. cit.*
20 Bernard Stiegler. *La société automatique. t. 1 L'avenir du travail, op. cit.*, notamment p. 23
     et 420.

DES SOCIÉTÉS ENTROPIQUES ?
« GOUVERNEMENTALITÉ ALGORITHMIQUE »
ET « CAPITALISME 24/7 ».

LA GOUVERNEMENTALITÉ ALGORITHMIQUE : LE « NOUVEAU POUVOIR STATISTIQUE » ET L'ÉLIMINATION DES SINGULARITÉS

Par le terme de « gouvernementalité algorithmique », Rouvroy et Berns désignent le nouveau mode de contrôle des comportements fondé sur la récolte massive et le traitement automatique des données numériques[21]. En utilisant leurs objets connectés ou en interagissant en ligne, les individus laissent des traces qui sont automatiquement conservées sous une forme électronique dans des « entrepôts de données », puis recueillies par les gouvernements (à des fins de surveillance ou de sécurité) ou vendues par les plateformes à des entreprises privées (à des fins de marketing ou de publicité, en vue d'accroître leur efficacité commerciale et leurs profits). La collecte de données numériques en quantité massive et leur analyse en temps réel au moyen des calculs algorithmiques permettent d'établir entre ces données des corrélations et de constituer des « profils » qui modélisent les comportements des individus et permettent de prédire, mais aussi de produire, leurs conduites à venir sur la base des traces qu'ils ont laissées.

Un « nouveau pouvoir statistique[22] » s'exerce ainsi de manière subreptice : les individus se voient contraints de conformer leurs conduites aux injonctions de leurs interfaces numériques, qui détectent leurs prétendues demandes avant même que celles-ci n'aient pu être formulées. Ils alignent ainsi leurs actions futures sur le modèle de leurs conduites passées et adaptent leurs comportements aux exigences du marketing et aux injonctions de la publicité[23]. Le contrôle des comportements s'exerce sur le mode de l'alerte et du réflexe, afin de produire des passages à l'acte immédiats, à travers la stimulation de

---

21 Antoinette Rouvroy et Thomas Berns. « Gouvernementalité algorithmique et perspectives d'émancipation », *op. cit.*

22 *Ibid.*

23 Antoinette Rouvroy et Thomas Berns. « Gouvernementalité algorithmique et perspectives d'émancipation », *op. cit.*

pulsions préconscientes qui n'ont pas encore eu le temps de se socialiser et de se sublimer, c'est-à-dire, de se transformer en projets collectifs ou en désirs singuliers.

Il s'agit donc de supprimer « toute forme de détour ou de suspension réflexive entre les *stimuli* et leurs réponses[24] » : le pouvoir statistique ne s'adresse donc pas à des sujets réflexifs, obligés par des normes communes et dotés de capacités d'entendement ou de volonté. Rouvroy et Berns expliquent que contrairement à la normativité juridique qui suppose la publication d'une loi, à laquelle des sujets sont sommés d'obéir mais qu'ils peuvent aussi critiquer, discuter, ou au moins réfléchir, dans le cas de la normativité statistique, le pouvoir s'exerce par régulation anticipative et non par réglementation effective, par préemption et non par interdiction ou obligation. Il ne s'agit plus de sanctionner certains actes jugés illégaux ou dangereux, mais de rendre impossible toute forme de conduite non programmée par les calculs et les profils[25]. L'autorité, distribuée dans les interfaces et les objets connectés, se voit donc dépourvue de toute visibilité : son appréhension, sa mise en question, sa délibération et sa contestation deviennent de ce fait impossibles[26]. Avec la possibilité de la désobéissance et de la résistance disparaît aussi celle de la mise en débat des règles existantes, de la mise à l'épreuve du système dominant, et finalement, du devenir autre et du changement[27]. La gouvernementalité algorithmique constitue ainsi « une stratégie immunitaire du capitalisme et du néolibéralisme qu'elle "purifie" ou "expurge" de tout ce qui pourrait les mettre en "crise", c'est-à-dire les interrompre ou les faire bifurquer[28] », à travers une « clôture du réel statistique sur lui-même » et une réduction de la puissance à la probabilité[29]. La gouvernementalité algorithmique tend ainsi à neutraliser les potentielles interruptions ou bifurcations dont est porteur l'avenir.

---

24 *Ibid.*
25 Antoinette Rouvroy et Thomas Berns. « Le nouveau pouvoir statistique », *op. cit.*
26 Antoinette Rouvroy et Thomas Berns. « Gouvernementalité algorithmique et perspective d'émancipation », *op. cit.*
27 Antoinette Rouvroy et Thomas Berns. « Le nouveau pouvoir statistique », *op. cit.*
28 Antoinette Rouvroy. « La gouvernementalité algorithmique : radicalisation et stratégie immunitaire du capitalisme et du néolibéralisme ? », in *La Deleuziana*, n° 3/2016, « La vie et le nombre ».
29 Antoinette Rouvroy et Thomas Berns. « Gouvernementalité algorithmique et perspective d'émancipation », *op. cit.*

Si « le fait que l'homme est capable d'action signifie que de sa part on peut s'attendre à l'inattendu, qu'il est en mesure d'accomplir ce qui est infiniment improbable », et si cette nouveauté de l'action doit toujours lutter contre « les chances écrasantes des lois statistiques et de leur probabilité[30] », alors il semble bien que ce soit la possibilité de ce qu'Arendt considère comme l'action humaine qui se voit ainsi suspendue. Selon Arendt, l'action n'est pas réductible à une simple activité, à un moyen en vue d'une fin prédéterminée : elle constitue plutôt un processus au cours duquel les individus se révèlent les uns aux autres (et à eux-mêmes) dans leur différence et leur singularité[31]. À travers l'action, le sujet fait son apparition dans le monde en dévoilant « qui » il est, et non seulement « ce qu' » il est[32] : selon Arendt en effet, le « qui » singulier se distingue de l'ensemble des traits particuliers que l'individu partage nécessairement avec d'autres, qu'il peut éventuellement choisir d'étaler ou de dissimuler (et qui se voient aujourd'hui formalisés sous forme de données). Contrairement à l'ensemble des qualités objectives qui le caractérisent, le « qui » singulier demeure caché à l'agent lui-même : personne ne sait qui il révèle lorsqu'il se dévoile dans l'acte, l'agent lui-même ne peut pas prévoir le « qui » qui apparaîtra aux autres[33]. Selon Arendt, c'est à travers ce processus de révélation dans l'action[34] que se constitue un *être avec*, un « réseau de relations humaines » et un « espace potentiel d'apparence », qui précèdent la constitution d'un « domaine public » et d'une « communauté politique[35] » comme leur condition de possibilité.

Il n'est donc pas étonnant qu'en éliminant la possibilité des actions imprévisibles, inattendues, nouvelles et singulières, ce soit précisément cet espace public et ce réseau de relations sociales que la gouvernementalité algorithmique tend à menacer. Selon Rouvroy et Berns, en effet, « sous couvert de personnalisation des offres d'informations, de services et de produits », les nouveaux modes de

---

30   Hannah Arendt. *Condition de l'homme moderne, op. cit.*, p. 234.
31   *Ibid., op. cit.*, p. 237.
32   *Ibid., op. cit.*, p. 236.
33   *Ibid., op. cit.*, p. 236-237.
34   L'action ici décrite va toujours de pair avec la parole, et la révélation dont il est ici question s'effectue toujours à la fois à travers la parole et l'acte : voir Hannah Arendt. *Condition de l'homme moderne, op. cit.*, p. 231-238.
35   Hannah Arendt. *Condition de l'homme moderne, op. cit.*, p. 236-237, p. 258-259.

filtrage de l'information et d'homogénéisation des comportements conduisent à une « colonisation de l'espace public par une sphère privée hypertrophiée[36] », qui menace la possibilité même pour les individus de se relier et de se raconter, de constituer une expérience commune au sein d'un « lieu de com-parution dans lequel les êtres sont adressés et se relatent les uns aux autres dans toutes leurs dissymétries, leurs "disparations"[37] ».

LE CAPITALISME 24/7 : DISPARITION DU MONDE COMMUN ET ABSORPTION DANS LA CONSOMMATION

En effet, comme le souligne Crary dans son livre sur le capitalisme 24/7[38], l'adaptation des environnements informationnels aux profils des utilisateurs conduit à une « parcellisation et une fragmentation des zones d'expériences », qui mettent en péril la possibilité de vivre un monde commun[39]. Les individus se voient cloisonnés dans des mondes d'informations, de messages et d'images, fermés sur eux-mêmes, si bien que « deux personnes physiquement très proches peuvent être plongées dans des univers incommensurables et non communicants » : des « micro-mondes d'affects et de symboles préfabriqués[40] » tendent ainsi à remplacer les relations affectives et interindividuelles par une « insularité digitale fantasmatique[41] ».

Selon Crary, cette disparition de l'expérience commune se voit renforcée à travers l'accélération de l'innovation technologique et le raccourcissement de la durée de vie des artefacts, qui menacent la transmission d'une mémoire collective. Les injonctions à la consommation provoquent des séquences rapides d'acquisition et d'abandon d'objets, qui impliquent une « incapacité grandissante à conserver les traces du passé et à se confronter à elles pour les dépasser en direction d'un avenir commun[42] ». Le flux transitoire de produits toujours plus extraordinairement innovants et

---

36   Antoinette Rouvroy et Thomas Berns. « Gouvernementalité algorithmique et persepective d'émancipation », *op. cit.*

37   Antoinette Rouvroy et Thomas Berns. « Gouvernementalité algorithmique et persepective d'émancipation », *op. cit.*

38   Jonathan Crary. 24/7 *Le capitalisme à l'assaut du sommeil, op. cit.*

39   Jonathan Crary. 24/7 *Le capitalisme à l'assaut du sommeil, op. cit.*, p. 43.

40   *Ibid.*, p. 65.

41   *Ibid.*, p. 101.

42   *Ibid.*, p. 46.

plus rapidement jetables empêche les individus de se familiariser suffisamment avec leur milieu technique quotidien et d'en faire un support de transmission intergénérationnelle. Une fois soumis aux impératifs de l'obsolescence programmée, les artifices humains semblent donc dépourvus de ce qu'Arendt décrit comme leur « durabilité[43] » : ils ne permettent plus d'accueillir l'action et la parole humaines[44], ni d'assurer aux hommes la stabilité d'un monde qui leur permet d'échapper momentanément au processus de corruption et de dégradation qui caractérise l'univers physique[45]. Les objets d'usage, qui sont censés constituer des supports de mémoire et de projection collective participant à l'édification d'un monde commun[46], ne se distinguent dès lors plus des marchandises ou des produits, qui ont au contraire pour vocation d'être consommés et donc détruits.

Si des « marchés actifs 24/7 et des infrastructures globales permettant de travailler et de consommer en continu ne datent pas d'hier », Crary souligne néanmoins le fait que les technologies contemporaines permettent de faire coïncider les individus de manière beaucoup plus intensive avec ces impératifs de « productivité », de « profit » et de consommation[47], notamment en brouillant les frontières entre temps de repos et temps de travail, temps de loisir et temps de consommation. Pour le capitalisme 24/7, il s'agit de fabriquer des « agents économiques à plein temps », dont chaque nécessité vitale (faim, soif, désir sexuel ou besoin d'amitié) peut être convertie sous forme marchande ou financiarisée, et dont chaque seconde d'existence peut être transformée en une activité quantifiable et monétisée[48]. Il s'agit d'éliminer progressivement tout moment, endroit ou situation dans lesquels les individus ne seraient pas contraints de fournir des informations exploitables par des publicitaires, de consommer des ressources en ligne ou de s'engager dans une quelconque forme de transaction électronique[49]. Sous couvert de libérer les individus de leurs habitudes quotidiennes, la pénétration des appareils numériques et des objets connectés dans toutes les

---

43   Hannah Arendt. *Condition de l'homme moderne, op. cit.*, p. 188.
44   *Ibid.*, p. 230.
45   *Ibid.*, p. 185 et p. 188.
46   *Ibid.*, p. 204.
47   *Ibid.*, p. 13.
48   *Ibid.*, p. 20 et 113.
49   *Ibid.*, p. 42.

sphères de l'existence (sphère professionnelle, habitat connecté, ville intelligente) et leur capacité à fonctionner de manière incessante (vingt-quatre heures sur vingt-quatre, sept jours sur sept) contribuent le plus souvent à absorber les individus dans les micro-tâches routinières que leurs appareils leur imposent (réactions en temps réel, échanges électroniques, choix d'options, mises à jour ou lancements de programme)[50], à travers lesquelles ils fournissent aux entreprises les données dont elles extraient de la valeur, indépendamment du lieu où ils se trouvent et du moment de la journée.

Selon Crary, les moments d'attente, de pause, qui sont aussi des temps de réflexion ou de contemplation tendent ainsi à être éliminés : les états de rêve éveillé, les plages de temps lent ou vide durant lesquelles la conscience part à la dérive et se défait des contraintes du présent immédiat se voient court-circuités par la vitesse de fonctionnement des appareils et de circulation des informations[51]. Si, comme le soutient Arendt, la capacité de transformer le monde suppose la faculté de (s')écarter de l'environnement par la pensée et d'*imaginer* que les choses puissent être différentes de ce qu'elles sont en réalité, cette suppression de la faculté de « rêver éveillé » tendra nécessairement à faire disparaître toute perspective « d'une temporalité longue dans laquelle un changement puisse advenir, où quelque chose d'imprévu puisse se produire[52] » ou « d'une longue durée qui puisse être collectivement partagée pour anticiper [...] un futur autre que la réalité contemporaine[53] ».

ENTROPIE SOCIALE ET AUTODESTRUCTION DU SYSTÈME CAPITALISTE : DISRUPTION ET ADAPTATION

Cette incapacité à concevoir et à produire un avenir différent semble en effet caractéristique de l'époque actuelle : comme le souligne Streeck dans l'introduction de son essai sur la fin du capitalisme[54], si les sociétés capitalistes semblent progressivement s'effondrer, aucune alternative révolutionnaire ne semble émerger, ni aucun nouvel ordre social ne

---

50 *Ibid.*, p. 56, 59, 64, 87, 96.
51 *Ibid.*, p. 52.
52 Hannah Arendt. « *Du mensonge en politique* », *op. cit.* p. 18.
53 *Ibid.*, p. 52.
54 Wolfgang Streeck. *How will capitalism end ? Esssays on a failing system.*, *op. cit.*

semble se présenter pour leur succéder[55]. Autrement dit, le système capitaliste contemporain ne s'effondre pas sous l'influence de forces extérieures, émanant d'une opposition organisée luttant au nom d'un meilleur ordre social, mais se désintègre de l'intérieur, sous l'effet de ses propres contradictions (baisse de la croissance, déclin de la démocratie, accumulation des inégalités et des dettes, marchandisation du travail, de la terre et de l'argent, désordres systémiques, corruption, démoralisation généralisée, [...][56]). C'est ce qui conduit Streeck à soutenir que l'effondrement du système capitalisme n'aboutira pas à l'avènement d'un nouvel ordre social, mais à des sociétés « post-sociales », qui sont en fait « moins que des sociétés » : selon Streeck, une longue période de « désordre » ou d'« entropie » sociale se prépare dont la durée demeure indéterminée[57].

L'« âge de l'entropie sociale » décrit par Streeck correspond à une période durant laquelle les structures sociales deviennent « instables » et « non fiables » : les individus ne peuvent plus s'appuyer sur elles pour trouver les normes de leurs existences[58]. Ils se voient alors soumis à toutes sortes de perturbations et d'accidents, condamnés à développer des stratégies de survie, luttant les uns contre les autres pour se conformer au programme comportemental du néolibéralisme (concurrence interindividuelle, développement personnel, culture de son capital humain commercialisable, dévouement à l'emploi, acceptation des risques, etc.)[59]. Selon Streeck, la vie dans ces sociétés post-sociales et sous-institutionnalisées est une vie menée dans l'ombre de l'incertitude et de l'insécurité, dont le maintien repose sur la chance et l'improvisation d'individus individualisés, incapacités et désemparés, qui n'ont d'autre choix que de construire par eux-mêmes des réseaux de solidarité privés, centrés autour de besoins personnels dans des circonstances déterminées[60]. Se développent ainsi des « structures sociales latérales, flexibles et périssables », dont les « médias sociaux » constituent de parfaits supports, substituant aux « communautés de citoyens » des « réseaux d'utilisateurs » ou des groupes de consommateurs, voués à la « reproduction précaire d'une vie

---

55 *Ibid.*, p. 35.
56 *Ibid.*, p. 35.
57 *Ibid.*, p. 13.
58 *Ibid.*, p. 36.
59 *Ibid.*, p. 38.
60 *Ibid.* p. 41.

sociale entropique » et individualiste[61]. Selon Streeck, l'adaptation et le réajustement constant des conduites individuelles aux effets disruptifs des innovations techniques et aux exigences du marché permettent au système de poursuivre sa désintégration, sans se voir réorienter par une quelconque volonté collective de transformation[62] (plus les individus s'adaptent, moins ils agissent collectivement, et plus le système se renforce tout en s'autodétruisant).

VERS DES SOCIÉTÉS NÉGUANTHROPIQUES ?
« ÉCONOMIE CONTRIBUTIVE » ET « WEB HERMÉNEUTIQUE ».

DE L'ANTHROPOCÈNE ENTROPIQUE
AU « NÉGUANTHROPOCÈNE » NÉGUANTHROPIQUE

Le phénomène de disruption entropique décrit par Streeck semble caractéristique de la première phase de ce que Bernard Stiegler pense sous le terme de « double redoublement épokhal » : ce concept a pour fonction de décrire la manière dont les évolutions technologiques, qui se produisent toujours à une vitesse plus rapide que les évolutions politiques ou sociales, prennent de court et suspendent les programmes sociaux et les organisations politiques traditionnelles (le premier redoublement correspond à une suspension, une interruption, une *épokhè*), avant que de nouveaux savoir-faire, savoir-vivre et savoir-théoriques ne soient collectivement reconstitués dans le nouveau milieu technique (le second redoublement correspond ainsi à la genèse d'une nouvelle époque)[63]. Selon Stiegler, le premier temps du choc technologique rend les savoirs et les institutions traditionnels obsolètes, et contraints donc les individus à s'adapter à leurs nouveaux environnements techniques en développant des « automatismes asociaux ». Ce n'est que dans un second temps que les individus peuvent se relier collectivement afin de partager, et surtout de transformer, leurs savoirs (faire, vivre, théoriques), mettant ainsi en

---

61   *Ibid.*, p. 40-41.
62   *Ibid.*, p. 40.
63   Bernard Stiegler. *Ce qui fait que la vie vaut la peine d'être vécue. De la pharmacologie.*, Paris, Flammarion, 2010.

œuvre des « capacités de désautomatisation » susceptibles de produire de nouvelles organisations sociales[64].

Les sociétés contemporaines se voient néanmoins confrontées à un problème spécifique : le fonctionnement actuel du système capitaliste s'appuyant sur la puissance de calcul et l'ubiquité des technologies computationnelles encourage l'accélération de l'innovation radicale, confrontant les sociétés à un état de « transition permanente » : les systèmes sociaux perturbés (régulations économiques, lois, institutions scolaires ou politiques, etc.) n'ont pas le temps de se reconstituer avant qu'une nouvelle technologie ne vienne envahir les marchés et les sociétés. Alors que les individus psychiques n'ont pas le temps de produire collectivement les nouveaux savoirs, les nouvelles normes et les nouvelles pratiques permettant d'adopter les algorithmes et les automates, ce sont les injonctions du marketing qui fournissent les critères d'usage des nouveaux produits numériques envahissant progressivement les différentes sphères d'activités. La seconde phase du double redoublement épokhal ne peut donc pas s'effectuer, alors même que, comme le souligne Stiegler, le modèle techno-économique existant conduit à l'insoutenabilité et à l'insolvabilité[65].

Les nouvelles organisations sociales qui devraient se reconstituer lors de la seconde phase du choc technique auraient pour rôle de prescrire des agencements thérapeutiques entre organes artificiels (milieu technique) et organismes psychosomatiques (individus), c'est-à-dire de transmettre les savoirs, de réguler les pratiques et de fournir les règles permettant aux individus psychiques non pas de s'adapter à leur milieu technique et d'en subir les effets toxiques, mais de l'adopter en développant de nouvelles manières de faire, de vivre et de penser dans leurs nouveaux environnements, qui sont autant de savoirs (faire, vivre et théoriques), qui permettront à leur tour de transformer et de renouveler le système technique. À l'inverse de la première, cette seconde phase correspondrait donc à un processus néguentropique, producteur d'organisation, de nouveauté, d'improbabilité et de diversité au niveau psychosocial. En effet, en partageant des savoirs, les individus se relient et se transforment eux-mêmes collectivement, à mesure qu'ils transforment les

---

64   Bernard Stiegler. *La société automatique. t. 1 L'avenir du travail*, Paris, Fayard, 2015, § 7.
65   Bernard Stiegler. *La société automatique. t. 1 L'avenir du travail*, *op. cit.*, § 43 et § 75.

savoirs existants : les processus de transmission et de transformation des savoirs sont donc producteurs d'organisation sociale (à travers les communautés de pairs qui partagent et pratiquent les savoirs), de renouvellement, de bifurcation et de diversification (à travers les pratiques originales et singulières qui font bifurquer les savoirs dans de nouvelles directions)[66].

La question qui se pose alors est donc moins celle de savoir quel système sera susceptible de succéder au capitalisme insolvable et insoutenable, que de savoir comment reconstituer les conditions économiques et technologiques d'une néguentropie psychosociale, susceptible de donner lieu à une nouvelle époque soutenable et solvable, dont les modèles scientifiques et politiques restent à inventer et à expérimenter. La constitution d'une telle époque permettrait d'inverser le devenir entropique caractéristique de l'Anthropocène – c'est pourquoi Stiegler la désigne sous le terme de « Néguanthropocène[67] ».

Les transformations technologiques, industrielles et économiques proposées dans *La société automatique* visent donc moins la promotion d'un régime politique révolutionnaire ou l'instauration d'un modèle économique prédéterminé, que la mise en œuvre effective des « conditions d'installation d'une dynamique néguentropique » susceptible d'inverser la tendance à l'entropie sociale, en revalorisant les temps de transindividuation évacués par le capitalisme consumériste 24/7 et en permettant la production de bifurcations improbables, neutralisée par la gouvernementalité algorithmique. Telles sont les fonctions de ce qui se présente sous les noms d'économie contributive et de web herméneutique.

L'ÉCONOMIE CONTRIBUTIVE : LE TEMPS DE LA CAPACITATION ET LA RECONSTITUTION DES PROCESSUS DE TRANSINDIVIDUATION

Dans la mesure où les savoirs s'enrichissent et se renouvellent à mesure qu'ils sont transmis, partagés, pratiqués et transformés, leur valeur ne se réduit ni à la valeur d'échange ni à la valeur d'usage : la valeur d'un savoir n'augmente pas avec sa rareté, au contraire, plus un savoir est partagé et collectivement pratiqué et plus il a de chance de s'enrichir et de s'augmenter ; la valeur d'un savoir ne s'use pas avec le

---

66   Bernard Stiegler. *La société automatique. t. 1 L'avenir du travail*, *op. cit.*, § 70.
67   Bernard Stiegler. *La société automatique. t. 1 L'avenir du travail*, *op. cit.* § 4 et Bernard Stiegler, « Sortir de l'Anthropocène », *Multitudes*, n° 60, 2015/3, p. 137-146.

temps mais au contraire augmente à mesure qu'il se transmet et se transforme, et se renouvelle donc avec le temps. C'est la raison pour laquelle Stiegler soutient que les savoirs (à condition d'être pratiqués et incarnés) possèdent une valeur pratique, qui devrait devenir le cœur d'une organisation économique anti-entropique.

Afin de mettre en œuvre cette organisation économique anti-entropique valorisant la pratique de savoirs, Stiegler soutient la nécessité d'instituer un nouveau processus de redistribution dans le contexte de l'automatisation généralisée. De nombreux emplois sont aujourd'hui devenus automatisables, dans des secteurs aussi divers que les métiers manuels ou les professions libérales, à la fois au niveau des fonctions de production, de conception ou de décision. Outre que la mise en concurrence des robots et logiciels avec les employés engendrera une pression sur les salaires, les emplois traditionnels risquent de disparaître, au prix d'une grave augmentation du chômage, et au profit du *human computing* ou du *digital labor* (exécution de micro-tâches en ligne, répétitives et peu ou pas rémunérées) qui permet l'exploitation des individus par les plateformes hors de tout droit du travail et de toutes protections sociales. De telles évolutions semblent mettre en question la solvabilité du modèle consumériste actuel, puisque les individus qui ne seront plus employés verront leurs salaires et leurs niveaux de vie diminuer et ne pourront même plus consommer les biens produits par des robots dans des quantités et des conditions déjà insoutenables d'un point de vue écologique. Le modèle fordo-keynésien de redistribution des gains de productivité sous forme de salaire qui a conduit au consumérisme semble donc remis en cause par les évolutions technologiques[68].

L'économie contributive[69] a pour fonction de répondre à ces enjeux, en proposant un nouveau modèle de redistribution des gains de productivité, non plus sous forme de salaire, mais sous forme de temps : le temps gagné par l'automatisation serait redistribué aux citoyens, afin de les libérer d'un certain nombre d'emplois prolétarisants, et rémunéré par un revenu contributif, à condition d'être consacré à des activités de travail (distinguées des emplois), durant lesquelles les individus développent

---

68   Bernard Stiegler. *La société automatique. t. 1 L'avenir du travail, op. cit.*, § 32.
69   Pour une explication détaillée des principes de l'économie contributive, voir Bernard Stiegler. *L'emploi est mort, vive le travail. Entretien avec Ariel Kyrou, op. cit.*

leurs capacités en pratiquant et en transformant des savoirs (savoir-faire, savoir-vivre, savoirs théoriques), dont ils font profiter la société à travers des activités contributives (en s'engageant dans des projets collectifs utiles à la vie économique, scientifique, sociale ou citoyenne des territoires). Si la production de tels savoirs doit devenir un objet d'investissement à l'époque de l'automatisation généralisée, c'est que leur transmission et leur renouvellement constituent des processus de transindividuation au sein desquels peuvent se produire des bifurcations incalculables, qui ne peuvent pas être programmées ni automatisées, mais qui permettront au contraire d'adopter les automates en les désautomatisant, ouvrant ainsi un avenir non programmable aux sociétés automatiques. Bref, c'est seulement à condition d'avoir le temps de s'investir dans des projets transindividuels, de partager puis de transformer des significations et des pratiques, que les hommes deviennent capables d'agir de manière inattendue, « d'accomplir ce qui est infiniment improbable », et d'inverser ainsi la tendance entropique des lois statistiques[70].

LE WEB HERMÉNEUTIQUE : LA PRODUCTION DE BIFURCATIONS IMPROBABLES DANS UN ESPACE PUBLIC NUMÉRIQUE.

De tels processus de transindividuation ne pourront néanmoins pas se reconstituer tant que les environnements connectés seront mis au service de la captation des attentions et de la sollicitation des pulsions, aboutissant au pilotage automatique et à la standardisation des comportements. En effet, les savoirs ne peuvent être transmis et partagés qu'à condition de pouvoir être extériorisés sur des supports, et les individus psychiques ne peuvent s'individuer collectivement qu'à condition de vivre dans un milieu technique leur permettant de se relier. La valorisation des temps de capacitation et des activités de contribution implique donc une transformation du fonctionnement des technologies numériques, qui fasse des interfaces et des algorithmes non plus des moyens servant à capter des données et à piloter les conduites, mais des supports de mémoire, permettant aux individus de se rencontrer, en confrontant leurs

---

70 « Le nouveau a toujours contre lui les chances écrasantes des lois statistiques et de leur probabilité, qui, pratiquement dans les circonstances ordinaires, équivaut à une certitude ; le nouveau apparaît donc toujours comme un miracle. Le fait que l'homme soit capable d'action signifie que de sa part on peut s'attendre à l'inattendu, qu'il est en mesure d'accomplir ce qui est infiniment improbable », Hannah Arendt. *Condition de l'homme moderne, op. cit.*, p. 234.

idées, pratiques ou propositions (qu'il s'agisse d'arguments politiques, de jugements esthétiques, de pratiques artistiques ou techniques, de théories scientifiques, etc.)[71].

Selon Stiegler, pour que les technologies deviennent de tels supports de savoirs et de débats (et non plus des instruments de contrôle), le développement et la mise en œuvre de certains dispositifs semblent nécessaires afin d'introduire de nouvelles fonctions dans les formats du web actuel et les outils existants[72]. Le développement de langages d'annotation pourrait ainsi permettre aux utilisateurs d'interpréter des contenus de manière active et singulière, et de confronter leurs prises de notes, au lieu d'exposer inconsciemment leurs données (soi-disant personnelles, mais surtout calculables par les algorithmes et exploitables par le marketing). Les algorithmes qui servent à établir des corrélations prédictives entre les données pourraient être transformés, afin d'analyser qualitativement les annotations et commentaires des individus psychiques et de formuler sur cette base des recommandations pour la constitution de groupes d'interprétations, de communautés de pairs, qui pourraient ensuite entrer en relation ou en discussion à travers de nouveaux types de réseaux sociaux délibératifs[73].

Une fois les automatismes mis au service des interprétations singulières et des controverses collectives, les objets connectés et les réseaux sociaux pourraient devenir les supports d'expression et de confrontation de points de vue et de débats publics (scientifiques, politiques, économiques, artistiques). Ils pourraient permettre de discuter collectivement des enjeux sociétaux locaux en mettant en relation les habitants d'un territoire, de confronter des interprétations et des pratiques de pairs dans différents domaines de savoirs constitués, ou encore d'organiser les échanges entre recherche fondamentale et société civile. Au lieu d'« insulariser » les individus, de les « clôturer » dans des « bulles informationnelles » programmées sur la base de leurs profils, les dispositifs numériques permettraient de constituer des « communautés capacitantes » au sein desquelles se confrontent des interprétations, se prennent des décisions et se produisent des bifurcations.

---

71 Bernard Stiegler. *L'emploi est mort, vive le travail. Entretien avec Ariel Kyrou, op. cit.*, p. 71.
72 Bernard Stiegler. *La société automatique, t. 1 L'avenir du travail, op. cit.*, § 70.
73 Bernard Stiegler. « Le blues du net », 2013, http://reseaux.blog.lemonde.fr/2013/09/29/blues-net-bernard-stiegler/

Les individus et les groupes parviendraient alors à s'apparaître dans leurs différences et dans leurs singularités, de révéler « qui » ils sont en exprimant leurs points de vue et leurs interprétations, plutôt que d'exposer ce qu'ils sont en abandonnant leurs données calculables : bref, le web pourrait constituer le support de cet « espace potentiel d'apparence entre les hommes agissant et parlant » qu'Arendt voyait comme la condition de possibilité du domaine public et des communautés politiques[74]. Et si, comme le soutient Arendt, « la *polis* proprement dite n'est pas la cité en sa localisation physique », mais « l'organisation du peuple qui vient de ce que l'on agit et parle ensemble », si « son espace véritable s'étend entre les hommes qui vivent ensemble dans ce but, en quelque lieu qu'ils se trouvent », alors la réticulation et la publication rendues possibles par le web pourraient permettre de reconstituer un tel espace public. Selon Stiegler, en effet, l'apparition du web et d'internet constitue avant tout une « révolution de la publication », un bouleversement des dispositifs techniques qui appelle la constitution d'un nouvel espace et d'une nouvelle chose publics[75], donc d'une réinvention de l'activité politique.

---

74 « L'espace de l'apparence commence à exister dès que des hommes s'assemblent dans le mode de la parole et de l'action ; il précède par conséquent toute constitution formelle du domaine public et des formes de gouvernement, c'est-à-dire des diverses formes sous lesquelles le domaine public peut s'organiser » ; « C'est la puissance qui assure l'existence du domaine public, de l'espace potentiel d'apparence entre les hommes agissant et parlant. [...] la puissance jaillit entre les hommes lorsqu'ils agissent ensemble et retombent dès qu'ils se dispersent. », Hannah Arendt. *Condition de l'homme moderne*, *op. cit.*, p. 259.

75 « Quant à nous, les hommes et les femmes du 21e siècle, nous vivons une révolution de la publication : l'espace numérique est avant tout un processus de publication. [...] Et la constitution d'une chose publique suppose une technologie de publication qui est à l'époque grecque l'écriture. Marcel Détienne a montré que la cité athénienne est une sorte de vaste machine à écrire dans le marbre dont sont faits les murs de la ville ; après chaque décision de la Βουλή [*boulè*, ndlr], des éditeurs de la loi manient le marteau et le burin pour graver la décision dans le marbre. [...] Aujourd'hui, et avec le numérique, un tout autre dispositif de publication s'est mis en place. », Bernard Stiegler. « Le blues du net » (http://reseaux.blog.lemonde.fr/2013/09/29/blues-net-bernard-stiegler/).

CONCLUSION

Si Arendt souligne le caractère fragile et intermittent de cette puissance politique qui « jaillit parmi les hommes lorsqu'ils agissent ensemble et retombe dès qu'ils se dispersent[76] », c'est peut-être que les hommes ne peuvent s'apparaître les uns aux autres et s'assembler collectivement, qu'à condition de disposer d'un *espace* de publication leur permettant de s'exprimer et de s'interpréter mutuellement. De même, si les hommes sont capables d'actions inattendues et improbables[77], c'est à condition de disposer du *temps* de transmettre, de partager, de pratiquer collectivement des savoirs et de les transformer singulièrement, de les faire bifurquer dans de nouvelles directions, défiant ainsi la certitude écrasante des lois statistiques. Ce sont ces conditions spatiales et temporelles (donc technologiques et économiques) de l'action collective et de la vie politique qui semblent aujourd'hui menacées par les calculs prédictifs de la gouvernementalité algorithmique et les injonctions consuméristes du capitalisme 24/7, vouant les individus « individualisés » et « incapacités » à la « reproduction précaire de leur vie sociale entropique[78] ».

Si aucun nouvel ordre social ne semble se dessiner à l'horizon de cette désintégration des sociétés capitalistes, c'est peut-être que l'inversion de cette tendance entropique suppose d'abord de reconstituer les conditions spatio-temporelles de possibilité d'une « dynamique néguentropique » : de créer les temps et les espaces permettant aux individus psychiques de se relier et de se projeter collectivement. Les propositions d'économie contributive et de web herméneutique avancées dans *La société automatique* semblent avoir de telles fonctions : la première a pour but de mettre le temps gagné par les automates au service de la capacitation et de la transindividuation, alors que la seconde a pour but de faire du milieu numérique un nouvel espace public et politique.

Il s'agirait alors de passer d'une économie disruptive et consumériste qui contraint les individus à consommer les produits automatiquement

---

76 *Ibid.*, p. 260.
77 *Ibid.*, p. 234.
78 Wolfgang Streeck. *How capitalism will end ? Essays on a failing system, op. cit.*, p. 42.

recommandés par les algorithmes, à une économie contributive, qui valorise les activités de travail contributif, dans lesquelles s'inventent les nouveaux savoir-faire, savoir-vivre et savoir penser, permettant d'adopter le nouveau milieu technique numérique. Il s'agirait de transformer les technologies de contrôle, qui mettent les algorithmes au service de la captation des données et du calcul prédictif, en technologies de l'esprit, mettant les automates au service de l'interprétation, de la délibération et de la décision collective.

Avant de s'interroger sur le nouveau régime politique susceptible de succéder aux sociétés capitalistes, il semble donc nécessaire de reconstituer la « potentialité » ou la « puissance » du « domaine public[79] » afin d'engager « le processus par lequel une époque révolue fait place à une nouvelle époque[80] », évitant ainsi que son « pourrissement interne » ne conduise au « désastre[81] ».

Anne ALOMBERT
Université Paris Nanterre

---

79 Hannah Arendt. *Condition de l'homme moderne, op. cit.*, p. 259.
80 Bernard Stiegler. *États de chocs. Bêtise et savoirs au XXI*e *siècle*, Paris, Mille et une nuits, 2012, p. 230.
81 « Si les civilisations naissent et meurent, si de puissants empires et de grandes cultures déclinent et sombrent sans catastrophes extérieures – et bien souvent ces "causes" extérieures sont précédées d'un pourrissement interne moins visible qui appelle le désastre – c'est en raison de cette particularité du domaine public qui, reposant finalement sur l'action et la parole, ne perd jamais complètement son caractère potentiel. », Hannah Arendt. *Condition de l'homme moderne, op. cit.*, p. 259.

INDEX

La sphère digitale se présente comme une nouveauté radicale, propice aux évolutions des formes et des pensées, aux initiatives les plus diverses et aux innovations plus ou moins décisives. C'est ce champ foisonnant – par définition pluridisciplinaire – qu'entend explorer la rubrique *Index*. Textes théoriques, projets de recherche, créations plastiques, sonores ou audiovisuelles, figures de l'écriture, découvertes techniques ou lancement, de logiciels, des propositions émergent quotidiennement du monde digital qui pourraient inventer/reconfigurer l'avenir ou seulement le lendemain. Saisir le meilleur de l'actualité de cet univers en formation et en livrer une lecture à la fois critique et originale relève nécessairement d'un travail collectif. Sans prétendre à l'exhaustivité, celui-ci garantit une pluralité des points de vue autant qu'une indépendance du propos. Conformément à ces principes, la rubrique Index est alimentée des découvertes et lectures de doctorants, post-doc et chercheurs. La rubrique s'articule autour de trois pôles : *Postures* : décodages critiques ; *Actes* : lectures et repères ; *Empreintes* : l'actualité en bref. Elle est coordonnée par Armen Khatchatourov, docteur en philosophie, maître de conférences à DICEN-IdF / U-PEM et Daphné Vignon, docteur en littératures comparées et enseignant-chercheur à l'Université de Nantes.

POSTURES

L'AVENIR DU PRÉSENT

Daniel COHEN, « *Il faut dire que les temps ont changé...* », *Chronique (fiévreuse) d'une mutation qui inquiète*, Livre de poche 2018, 253 pages, ISBN : 9782253257851.

Il est toujours intéressant de lire un économiste commenter notre temps. L'intitulé du dernier livre de Daniel Cohen, « *Il faut dire que les temps ont changé* », sous-titré « *chronique (fiévreuse) d'une mutation inquiète* », pourrait tout aussi bien permuter les adjectifs pour « chronique inquiète » d'une « mutation fiévreuse » tant l'argumentaire paraît marqué par un certain pessimisme envers les transformations du monde actuel. Cette inquiétude n'est pas particulière à l'auteur à un moment où les appréhensions touchant l'avenir écologique et économique n'alarment pas uniquement les collapsologues. Le sentiment largement partagé d'un changement d'époque inspire un bilan et suscite quelques directions prospectives sur les temps à venir.

Le livre appartient au genre de l'essai à tonalité historique : il dresse le bilan des dernières décennies en examinant les évolutions idéologiques et sociales à la lueur des mutations du capitalisme. L'analyse économique se trouve ainsi articulée à des considérations sociales et sociétales, à commencer par celles véhiculées par la pensée de soixante-huit. C'est tout le thème de la première partie qui part des « mythologies modernes » jusqu'à envisager la « révolution conservatrice ». La seconde partie examine « les temps dégradés » du populisme. La troisième enfin, intitulée « Retour vers le futur », examine la postmodernité digitale. Daniel Cohen convie ainsi de nombreuses références de penseurs de la modernité d'après-guerre, empruntées autant à la philosophie qu'à l'économie et à la sociologie : d'Hannah Arendt à Jean Baudrillard, de Jacques Lacan à Jean Fourastier. Un tel ensemble explique que le ton de l'essai soit parfois un peu décousu et informel.

Daniel Cohen reste un économiste de gauche, c'est-à-dire fondamentalement marqué par une empreinte marxiste sociale-démocrate qui considère malgré tout l'histoire à partir de l'évolution des moyens de production et de leurs effets. Les interventions de l'auteur dans les médias, assez nombreuses, l'ont néanmoins amené à élargir son champ. Il s'est intéressé aux modèles productifs du monde industriel. Son analyse de l'évolution de la société et de son organisation paraît déterminée par les cycles économiques et les grands courants idéologiques et politiques. Le mouvement des idéologies et des relations entre les classes sociales peut ainsi être lu selon la logique d'une mécanique sociale qui s'inscrit dans le cadre des démocraties libérales. Pour résumer : la dimension productive demeure privilégiée et elle mène la plupart des analyses.

Ceci explique une approche fondamentalement sociologique qui tente de déterminer la manière dont les évolutions économiques ont pu modifier la vie sociale depuis la transformation des années soixante. Il y a indéniablement dans cet ouvrage l'expression du regard rétrospectif d'un témoin du temps. L'essai pourrait aussi bien s'intituler « comment en sommes-nous arrivés là ? ». On peut en effet mesurer l'étonnement qu'un intellectuel ayant connu les derniers feux de la contre-culture des années soixante-dix, avec sa critique radicale de la production et de la représentation, peut éprouver devant la dégradation du monde et l'avènement de la modernité digitale. On peut également mesurer sa perplexité devant le retournement de la plupart des idéologies des décennies précédentes.

La troisième et dernière partie concerne plus précisément la modernité digitale et c'est bien elle qui justifie le choix de cette recension dans *Études digitales*. J'ajouterais : d'autant plus dans un numéro consacré aux plateformes numériques qui sont à peine mentionnées dans son ouvrage. Daniel Cohen s'est plutôt bien informé. Il a fait la « liste des courses » sur la question mais il se contente le plus souvent de recycler la *doxa* contemporaine en citant Sadin et quelques autres. Mais ses références ne sont pas, en l'espèce, assez nombreuses pour être parfaitement exhaustives. On ne trouve pas une étude précise des structures capitalistes du digital. Daniel Cohen cède en partie à l'éblouissement produit par les *marketeurs* du digital. Daniel Cohen part de l'analyse de Fourastier d'un monde sans croissance suite à l'avènement de la société de services, à ceci près que la numérisation rend précisément possible l'économie d'échelle que Fourastier n'envisageait pas. L'exemple est fourni par le film *Her* où un robot intelligent se trouve en mesure d'apporter à chacun un service personnalisé qui semblait auparavant impossible. L'assistant personnel est en effet capable d'apporter à chacun l'attention qui paraissait jusqu'alors impossible à produire de manière industrielle. La question est alors de savoir « ce que les robots sauront faire de mieux et moins cher que les humains[1] ». Les trois étapes définies par Fourastier « la conception du bien, sa fabrication et sa prescription[2] » se trouvent transformées par la disparition de l'étape de la fabrication, caractéristique des sociétés postindustrielles. Restent les deux autres fonctions qui se trouvent également prises en charge par les intelligences artificielles. Le résultat est le risque d'une disparition du travail. Daniel Cohen envisage « deux mondes possibles ». Le premier aboutit directement à une disparition du travail ou du moins à une prolétarisation des dernières tâches humaines selon laquelle « le travail humain deviendrait celui d'une domesticité au profit des élites[3] ». La seconde hypothèse envisagerait des « complémentarités nouvelles » entre l'homme et la machine[4]. Reste la prise en charge de l'ambiguïté qui n'est pas le fort des machines. L'auteur s'interroge alors sur une vie entièrement menée par les algorithmes pour laquelle l'*homo digitalis* se trouverait entièrement « dépossédé » de lui-même[5]. L'ouvrage s'achève sur un constat en demi-teinte, partagé entre les avancées technologiques et la possible advenue d'une aliénation nouvelle. Daniel Cohen demeure dans cet entre-deux, sans vraiment prendre en compte les nouvelles formes de résistance politique, en quelque sorte prisonnier d'une analyse fondamentalement productiviste. Il ne pose pas vraiment les questions d'un monde soumis à la rareté des ressources et n'envisage pas d'autres formes de pensée politique que celle d'un monde soumis aux forces de production. Le

---

1   Daniel Cohen, « *Il faut dire que les temps ont changé...* », *Chroniques (fiévreuse) d'une mutation qui inquiète*, Livre de poche 2018, page 196.

2   *Ibid.*, page 201.

3   *Ibid.*, page 210.

4   *Ibid.*, page 211.

5   *Ibid.*, page 234.

producteur-consommateur était déjà pensé par Gary Becker dans les
années soixante. Sa critique nécessite une déconstruction plus profonde
des catégories qui l'ont produit.

Daniel Cohen est professeur d'économie à l'École normale supérieure de la rue
d'Ulm, vice-président de l'École d'économie de Paris, dont il a été l'un des membres
fondateurs, et directeur du Centre pour la recherche économique et ses applications (CEPREMAP). Spécialiste de la dette souveraine, il est conseiller à la banque
Lazard, avec laquelle il a conseillé le Premier ministre grec Geórgios Papandréou et
le Président équatorien Rafael Correa pour la renégociation de la dette de leur pays.
Il a participé, avec la Banque mondiale, à l'« initiative de réduction de la dette des
Pays Pauvres Très Endettés » (initiative PPTE).

Jacques Athanase GILBERT
Université de Nantes

*
* *

UN NEUROLOGUE DÉNONCE LA « BULLE DIGITALE »
EN MATIÈRE D'APPRENTISSAGE

Michel DESMURGET, *La fabrique du crétin digital*, Seuil, Paris, 2019,
426 pages, ISBN : 978-2-02-142331-0.

La nature de *La fabrique du crétin digital* est par elle-même un peu
étrange dans la mesure où cet ouvrage de vulgarisation, destiné à un
large public, tente précisément de démonter les croyances les plus
familières que l'on nourrit au sujet des outils digitaux et plus généralement des écrans. Cette entreprise est conduite à l'appui d'un *corpus*
particulièrement étayé puisque les notes et la bibliographie comptent
soixante-dix-sept pages sur un total de quatre cent vingt-six soit environ 20 % du livre. Une telle précision des sources, plutôt rare dans les

ouvrages grand public, évoque plus les enquêtes politiques ou financières que les analyses de comportements individuels et sociaux. Pour le dire clairement, la posture de Michel Desmurget est celle d'un lanceur d'alerte. Aussi, sa relative visibilité médiatique qui lui a, par exemple, permis de faire la promotion de son livre dans nombre de médias ne le fait pas entrer dans la catégorie très soupçonnable des « intellectuels médiatiques » ou des supposés experts dont il dénonce par ailleurs la mainmise. Michel Desmurget est sans aucun doute un expert dans son domaine : la quatrième de couverture indique clairement qu'il est docteur en neurosciences et directeur de recherche à l'INSERM. Mais cette expertise n'est pas mise à l'appui d'une pédagogie réelle et supposée ; elle est brandie pour réveiller les consciences.

Le découpage du livre en parties ne s'impose pas naturellement. En effet, son objet porte dans la première partie, intitulée « *homo mediaticus* », sur la présence massive des écrans et, dans la deuxième partie, titrée « *homo numericus* », sur la diffusion également massive des dispositifs digitaux. Or, en un sens, la société de l'écran qui s'est mise en place depuis les années cinquante et soixante dont l'auteur dresse le panorama contient en germe l'analyse qu'il livre du digital, d'autant plus que cette analyse interroge uniquement l'utilisation intensive qui est faite des nouveaux outils interactifs qui ont envahi notre quotidien, smartphones et tablettes en tête.

Le prologue n'est pas anodin puisqu'il permet à Michel Desmurget de rappeler quelques évidences épistémologiques afin de déminer « les années propagandistes ». Il explique par exemple salutairement que « science et opinion ne se valent pas ». Toutefois, l'auteur ne saisit pas l'occasion de cette critique pour démonter les mécanismes politiques et communicationnels induits par les réseaux et les nouvelles technologies. On peut le déplorer : une analyse socio-politique plus fine aurait sans doute permis d'expliquer plus avant le fonctionnement de la société dans laquelle nous vivons, un fonctionnement par définition inséparable des techniques que cette société mobilise. Pour le dire autrement, on attendrait un peu plus d'explications sur ce mouvement contemporain qui semble avoir privilégié la prévalence des opinions sur les savoirs. Il n'en demeure pas moins que l'auteur fait à plusieurs reprises un effort significatif pour réduire à néant un certain nombre d'affirmations fantaisistes qui circulent couramment. Il dénonce les erreurs logiques et méthodologiques à l'œuvre, notamment lorsqu'il envisage le manque de rigueur dont font preuve les journalistes scientifiques et un certain nombre de personnalités en vue issues de la sphère médiatico-politique dans la lecture et l'interprétation des résultats d'études pourtant sérieuses et chiffrées.

De la sorte, il y a dans l'ouvrage un véritable message politique et même polémique sur les pseudo-experts autoproclamés et/ou valorisés par les médias. Michel Desmurget pointe en particulier les « contes et légendes » diffusés largement depuis une décennie par les *digital natives* qui clament, sans aucun argument ni aucune étude, l'advenue d'une évolution radicale grâce à laquelle les enfants et les jeunes auraient acquis des aptitudes quasiment mutantes par l'utilisation, dès leurs premiers apprentissages, des précieux smartphones et tablettes. Las, il ne semble pas que le travail de l'évolution se fasse aussi rapidement. Ces « légendes urbaines » sont, d'après l'auteur, le produit d'un intense *lobbying* de la part des promoteurs des outils et services numériques. Il souligne que des stratégies similaires ont été utilisées en leur temps par les services de propagande du tabac et du sucre quand ceux-ci ont délibérément faussé les résultats d'études mercenaires ou tenté de noyer des résultats établis par des stratagèmes dilatoires. L'auteur dénonce ainsi le véritable « enfumage » que constitue la mise en avant des effets supposés positifs des jeux vidéo et des écrans sur les facultés d'apprentissage des enfants alors que toutes les études sérieuses démontrent le contraire. Cette partie est particulièrement bien documentée et elle reprend avec une précision telle qu'elle peut être parfois cruelle les propos défendus par des personnes très en vue des sphères médiatiques et politiques, qu'ils soient éditorialistes de renom ou ministres de la culture, propos visant à promouvoir en toute inconscience la diffusion du numérique à l'école ou à la maison et en particulier auprès des jeunes enfants. *La Petite poucette* de Michel Serre n'est pas épargnée. Il est vrai qu'on peut amèrement regretter qu'un penseur de cette envergure se soit compromis dans un ouvrage aussi complaisant, toutes choses égales par ailleurs.

L'idée principale de Michel Desmurget – et elle anime la plus grande partie du chapitre consacré à l'enfance –, tient au fait que les outils numériques risquent de façonner les jeunes cerveaux, encore en pleine construction, d'une manière très préjudiciable au développement ultérieur des enfants. On peut citer ici l'amoindrissement des interactions sociales ou l'utilisation de procédures stéréotypées non reproductibles dans le monde réel. C'est un point sur lequel l'auteur insiste : les compétences acquises à travers l'usage du jeu vidéo par exemple ne sont guère transférables à d'autres domaines. Néanmoins, là encore, la réflexion aurait pu être développée car on peut aussi envisager la généralisation des outils numériques comme un façonnage particulier du monde qui excède de beaucoup les modalités d'acquisition des compétences et des savoirs. Ainsi, chacun sait que, face à un serveur vocal, nous nous mettons à parler de manière formelle, « comme une machine », précisément parce que nous parlons à une machine. On peut voir dans la généralisation des outils numériques celle de procédures de commandement qui ne sont guère conformes à la vie humaine « analogique » pas plus qu'à ses formes de sociabilité. Une telle logique est tout à fait conforme à celle que dénonçait déjà Charlie Chaplin dans *Les temps modernes*. En ce sens, l'attractivité des outils numériques autorise une forme de dressage numérique qui aurait pu donner lieu à une critique plus développée de la part de Desmurget.

Il n'en demeure pas moins que l'analyse de l'utilisation des outils numériques pour l'apprentissage scolaire et universitaire est particulièrement éclairante. La thèse est sans appel : la multiplication des outils numériques en situation d'enseignement ne favorise pas l'apprentissage mais, au contraire, l'entrave gravement. Une telle mise en œuvre ne mobilise pas l'appareillage nécessaire au développement de l'esprit critique qui ne peut être acquis que par un enseignement en présence étayé par des lectures régulières. Il y a sans doute une forme de cynisme absolu à défendre la généralisation des outils numériques au cœur de l'enseignement. La logique à l'œuvre consiste en effet à abaisser le coût de l'enseignement dispensé à des personnes dont on sait qu'elles devront, à terme, accomplir des tâches à faible valeur ajoutée. Le chapitre V de la seconde partie est, à ce titre particulièrement, édifiant. Étayé des études très bien référencées, il démontre que la généralisation des dispositifs distants et/ou numériques n'est absolument pas adaptée à un enseignement de masse de qualité. Les universités qui se sont lancées dans de tels projets ont toutes déchanté : les MOOC, tant vantés il y a quelques années, ne sont profitables que quand ils sont proposés à des adultes en reprise de formation et disposant déjà d'un bagage intellectuel consistant. Il semble bien que ces informations ne soient pas parvenues aux oreilles d'un certain nombre de décideurs du monde académique qui pensent encore pouvoir concilier excellence scientifique et modernité digitale tout en faisant d'importantes économies d'échelle.

L'auteur nous avait prévenus : « on part exaspéré, on finit ulcéré ». C'est en prescripteur qu'il finit son ouvrage mais aussi en procureur. Ce mélange des genres situe l'ouvrage entre plusieurs catégories parfois complexes à réunir. Le propos tient par la précision de ses références et une argumentation solide. Une réflexion politique plus élaborée l'aurait toutefois servi.

Michel Desmurget est docteur en neurosciences et directeur de recherche à l'INSERM. Son essai, *La Fabrique du crétin digital. Les dangers des écrans pour nos enfants*, a reçu une mention spéciale lors de la remise du prix Femina essai en novembre 2019.

Jacques Athanase GILBERT
Université de Nantes

ACTES

L'ENFER DU DIGITAL ET LE BONHEUR DE L'ÉPHÉMÈRE

Gabriel NAËJ, *Ce matin, maman a été téléchargée,* Buchet-Chastel, Paris, 2019, 224 pages. ISBN : 978-2-283-03204-6.

Une mère franchement autoritaire et vraiment intrusive se fait télécharger, grâce à une méthode encore assez expérimentale, dans le corps d'une « pulpeuse » destinée à servir son fils à domicile. Ce faisant, elle l'empêche d'autant plus de vivre librement sa vie et ses amours que, dans ce futur relativement proche, chacun peut savoir ce que quiconque doté d'une paire de lunettes active est en train de faire, en captant en direct ou en différé les sensations perçues par cette personne. Il s'agit d'une sorte d'extension illimitée, à la fois interindividuelle et étatique, de la surveillance de la vie privée, déjà esquissée de nos jours.

De la lecture de ce récit surgit le plaisir retrouvé que procurent les nouvelles d'Asimov sur les robots : la parabole psychologique et anthropologique permise par l'épure d'un récit apparemment simple ouvre finalement le chemin à une méditation parfois abyssale sur la nature humaine. Cet appel à la méditation est toutefois modulé par l'humour et par les clins d'œil faits au lecteur, lequel, d'une manière ou d'une autre, avait bien déjà vaguement pressenti dans sa vie ce que la parabole prend en charge, ce à quoi elle tente de donner du sens en l'inscrivant dans un récit. Il s'agit de l'humaine condition : des limites de la conscience et de l'intelligence, des dangers d'une technique qui nous dépasse, de la folie qu'il y aurait à se rêver immortel. Et puis, aussi, des difficultés à faire son deuil des êtres à la fois aimants et trop aimants que sont souvent les mères.

Cependant, la méditation grave ou le sourire amusé ne portent pas, comme chez Asimov, sur les enjeux anthropologiques soulevés par la robotique et l'intelligence artificielle. Car ici la place du robot n'est pas tenue par une machine dont l'intelligence artificielle serait en partie analogue à celle de l'être humain. Elle est tenue par une intelligence ou une âme humaines, faites d'émotions, de sentiments, de désirs, que l'on a extirpées de son corps et de ce qui est nécessairement lié à ce corps : la sensation, le besoin de se nourrir, la fragilité et la bien fatale mortalité.

Voilà que l'on a extirpé cet esprit de tout ce qui, pour un matérialiste, est à l'origine de l'intelligence ou de l'âme. De l'humanité. Extirpé puis réincorporé dans un corps artificiel. L'expérience de pensée, ici vécue par le personnage de la fiction, est apparemment inverse à celle que propose Asimov : non plus une intelligence artificielle mais un corps artificiel. Mais elle est surtout très différente. C'est celle de la confrontation à l'absence de la limite majeure : la mort, et à l'absence de cette autre perte qui est une essentielle condition de notre vie : l'oubli.

L'ouvrage est donc d'abord une parabole sur la mort en ce qu'il imagine un monde dans lequel le corps meurt mais où l'âme ou l'esprit deviennent éternels par le truchement d'un téléchargement dans un corps artificiel. Michèle, la mère de Raphaël, ne meurt pas. Elle quitte son corps, puis en prend un autre. Autant dire qu'elle n'est plus un être humain, ni même un être vivant, mais une âme comme ont pu l'imaginer les religions ou comme la religiosité du transhumanisme peut à son tour la fantasmer. La vraie leçon ne porte peut-être pas vraiment sur les folies ou les dangers du transhumanisme, mais sur l'inhumanité d'un esprit sans corps et sur ce paradoxe étonnant : si la mort est un déchirement, c'est bien la vie sans la mort qui serait insupportable.

Mais le roman est peut-être davantage une parabole sur l'oubli : Juliette, la fleuriste avec laquelle Raphaël, le narrateur, tente de vivre en cachette, loin d'une mère trop éternellement présente, a bien du mal à s'empêcher d'enregistrer ce qu'elle a vécu avec son amant, au risque de permettre à Michèle de savoir tout ce que vit le jeune couple. Plus d'instant présent et immédiatement vécu sans un enregistrement qui permette de le revivre. L'immortalité est un enfer pour Raphaël, mais nous savons tous qu'elle est une fiction impossible. Reste la vraie question de l'enregistrement de notre présent, qui tente d'annuler son tragique bonheur, sa disparition immédiate. Reste l'intrusion des techniques et du profit dans le vivant, et le faux bénéfice – le véritable risque – de ne plus savoir le caractère éphémère de la vie.

Pourquoi Raphaël est-il tant séduit par la fleuriste ? Pourquoi offre-t-on des fleurs coupées ? Probablement pas parce qu'ainsi les fleurs repoussent, mais plutôt parce que leur véritable beauté est dans la brièveté de leur vie. Nul ne verra jamais une âme téléchargée, parce que l'âme n'est rien sans son propre corps. Mais nous avons tous déjà pris des photos, enregistré des sons, filmé des images de notre vie. Le smartphone et les réseaux sociaux ont amplifié le processus d'un archivage du présent à une telle vitesse que nous n'avons peut-être pas encore compris que, par-delà le rêve impossible de ne plus mourir, nous risquons déjà de ne plus connaître, à chaque instant, le bonheur et la douleur de la vie si brève des fleurs coupées.

Laurent LOTY
Historien de la littérature
et des idées scientifiques
et politiques au CNRS
Centre d'étude de la langue
et des littératures françaises,
CNRS-Sorbonne Université

*
* *

ECCE HOMO CAPTIVUS, OU LA RÉBELLION PERMANENTE

Hervé KRIEF, *Internet ou Le retour à la bougie*, Éditions Quartz, Paris, 2018, 96 pages.

L'auteur, Hervé Krief, n'est pas un universitaire. Il n'est pas un scientifique. Et il n'est le porte-parole d'aucun mouvement. Pourtant ce livre est un manifeste. Il ne s'inscrit dans aucun « -isme » : c'est un cri du cœur. Un appel de détresse qu'il lance à ses contemporains pour « éteindre Internet et les écrans avant qu'ils nous éteignent… définitivement ». Il s'agit là du sous-titre de cet opuscule qui révèle les fausses promesses de la « technoscience » et des pièges de liberté et d'épanouissement qui nous sont tendus : « la soumission volontaire et heureuse de tous ».

Outre sa brièveté, l'originalité de sa forme tient dans sa tonalité nietzschéenne, dans sa structure fragmentaire ainsi que dans les trois types de sources, clairement identifiables, qu'il vient tresser pour donner corps aux treize chapitres. Tout d'abord, Hervé Krief livre un grand nombre de citations d'auteurs avec lesquels il partage une vision désespérée de la logique qui meut nos organisations socio-économiques : sociologues, historiens, théoriciens du net, collectifs prônant la déconnexion, dont les textes sont publiés dans une kyrielle de maisons d'édition indépendantes.

Ensuite, l'ouvrage égraine un chapelet d'anecdotes et de témoignages, situés géographiquement et précisément datés. Une telle abondance relève d'un évident parti pris de la part de l'auteur : cet ancrage dans le monde réel est l'exact opposé de ce que sont les interfaces de l'internet et de l'activité qui fluctue sur ses infrastructures. Tous ces instantanés pris sur le vif dépeignent un quotidien envahi par les écrans : les sportifs amateurs obéissant à ce que leur dicte une tablette fixée au bras, les adolescents passant la journée côte à côte les yeux rivés sur leurs écrans respectifs, les chanteurs d'un soir dont la mémoire est vide et se réfèrent au Net pour obtenir les paroles, etc.

Enfin, des exposés factuels viennent s'entremêler avec les témoignages et les citations : des synthèses critiques de la réalité historique de domaines socio-économiques envahis par la technologie. Selon l'organisation thématique des chapitres, ces paragraphes théoriques vont de considérations sur les infrastructures de l'internet jusqu'aux ravages environnementaux qu'elles provoquent et aux effets qu'elles ont sur l'intimité la plus chère des « femmécran » et « hommécran » que nous serions devenus.

« Il suffirait de prendre les bons côtés de l'internet et de refuser le reste » : à cette proposition naïve l'auteur oppose une fin de non-recevoir. Pour lui, tout est mauvais dans l'ère technologique qui est la nôtre. Y compris « les logiciels libres et toutes les tartufferies qui évoquent un horizon libéré par la gratuité et le partage », car eux aussi s'appuient sur la technologie et les infrastructures régentées par la Silicon Valley. L'auteur dénigre tout autant ces « inventions » que sont l'économie circulaire, le recyclage, les labellisations « bio » et autres vanités de « consom'acteurs avides de garanties que seule l'industrie est capable de leur fournir, puisque c'est elle qui en a forgé les concepts ». Dans le même mouvement, l'auteur critique les altermondialistes et les écologistes, qui communiquent et agissent sur le Net sans jamais remettre en cause cet outil.

Ce que regrette l'auteur, c'est la sacralisation du progrès scientifique présenté comme une évidence et l'abandon complet de la critique « des machines et du monde technologique ». Dans cette perspective, selon l'auteur, les syndicats, les congés payés, la sécurité sociale ne sont qu'un baume doux-amer passé sur les masses travailleuses pour mieux les imprégner des valeurs du progrès scientifique promu par le grand capital. Car, la nouvelle forme de consentement et d'aliénation sociale propre à notre siècle numérique est due « à l'avènement du marxisme au XIXᵉ, à la société de consommation au siècle suivant et enfin à l'aube du XXIᵉ à la chute du mur de Berlin qui marque le triomphe du capitalisme ». Et à chacune de ces étapes, c'est une grande partie de ce qui faisait l'humain qui disparaît.

D'abord, se sont perdus les savoir-faire avec l'apparition des premières machines-outils industrielles et la taylorisation. Ensuite, au XXᵉ siècle, le savoir-vivre ensemble s'est délité avec la société de consommation. Maintenant, c'est la perte du savoir penser qui nous gagne : nos appareils font pour nous l'effort de mémorisation et de calcul mental, ils canalisent notre attention à leur profit, délimitent les champs des possibles, dessinent les routes de l'imaginaire, bref, formatent la pensée pour fabriquer des individus semblables et identifiables. « Les luddites brisaient les machines en entraînant tout un peuple de maltraités et d'affamés avec eux. Aujourd'hui les machines numériques sont accueillies avec indifférence et sans aucune retenue ».

D'autant plus que, si les luddites combattaient pour leur autonomie, on ne peut aujourd'hui intervenir sur l'infrastructure de l'internet, ni combattre la logique qui introduit l'informatique et la connexion à la toile dans tous les domaines professionnels, des loisirs et de l'intime : depuis l'éleveur de brebis dont on exige qu'il équipe ses animaux de puces électroniques jusqu'aux écoles maternelles qu'on dote de tablettes, en passant par les contrôleurs de la SCNF bardés de boîtiers, lecteurs et autres terminaux connectés, on se heurte à un outillage omniprésent, proprement envahissant, à mesure que l'on suit l'auteur en Ardèche, en Vendée, en Bretagne, à Paris où il réside.

Citant Evgeny Morozov *(Pour tout résoudre, cliquer ici)*, l'auteur perçoit notre ère technologique comme une réalité profondément totalitaire et les téléphones portables comme des « gadgets de destruction massive ». Il décrit comment a pu agir, à chacune des étapes de la destruction des savoir-faire artisanaux, du savoir vivre ensemble et du savoir penser, le germe de la concentration des pouvoirs. À l'appui d'Hartmut Rosa *(Accélération. Une critique sociale du temps)*, ainsi que d'Olivier Rey *(Une question de taille)*, il montre combien « la vitesse, la force financière et le désir d'hégémonie sont valorisés ». Et dans ce mouvement d'accélération permanente, comme nous n'avons plus le temps de cuisiner, ni de prendre soin de nous ou de rendre visite à des amis, la machine fait tout pour nous. Et peu importe qu'elle envoie nos données intimes au plus offrant : elle a obtenu « la dépossession des humains d'eux-mêmes ». C'est que, sous la haute autorité de l'État, la société de consommation de masse a permis l'envahissement « de notre quotidien par des objets polluants qui réussissent la gageure de nous infester le corps et de détruire notre âme ».

D'après l'auteur, ont disparu de nos vies la singularité, l'émotion, l'imprévisible, dans le même temps qu'autrui se trouve disqualifié comme interlocuteur au profit de la machine. Nous serions des individus privés d'intériorité, avec pour seule subjectivité le produit de l'adaptation aux sollicitations de notre environnement connecté. « Le plaisir de la connexion immédiate et du narcissisme ont ainsi pris la place de notions liées à une continuité de l'humain telles que mémoire, fidélité, opiniâtreté, responsabilité ».

Face à ce tableau de fin du monde, et alors que l'auteur s'alarme de voir « quels enfants nous laissons à ce monde », comment envisager la suite ? Dans la veine nietzschéenne qui l'inspire, il faut d'après lui savoir repérer et combattre la volonté de puissance de la technologie capitalistique. Refuser la science et même l'écologie telle qu'elle s'organise aujourd'hui, pour retourner à une vie en communauté, faite de labeur, d'entraide, de troc et de sobriété. Sa tentation obscurantiste étant assumée, il prône un véritable « retour à la bougie », le boycott de l'Internet et de la technologie connectée dans tous les secteurs de la vie. Sa position est offensive, on le sent prêt à repousser les critiques. À commencer, peut-être, par un choix partial de citations et une vision de l'histoire qui désacralise le progrès et consacre le héros oublié : Ned Ludd.

Hervé Krief est musicien professionnel, né en 1967. Sa carrière de guitariste de jazz l'a conduit à se produire sur un grand nombre de scènes françaises et internationales. En 2014, son album *Toi qui marches* infléchit son activité vers la cause militante contre l'ordre capitaliste et productiviste. Aujourd'hui Hervé Kreif a renoncé aux représentations sur les grandes scènes pour s'installer dans un éco-village de la Creuse et jouer de la musique dans des conditions strictement acoustiques, à une échelle qui se limite aux lieux accessibles en train. Dans ce livre il se présente comme professeur de musique.

Carmina CHAUVEAU
Université de Nantes

EMPREINTES

COLLOQUE « PRATIQUES ET USAGES CONTEMPORAINS DES PHILOSOPHIES DES TECHNIQUES »

Le colloque « pratiques et usages contemporains des philosophies des techniques » se tiendra les 5 et 6 juin. Organisé par le Collège international de philosophie en collaboration avec la revue Études digitales, le laboratoire DICEN-IdF, le LASCO IdeaLab de l'Institut Mines-Télécom (IMT-BS), l'Institut Interdisciplinaire d'Anthropologie du Contemporain (IIAC/LACI, UMR 8177, CNRS/EHESS) et avec le soutien de la Fondation de l'Allemagne-Maison Heinrich Heine, il est placé sous la responsabilité de Pierre-Antoine Chardel, de Valérie Charolles, d'Armen Khatchatourov et d'Élise Lamy-Rested.

En questionnant les usages et les pratiques contemporains des différentes philosophies des techniques, il s'agira de dresser une cartographie de la vitalité de la philosophie de la technique issue de la tradition européenne depuis les années cinquante Au-delà de ce premier objectif, il s'agira de mettre en lumière les liens entre une approche inspirée par la phénoménologie et l'ontologie, et une approche fondée sur le processus technique comme tel, qui questionne la technique « en train de se faire ». Comment de tels liens ont-ils pu se nouer ? Une telle conjonction est-elle toujours pertinente pour penser les techniques après la révolution numérique ? Enfin, en quel sens la philosophie de la technique est-elle aujourd'hui un enjeu politique et sociétal ?

Les intervenants seront : Bruno Bachimont, Sorbonne Université ; Adeline Barbin, université Paris 1 Panthéon Sorbonne ; Peter Burgess, ENS ; Pierre Caye, CNRS/ENS ; Pierre-Antoine Chardel, IMT-BS & EHESS/CNRS ; Valérie Charolles, IMT-BS/EHESS ; Franck Cormerais, université de Bordeaux Montaigne ; Andrew Feenberg, Simon Fraser

University, ancien directeur de programme au CIPh ; Jacques Athanase Gilbert, Université de Nantes ; Haud Gueguen, CNAM ; Émmanuel Guez, CIPH & ÉSAD ; Éric Guichard, ENSSIB, ancien directeur de programme au CIPh ; Armen Khatchatourov, DICEN-IdF/U-PEM ; Élise Lamy-Rested, CIPh & Université Libre de Bruxelles ; Jean Lassègue, CNRS/EHESS ; Susanna Lindberg, university of Helsinki Collegium for Advanced Studies ; Anna Longo, CIPh, California Institute of the Arts ; Bernard Reber, CNRS/Sciences-Po Paris ; Tyler Reigeluth, université Grenoble Alpes ; Université Libre de Bruxelles ; François-David Sebbah, université Paris 10, ancien directeur de programme au CIPh ; Bernard Stiegler, IRI, ancien directeur de programme au CIPh ; Daphné Vignon, université de Nantes.

INSTITUTIONS

PRÉSENTATION DE L'ANR HYPEROTLET

Il faut garder réseau avec Paul Otlet

Le projet HyperOtlet rentre désormais dans sa phase finale notamment au niveau de ses réalisations logicielles pour sa dernière année de financement en 2020. Le projet a été retenu par l'ANR dans le cadre de son appel à projet 2017. Une petite équipe est mobilisée pour sa réalisation : elle rassemble des acteurs comme le Centre Maurice Halbwachs (CNRS), l'Enssib, le laboratoire MICA (Université Bordeaux Montaigne), le Mundaneum de Mons et la MSH-Paris Nord (CNRS, Universités Paris 8 et Paris 13). Dirigé par Bertrand Müller, le projet a été conçu de manière collaborative. Il s'est construit progressivement notamment après une rencontre à Lausanne lors de journées consacrées aux humanités digitales organisées notamment par Claire Clivaz en 2013. L'idée de travailler autour d'Otlet et notamment du *Traité de Documentation* fut rapidement une évidence scientifique.

HyperOtlet est un projet interdisciplinaire, francophone, collaboratif et innovant, correspondant au défi 8 (Sociétés innovantes, intégrantes et adaptatives), axe 5 (Cultures, création, patrimoines) de l'appel à projets de l'ANR qui se propose de combiner des recherches scientifiques et des recherches appliquées.

Le projet est centré sur une œuvre majeure de l'histoire de la documentation et des sciences de l'information, le *Traité de Documentation* de Paul Otlet écrit en 1934.

Projet ancré pleinement dans les humanités digitales, HyperOtlet constitue un moyen d'allier des enjeux de connaissance scientifique, d'érudition et de conception d'environnements logiciels innovants.

Le projet est parti d'un premier désir : celui de travailler de manière pluridisciplinaire sur une figure majeure des sciences de l'information et de la communication et probablement une des figures tutélaires comme le rappelait Martin Grandjean : Paul Otlet. Paul Otlet est un personnage tout autant passionné que complexe à appréhender. On peut déjà dire que l'avancée du projet a permis de démontrer que les visions parfois arrêtées qui faisaient de Paul Otlet un positiviste s'avèrent insuffisantes.

Le choix de travailler autour d'Otlet correspondait assez bien à l'idée de proposer une version augmentée d'une œuvre quelque peu entravée et limitée par l'imprimé. Les travaux pionniers et les éléments visionnaires du Belge apparaissaient source de réflexions et d'innovations potentielles pour mieux comprendre et circuler dans l'œuvre d'un auteur parfois qualifié de *steampunk*. Une première journée d'étude comme symbole du départ du projet a été organisée à Bordeaux avec le préprojet Prodigio[1].

Le projet peut bénéficier des archives du Mundaneum[2] avec la participation clef de Stéphanie Manfroid qui possède une connaissance fine des archives ainsi que des acteurs qui ont participé aux projets de Paul Otlet.

Actuellement, le projet est en phase de finalisation du cahier des charges afin de sélectionner les prestataires qui devront produire les éléments d'interface autour de la solution technique Omeka S qui va contenir à la fois l'œuvre, le TD en fiches découpées, les schémas produits par Otlet qui permettent de comprendre son œuvre, et l'ensemble de l'appareillage critique qui est en train d'être produit par l'équipe « projet » et le comité scientifique d'experts.

Plusieurs enjeux de design informationnel sont en cours. En premier lieu, il s'agit de parvenir à « traduire » une œuvre essentiellement analogique, mais avec une portée potentiellement digitale dans des environnements qui permettent de mieux saisir l'œuvre originelle. En second lieu, il convient de déterminer comment poursuivre cette traduction en repartant des dispositifs conçus ou imaginés par Otlet. Comment, par exemple, est-il possible de réintroduire la fiche dans nos environnements actuels afin d'en faire un outil de consultation et de compréhension encore opportun ? Comment parvenir à intégrer les idées de réseaux de Paul Otlet dans des interfaces qui adoptent cette logique réticulaire et « graphique » ?

Le projet a ainsi été source d'imprévus et de changements de stratégie logicielle notamment du fait de l'évolution du CMS Omeka avec sa déclinaison sémantique qui offre des possibilités nouvelles, inexistantes

---

1   http://e3dlab.net/prodigio/
2   http://archives.mundaneum.org/

au moment de la conception initiale du projet, même si le projet avait prévu l'utilisation d'Omeka dans plusieurs cas de figure, voire le repli total sur Omeka en cas d'échec des développements.

Autre point important, la dynamique d'innovation a permis de tenter et d'expérimenter de façon plus souple. C'est le cas de l'interface graphique de l'otlétosphère (fig.1) qui doit son inspiration initiale au monde des superhéros de l'univers Marvel[3]. En effet, une visualisation sous forme de fiches et située dans un univers de circulation graphique sous forme de galaxie a inspiré ce nouveau travail. La visualisation sous forme de galaxie était déjà quelque peu utilisée par l'abécédaire de l'Enssib[4] qui était un des prototypes sur lequel le projet HyperOtlet s'appuyait initialement.

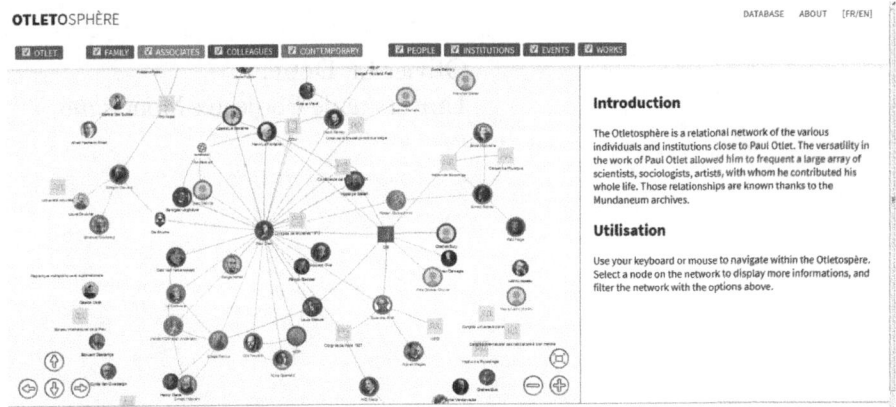

FIG. 1 – L'otlétosphère, un des dispositifs du projet HyperOtlet, ANR.

Le dispositif permet de relier la fiche au graphe et démontre toute la diversité du réseau de Paul Otlet. Le but est de proposer un outil pertinent pour l'ensemble des membres du projet qui alimentent les données, mais aussi pour tous ceux qui s'intéressent à Paul Otlet et son réseau. Cet outil est également destiné aux enseignants qui font référence à Paul Otlet dans leurs cours. Nous songeons ici plus particulièrement aux préparateurs aux *capes* de documentation.

---

3   https://graphics.straitstimes.com/STI/STIMEDIA/Interactives/2018/04/marvel-cinematic-universe-whos-who-interactive/index.html

4   http://abecedaire.enssib.fr/

POUR EN SAVOIR PLUS

Le carnet de recherche : https://hyperotlet.hypotheses.org
L'otlétosphère : http://hyperotlet.huma-num.fr/otletosphere.html
Timeline : http://hyperotlet.huma-num.fr/timeline.html
Olivier Le Deuff, Jean David., Arthur Perret, Clément Borel « *Surfer* dans l'Otletosphère. Des outils pour visualiser et interroger le réseau de Paul Otlet ». H2PTM'19. De l'hypertexte aux humanités numériques. Londres : ISTE éditions, sous la dir. de Roxin, Ioan et ali, p. 65-76.

Olivier LE DEUFF
Université de Bordeaux-Montaigne

RÉSUMÉS/*ABSTRACTS*

Franck CORMERAIS, Philippe BÉRAUD, « Présentation du dossier. L'économie des plateformes, entre rentes et communs »

Franck Cormerais est professeur à l'université Bordeaux Montaigne, laboratoire MICA EA 4426 et responsable de l'axe prioritaire Humanités Digitales. Il est docteur en philosophie et en science de l'information et de la communication. Ses recherches portent sur l'anthropologie des techniques et sur les pratiques herméneutiques des TIC. Il a notamment codirigé *La Société éclatée, retour à l'objet local*.

Philippe Béraud est économiste. Il est responsable de formations de spécialité consacrées à l'ingénierie d'affaires à l'IMT Atlantique (Institut Mines-Télécom), et à l'ingénierie des services urbains en réseau à l'IEP de Rennes. Ses recherches portent sur l'économie des industries de réseau et l'économie du développement.

Le propos de Philippe Béraud et Franck Cormerais s'inscrit dans la perspective tracée par Deleuze et Guattari, avec la conjonction de l'asservissement et de l'assujettissement dans une sujétion algorithmique. Pour en rendre compte, nous privilégions le concept central de plateformisation, à partir duquel se déroule l'ensemble des processus liés au *digital labor*, à la captation de valeur et à la tâcheronnisation.

Mots-clés : Plateformisation, tâcheronnisation, *digital labor*, données, réglementations.

Franck CORMERAIS, Philippe BÉRAUD, *"Introducing the dossier. The economics of platforms, between rent and commons"*

Philippe Béraud and Franck Cormerais's subject is in line with the perspective outlined by Deleuze and Guattari, with the conjunction of enslavement and subjection in an algorithmic submission, combining digital labor, cognitive capitalism, Attention Economy and the psychopathology of generalized disruption. To reflect this, we favor the central concept of platformization, from which all the processes related to digital labor, value extraction and taskification take place.

Keywords: Platformization, taskification, digital labor, data, regulations.

Annie BLANDIN, Elisabeth LEHAGRE, « La protection de l'individu face à
l'automatisation de la présentation des contenus par les plateformes »

Annie BLANDIN est professeur à l'IMT Atlantique au sein du département
« Systèmes réseaux, cybersécurité et droit du numérique », titulaire d'une chaire
d'excellence Jean Monnet sur le thème de l'Union européenne et la société de
l'information. Elle est également membre du Conseil national du numérique. Son
enseignement, ses recherches et ses activités portent sur le droit et la politique du
numérique.

Élisabeth Lehagre est consultante en éthique du numérique. Avocate de formation,
elle a exercé pendant plus de quinze ans comme conseil juridique en entreprises dans
le secteur de l'informatique et des télécommunications, avant de créer sa société de
conseil en éthique du numérique « Babotics ». Elle intervient régulièrement à l'IMT
Atlantique et l'INSA de Rennes sur le droit et l'éthique du numérique.

Les algorithmes jouent un rôle essentiel dans un accès « calculé » aux
contenus disponibles sur les plateformes. Le RGPD offre une protection aux
personnes faisant l'objet de décisions individuelles automatisées. Si les algorithmes de traitement de contenus entrent dans cette catégorie, les droits qui
en découlent peinent à s'exercer et ne doivent leur effectivité qu'à la régulation
des plateformes sur le fondement des principes de loyauté et de transparence.
   Mots-clés : Régulation, contenus en ligne, décisions automatisées,
plateformes.

Annie BLANDIN, Elisabeth LEHAGRE, *"Protecting the individual in the face of
the automation of platform content presentation"*

*Algorithms play an essential role in "calculated" access to content available on the
web via large platforms. GDPR provides special protection for data subjects who are
subject to automated individual decision-making. While content processing algorithms fall
into this category, the resulting rights are difficult to exercise and owe their effectiveness
only to the regulation of platforms based on the principles of loyalty and transparency.*
   *Keywords: Regulation, Online contents, automated individual decision-making,
platforms.*

Michel RENAULT, « Le liquide, la foule et le public. Une économie morale
des plateformes ? »

Michel Renault est maître de conférences, HDR, à l'université de Rennes 1 et
chercheur au CREM-UMR CNRS 6211. Ses recherches portent sur l'histoire de la

pensée économique, les relations sociales d'échange, les indicateurs de bien-être et de progrès sociétal et leurs procédures de construction, la firme partenariale et la responsabilité sociale des entreprises et des territoires.

Les critiques inscrivant les plateformes et leur économie dans la perspective d'un approfondissement du capitalocène négligent les phénomènes moraux intrinsèques au fonctionnement de toute économie. L'article met l'accent sur ces dimensions morales à partir des représentations analytiques qui sous-tendent la conceptualisation des concepts de « foule » et de « public ».

Mots-clés : plateformes, économie morale, foule, public, économie collaborative.

Michel RENAULT, *"Cash, the crowd, and the public. A moral economy of platforms?"*

Criticisms of the platforms and their economy in the perspective of a deepening of the capitalocene tend to neglect the moral phenomena intrinsic to the functioning of any economy. The paper focuses on these moral dimensions by putting into perspective the analytical representations that underlie the conceptualization of a "liquid world" and from a discussion of the concepts of "crowd" and "public".

Keywords: platforms, moral economy, crowd, public, collaborative economy.

Athina KARATZOGIANNI, Jacob MATTHEWS, « De la production idéologique sur les plateformes d'intermédiation numérique »

Athina Karatzogianni est professeure associée en médias et communication à l'université de Leicester. Ses travaux portent principalement sur l'usage des technologies de communication numériques au sein de mouvements sociaux et politiques, et au sein de groupes d'activistes numériques.

Jacob Matthews est professeur en sciences de l'information et de la communication à l'université Paris 8 – Vincennes – Saint-Denis et ancien directeur du Centre d'études sur les médias, les technologies et l'internationalisation. Ses recherches portent principalement sur l'économie politique de l'Internet.

Cet article propose une analyse de la production idéologique dans les plateformes d'intermédiation numérique, dans le contexte de l'économie dite collaborative ou *sharing economy*. Il montre qu'il existe trois axes idéologiques dominants dans un spectre allant d'une justification de l'ordre néolibéral à l'affirmation d'un capitalisme réformiste, en passant par des visions de défense des communs.

Mots-clés : économie collaborative, activisme numérique, plateformisation, production idéologique, gouvernance numérique alternative.

Athina Karatzogianni, Jacob Matthews, *"Ideological production on digital intermediation platforms"*

This article offers an analysis of ideological production in digital intermediation platforms, in the context of the so-called collaborative or "sharing" economy. It shows that there are three dominant ideological variants in a spectrum ranging from the justification of the neoliberal order to an assertion of a more humane, reformist capitalism, and on towards a more radical vision of a commons-based, cooperativist society.
Keywords: collaborative economy, digital activism, platerformization, ideological production, alternative digital governance.

Clément Morlat, « *Web* contributif et comptabilité en commun à l'ère Anthropocène »

Clément Morlat est économiste. Il est membre du Centre lillois d'études et de recherches sociologiques et économiques (CLERSE, UMR CNRS 80189) et de l'Institut de recherche et d'innovation du centre Pompidou (IRI), Paris, France.

L'article s'inscrit dans la perspective de l'économie contributive, il analyse l'articulation entre une comptabilité microéconomique qui s'appuie sur la construction collective d'une nouvelle relation entre le capital et la préservation des écosystèmes, et une plateforme multi-acteurs. Il plaide pour l'association de ces deux outils afin de favoriser la gouvernance des communs.
Mots-clés : Économie numérique, économie écologique, comptabilité, analyse multicritère, biens communs.

Clément Morlat, *"Contributive web and communal accountability in the Anthropocene era"*

From the perspective of the economy of contribution, this article analyzes the articulation between a microeconomic accounting based on the collective construction of a new relationship between capital and the preservation of ecosystems, and a multi-actor platform. It argues for combining these two tools in order to promote the governance of the commons.
Keywords: Digital economy, ecological economics, accountin, multicriteria analysis, common goods.

Isabelle Liotard, Valérie Revest, « Les plateformes d'innovation privées et publiques. Caractéristiques et *business model* »

Isabelle Liotard est maître de conférences HDR en économie à l'université Paris 13 Nord au CEPN. Ses travaux portent sur la propriété intellectuelle et plus particulièrement les brevets. Elle travaille sur les concours d'innovation, initiés par des *sponsors* privés *via* des plateformes sur Internet et aborde les questions de l'innovation collaborative, les *fablabs* et l'innovation frugale.

Valérie Revest est maître de conférences HDR en économie à l'université Lumière – Lyon 2, et chercheur au laboratoire Triangle (UMR CNRS 3773). Ses travaux de recherche portent depuis plusieurs années sur les prix d'innovation et le rôle des plateformes d'intermédiation. Elle étudie notamment l'impact de la digitalisation, *via* ces plateformes, sur les politiques publiques de soutien à l'innovation.

L'objectif est de caractériser deux plateformes d'innovation, l'une privée et l'autre publique, du point de vue de leur *business model*. Si la plateforme privée apparaît comme un intermédiaire numérique permettant à une entreprise d'externaliser une question d'innovation, la plateforme publique s'attache plutôt à mettre en ligne des concours qui contribueront au développement économique.

Mots-clés : économie, numérique, plateforme, innovation, *business model*.

Isabelle LIOTARD et Valérie REVEST, *"Private and public innovation platforms. Characteristics and business model"*

The aim of this article is to characterize private and public innovation platform, on the business model point of view. Private platform seems to be a digital intermediary allowed to a firm to outsource innovation issue in order to obtain a low cost solution. On the contrary, public platform launches prizes which could contribute to economic development thanks to technological or societal grand challenges.

Keywords: economy, digital, platform, innovation, business model.

Olivier THUILLAS, Louis WIART, « Amazon, *what else* ? État des lieux des plateformes alternatives de librairie en ligne »

Olivier Thuillas, maître de conférences en sciences de l'information et de la communication (université Paris – Nanterre) et membre du laboratoire Dicen-IDF, est chercheur associé au LabSIC (université Paris 13). Ses recherches portent sur les enjeux du développement des plateformes numériques dans les industries culturelles et sur les politiques culturelles. La recherche qu'il mène est soutenue par le LabEx ICCA.

Louis Wiart est titulaire d'une chaire en communication à l'université libre de Bruxelles, où il fait partie du Centre de recherche en information et communication (ReSIC). Son travail se concentre sur l'analyse des plateformes numériques au sein des filières culturelles dans différents contextes. La recherche qu'il mène est soutenue par le LabEx ICCA.

La librairie en ligne se développe régulièrement depuis le début des années 2000. Dominée en France par Amazon et la Fnac, elle est cependant peu à peu investie par les librairies indépendantes. L'offre alternative aux acteurs dominants tente de transposer dans l'univers numérique les valeurs traditionnelles de la librairie indépendante.

Mots-clés : Librairie en ligne, plateforme, coopération, numérique, indépendance, alternative, industries culturelles.

Olivier Thuillas, Louis Wiart, *"Amazon, what else? Inventory of alternative online bookstore platforms"*

The online bookstore has been growing steadily since the beginning of the 2000s. Dominated in France by Amazon and Fnac, it is gradually being invested by independent bookstores. The alternative offer to the dominant players is proposed both by the individual sites of large booksellers and by about twenty collective platforms. The latter appear in a scattered order but try to transpose into the digital universe the traditional values of the independent bookstore.

Keywords: Online bookshop, platform, cooperation, digital, independence, alternative, cultural industries.

Antoine Henry, « Organisation plateformisée en contexte de transition écologique dans le secteur industriel de l'énergie »

Antoine Henry est ATER à l'université de Lille (laboratoire GERiiCO) et membre associé du groupement de recherche du Centre Internet et société (CNRS). Il a obtenu son doctorat en sciences de l'information et de la communication à Aix Marseille Université. Il travaille principalement sur l'information, l'intelligence collective, la transformation des organisations et les systèmes d'information.

Dans l'optique d'approfondir les connaissances et la compréhension des plateformes, nous présentons un cas décrivant le passage vers l'organisation plateformisée opérée au sein d'une grande organisation du secteur de l'énergie par une communauté virtuelle de pratique. Cette auto-organisation se présente alors comme une réponse opérationnelle aux transformations du secteur.

Mots-clés : organisation plateformisée, communauté virtuelle de pratique, cas d'étude, connaissances glocales.

Antoine HENRY, *"Platformized organization in the context of ecological transition in the industrial energy sector"*

In order to deepen the knowledge and understanding of the platforms, we present a case study describing the transition to a platform-based organization within a large energy sector organization by a virtual community of practice. This self-organization is then presented as an operational response to the ecological transition and transformations of the sector.

Keywords: platform-based organization, virtual community of practice, case study, glocal knowledge.

Kevin POPERL, « CoopCycle, retour vers le futur »

Kévin Poperl est économiste et Vice-président de CoopCycle.

CoopCycle est une coopérative européenne de mutualisation œuvrant à l'émancipation des travailleurs des plateformes capitalistes de livraison. Nous analysons *en* et à quoi cette expérience de production peut être qualifiée d'alternative, puis la stratégie qu'elle déploie pour exister face à ses concurrents. L'enjeu est d'ouvrir la voie aux initiatives similaires de production informationnelle pour une qualification générale du travail des Communs hors des institutions capitalistes de la valeur.

Mots-clés : Communs, valeur économique, plateformes numériques, capitalisme, militantisme, Praxis.

Kevin POPERL, *"CoopCycle, back to the future"*

CoopCycle is a European cooperative of mutualization striving for the emancipation of the workers of the capitalist delivery platforms. In this paper, we analyze in and to what this production experience can be qualified as an alternative, then the strategy it deploys against the competitors of its sector. The aim is to pave the way for similar initiatives of information production towards a general qualification of the work of the Commons outside the capitalist institutions of value.

Keywords: Commons, economic value, digital platforms, capitalism, activism, Praxis.

Anne ALOMBERT, « De la disruption à la contribution. Pharmacologie du capitalisme numérique à l'ère de l'Anthropocène »

Anne Alombert est chercheuse à l'Institut de recherche et d'innovation du Centre Pompidou dans le cadre du programme « Plaine Commune Territoire Apprenant Contributif » et inscrite en doctorat de philosophie à l'université Paris – Nanterre. Ses recherches portent sur la question de la technique dans les travaux de J. Derrida, G. Simondon et B. Stiegler. Elle est membre de l'association Ars Industrialis.

Cet article propose une critique pharmacologique du capitalisme numérique à l'époque de l'Anthropocène, fondé sur les travaux de Antoinette Rouvroy, Wolfgang Streeck et Bernard Stiegler. Il s'agit d'abord d'analyser les effets toxiques du système économique et technologique, qui menace les processus d'individuation psychique et collectif constitutifs de la vie politique.
Mots-clés : capitalisme numérique, Anthropocène, individuation, modèle disruptif, gouvernementalité algorithmique

Anne ALOMBERT, *"From disruption to contribution. The pharmacology of digital capitalism in the Anthropocene era"*

This article proposes a pharmacological critique of digital capitalism in the Anthropocene era, based on the work of Antoinette Rouvroy, Wolfgang Streeck and Bernard Stiegler. It begins with an analysis of the toxic effects of the economic and technological system, which threatens the psychological and collective individuation processes that constitute political life.
Keywords: digital capitalism, Anthropocene, individuation, disruptive model, algorithmic governmentality.

Olivier LE DEUFF, « Présentation de l'ANR HyperOtlet. Il faut garder réseau avec Paul Otlet »

Olivier Le Deuff est maître de conférences en SIC au laboratoire MICA-E3D de l'université Bordeaux Montaigne. Il étudie notamment les cultures de l'information et les humanités digitales. Il vient de publier *Riposte digitale*, pour des maîtres d'armes des réseaux.

Présentation du Projet ANR HyperOtlet qui étudie un des acteurs clefs des sciences de l'information et de la documentation : Paul Otlet. Sont ici décrits la genèse du projet, ses objectifs et les réalisations en cours.
Mots-clés : acteurs clés, sciences de l'information, documentation, projet, innovation.

Olivier LE DEUFF, *"Introduction to the ANR project HyperOtlet. The need to maintain a network with Paul Otlet"*

An introduction to the ANR HyperOtlet Project, which studies one of the key players in information and documentation sciences: Paul Otlet. The genesis of the project, its objectives, and its current achievements are described here.

Keywords: key actors, information sciences, documentation, project, innovation.

Achevé d'imprimer par Corlet Numéric,
Z.A. Charles Tellier, Condé-en-Normandie (Calvados), en juin 2020
N° d'impression : 166382 - dépôt légal : juin 2020
Imprimé en France

CLASSIQUES
GARNIER

Bulletin d'abonnement revue 2020
Études digitales
2 numéros par an

M., Mme :

Adresse :

Code postal :   Ville :

Pays :

Téléphone :   Fax :

Courriel :

Prix TTC abonnement France, frais de port inclus		Prix HT abonnement étranger, frais de port inclus	
Particulier	Institution	Particulier	Institution
54 €	68 €	63 €	74 €

Cet abonnement concerne les parutions papier du 1er janvier 2020 au 31 décembre 2020.

Les numéros parus avant le 1er janvier 2020 sont disponibles à l'unité (hors abonnement) sur notre site web.

Modalités de règlement (en euros) :
- Par carte bancaire sur notre site web : www.classiques-garnier.com
- Par virement bancaire sur le compte :
  Banque : Société Générale – BIC : SOGEFRPP
  IBAN : FR 76 3000 3018 7700 0208 3910 870
  RIB : 30003 01877 00020839108 70
- Par chèque à l'ordre de Classiques Garnier

Classiques Garnier
6, rue de la Sorbonne – 75005 Paris – France
Fax : + 33 1 43 54 00 44
Courriel : revues@classiques-garnier.com

mis à jour le 22/10/2019